UNIVERSITY OF NORTH CAROLINA AT CHAPEL HILL
DEPARTMENT OF ROMANCE LANGUAGES

NORTH CAROLINA STUDIES
IN THE ROMANCE LANGUAGES AND LITERATURES

Founder: URBAN TIGNER HOLMES

Editor: CAROL L. SHERMAN

Distributed by:

UNIVERSITY OF NORTH CAROLINA PRESS

CHAPEL HILL
North Carolina 27515-2288
U.S.A.

NORTH CAROLINA STUDIES IN THE
ROMANCE LANGUAGES AND LITERATURES
Number 272

VISIONES DE ESTEREOSCOPIO

VISIONES DE ESTEREOSCOPIO

(Paradigma de hibridación en el arte
y la narrativa de la vanguardia española)

POR

MARÍA SOLEDAD FERNÁNDEZ UTRERA

CHAPEL HILL

NORTH CAROLINA STUDIES IN THE ROMANCE
LANGUAGES AND LITERATURES
U.N.C. DEPARTMENT OF ROMANCE LANGUAGES

2001

Library of Congress Cataloging-in-Publication Data

Fernández Utrera, María Soledad.
    Visiones de estereoscopio: paradigma de hibridación en el arte y la narrativa de la vanguardia española / por María Soledad Fernández Utrera.
    p. cm. – (North Carolina studies in the Romance languages and literatures; no. 272).
    Includes bibliographical references and index.
    ISBN 0-8078-9276-9
    1. Spanish fiction–20th century–History and criticism. 2. Modernism (Literature)–Spain. 3. Avant-garde (Aesthetics)–Spain–History–20th century. 4. Art, Spanish–20th century. 5. Modernism (Art)–Spain. I. Title. II. Series.

PQ6140.M63 F47 2001
863'.609112–dc21   2001044021

ISBN 0-8078-9276-9

DEPÓSITO LEGAL: V. 54 - 2002

ARTES GRÁFICAS SOLER, S. L. - LA OLIVERETA, 28 - 46018 VALENCIA

ÍNDICE

Pág.

LISTA DE ILUSTRACIONES 7

AGRADECIMIENTOS 9

INTRODUCCIÓN: VISIONES ESTEREOSCÓPICAS EN LA VANGUARDIA ESPAÑOLA .. 11

CAPÍTULO 1. VISIONES DE ESTEREOSCOPIO. PARADIGMA DE HIBRIDACIÓN EN
LA POÉTICA NARRATIVA Y ARTÍSTICA DE LA VANGUARDIA ESPAÑOLA 31

El arte al cubo: perspectiva e hibridación en la vanguardia artística
española 32
El monstruo en el laberinto: la novela neobarroca de Ramón Gómez de
la Serna. Análisis de *El novelista* 46
La novela en volumen: multiplicidad y perspectivismo en la narrativa
de Antonio de Obregón. Análisis de *Efectos navales* 77

CAPÍTULO 2. LA NOVELA AL CUBO: PERSPECTIVA E HIBRIDACIÓN EN LA NOVE-
LA POLIGRÁFICA DE BENJAMÍN JARNÉS. ANÁLISIS DE *LOCURA Y MUERTE
DE NADIE* 93

CAPÍTULO 3. CONSTRUCCIÓN DE LA "NUEVA MUJER" EN EL DISCURSO FEME-
NINO DE LA VANGUARDIA ARTÍSTICA Y LITERARIA ESPAÑOLA. ANÁLISIS DE
ESTACIÓN. IDA Y VUELTA DE ROSA CHACEL Y *LA MUJER DE LA CABRA* DE
MARUJA MALLO 112

Estación. Ida y vuelta de Rosa Chacel 114
Representación de la nueva heroína en el discurso artístico de la modernidad y la vanguardia española: Manuel Reinoso y Maruja Mallo 135

CAPÍTULO 4. LA VANGUARDIA REHUMANIZADA: REPRESENTACIÓN DEL NUEVO
HÉROE EN EL DISCURSO ARTÍSTICO Y LITERARIO DE LA VANGUARDIA ESPA-
ÑOLA 153

Sin velas, desvelada de Juan Chabás 172

Pág.

CAPÍTULO 5. LA HISTORIA EN VOLUMEN: VISIÓN ESTEREOSCÓPICA DEL PASA-
DO EN EL ARTE Y LA FICCIÓN DE LA VANGUARDIA ESPAÑOLA. ANÁLISIS DE
UN MUNDO DE ÁNGELES SANTOS Y *ALICIA AL PIE DE LOS LAURELES* DE
CLAUDIO DE LA TORRE 185

CONCLUSIÓN 215

BIBLIOGRAFÍA CITADA 222

LISTA DE ILUSTRACIONES

Figura   *Pág.*

1   Representación objetiva   34

2   Representación subjetiva   34

3   Dibujos de Gabriel Maroto, aparecidos en *La Gaceta Literaria* Jul. 1927. Con permiso de la Biblioteca Nacional (Madrid)   36

4   José de Almada Negreiros, *Autorretrato*, 1919. Con permiso de SPA, Lisboa (2001)   37

5   Imposición de lo natural sobre lo esquemático   40

6   Imposición de lo esquemático sobre lo natural   41

7   Integración de lo esquemático y lo natural   41

8   Integración de lo esquemático y lo natural   41

9   Mauricio Amster. Portada para el libro de Antonio de Obregón, *Hermes en la vía pública*. Madrid: Espasa-Calpe, 1934. Con permiso de la Biblioteca Nacional (Madrid)   43

10   Esquema del arte de perspectiva profunda   95

11   Piet Mondrian. *Muelle y Océano*, 1914 (blanco y negro). Óleo sobre lienzo 85 x 108 cm. Con permiso de Mondrian/Holtzman Trust (2000)   97

12   Esquema de la novela red de Jarnés   97

13   Esquema de la novela ajedrez de Jarnés   101

14   Piet Mondrian. B103 Composición enmarcada 9: Tablero de ajedrez, colores claros, 1919 (color). Óleo sobre lienzo, 86 x 106 cm. Con permiso de Mondrian/Holtzman Trust (2000)   101

15   Alfonso. *Fotografía de Ramón Gómez de la Serna reflejándose en el espejo del Café Pombo*, 1932. Foto reimpresa con permiso de José Luis Torres Victoria, hijo de Alfonso   118

16   Manuel Reinoso. Dibujo de la cubierta de *Fígaro. Revelaciones, "Ella" descubierta, epistolario inédito* de Carmen de Burgos. Madrid: Impresora de Alrededor del Mundo, 1919. Con permiso de la Biblioteca Nacional (Madrid)   137

Figura   *Pág.*

17   Retrato de Larra en *Fígaro*. En *Fígaro. Revelaciones, "Ella" descu-
     bierta, epistolario inédito* (1919) de Carmen de Burgos. Madrid: Im-
     presora de Alrededor del Mundo, 1919. Con permiso de la Bibliote-
     ca Nacional (Madrid)   139

18   Retrato de Larra en *Fígaro*. En *Fígaro. Revelaciones, "Ella" descu-
     bierta, epistolario inédito* (1919) de Carmen de Burgos. Madrid: Im-
     presora de Alrededor del Mundo, 1919. Con permiso de la Bibliote-
     ca Nacional (Madrid)   139

19   Maruja Mallo, *La mujer de la cabra* (Fundación Pedro Barrié de la
     Maza). Con permiso de Emilio Gómez Mallo, hermano de Maruja
     Mallo   144

20   Julio Romero de Torres, *La Chiquita Piconera*, 1930. Con permiso
     del Museo Julio Romero de Torres (Córdoba). Óleo y temple sobre
     lienzo, 100 x 80 cm.   148

21   Diego Rivera, *Retrato de Ramón Gómez de la Serna*, 1915. Óleo
     sobre lienzo, 109 x 90 cm. Con permiso del Banco de México Diego
     Rivera & Frida Kahlo Museums Trust y del Instituto Nacional de
     Bellas Artes y Literatura (2001)   156

22   Victorio Macho, *El Cristo del Otero*. Palencia. Con permiso de la
     Real Fundación de Toledo   170

23   Ángeles Santos, *Un mundo*, 1929. Óleo sobre lienzo, 290 x 310 cm.
     Con permiso de Artists Rights Society (ARS), New York / VEGAP,
     Madrid   189

AGRADECIMIENTOS

ESTE libro, nacido bajo el espíritu vanguardista, me ha acompañado –siempre fiel y a veces molesto– por varias ciudades; es en esencia, por tanto, como la misma vanguardia de la que trata, cosmopolita. En Los Ángeles, nació y empezó a crecer bajo la mirada supervisora e inteligente de Paul Ilie. El número incontable de intensas y enriquecedoras conversaciones con Marcelo D'Asero le alimentaron en las difíciles primeras etapas de su crecimiento. La generosa ayuda, en tiempo y dinero, de la Universidad del Sur de California y la Fundación del Amo me permitió empezar a explorar el entramado bibliográfico de la vanguardia española. Me perdí, Ariadna a veces sin hilo, en los laberínticos y oscuros pasillos de las salas de la Biblioteca Nacional, donde sin la ayuda y buena voluntad del personal de la sección de publicaciones periódicas y la sección de reprografía, el tedioso proceso de recopilación de materiales hubiera sido, sin duda, menos fácil y llevadero. De la laberíntica B.N., me sacó, para perderme ahora en los recovecos más luminosos del Madrid veraniego, José Manuel del Pino. Sus detallados comentarios, junto con los de Joyce Tolliver, Theodor Sackett, M. Lazar y los anónimos lectores de la editorial de North Carolina, todos ellos apropiados e inteligentes, han contribuido sin duda a mejorar el manuscrito inicial. La colaboración asimismo de diferentes entidades oficiales y personas particulares –el Museo de Arte Contemporáneo Reina Sofía, la Fundación Pedro Barrié de la Maza, la Real Fundación de Toledo, el Museo Julio Romero de Torres, Emilio Gómez Mallo, la Galería Guillermo de Osma, José Luis Torre, el Instituto Nacional de Bellas Artes de México, The New York Public Library y The Mondrian Holtzman Trust, entre muchas otras– han hecho posible que el volumen se enriqueciera con numerosas y bellas imágenes de la época de las vanguardias. El permiso dado también por RCEH y BHS para reproducir parte del contenido aparecido anteriormente en estas revistas en forma de artículo, ha hecho posible que este estudio sea más completo. Su publicación, sin embargo, no hubiera sido posible sin la generosa ayuda económica de la Universidad de Calgary, y sobre todo, sin el apoyo personal de mis padres (Isabel y Gabriel), hermanos (Maribel y Arturo) y amigos. A todos ellos, pues, vayan las gracias.

VISIONES ESTEREOSCÓPICAS EN LA VANGUARDIA ESPAÑOLA

E
L objetivo central de este ensayo es argumentar la existencia de un idéntico paradigma o categoría funcional que subyace y da unidad a un grupo muy importante de manifestaciones ficcionales y artísticas de la vanguardia histórica española; lo que se conoce como el "arte nuevo" y la "nueva literatura". Por "arte nuevo", entiendo la producción de los artistas que permanecieron en España durante el periodo de los años veinte y principio de los treinta (a diferencia de representantes de la Escuela de París como Picasso, Dalí, Miró u otros). Estos artistas tratan, como muestran Eugenio Carmona o Calvo Serraller, de conectar con los movimientos modernos europeos y, ya desde 1922 o antes, integrarlos bajo el lema general de la "vuelta al orden" en la concreta realidad histórica y cultural de España. Por "nueva literatura", me refiero igualmente al momento de producción novelística que sigue, aproximadamente a partir de 1925, a la rebelión rupturista de los "ismos" (ultraísmo, cubismo o futurismo, entre otros). Según algunos de sus representantes y algunos críticos recientes –Guillermo de Torre, Antonio Espina, Díaz Plaja, Soria Olmedo, Ramón Buckley y John Crispin o José Carlos Mainer– este nuevo arte y nueva literatura se caracteriza por absorber e integrar los rebeldes "ismos" anteriores, por acentuar lo constructivo y, finalmente, por intentar sintetizar tradición e innovación, siguiendo en esto la decidida voluntad política renovadora y europeísta de los escritores y artistas que tradicionalmente se han agrupado bajo la rúbrica [quizás ya obsoleta] del novecentismo (Soria 154).[1]

---

[1] Torres distingue entre ultraísmo (primer y único ismo español) y una vanguar-

Al contrario de lo que ha sido hasta ahora la tendencia más frecuente –considerar únicamente la rebeldía y la ruptura contra las convenciones de lo inmediatamente anterior como la única actitud consciente común en una vanguardia multifacética y compleja

---

dia posterior más importante y orgánica. De esta segunda fase vanguardista salen los poetas del 27 y los prosistas y ensayistas de la *Revista de Occidente*.

Díaz Plaja distingue entre una etapa ultraísta, vanguardista, y una etapa posterior, "la nueva literatura" que ya no es vanguardismo propiamente dicho (aunque para él hay una etapa vanguardista en cada escuela). Es una etapa transitoria de actuación violenta y de choque a la que sigue una marcha normal, constructiva y creacional.

Para Ramón Buckley y John Crispin (en un pionero e importante estudio antológico sobre la prosa de la vanguardia), aunque las fronteras no están muy claramente delineadas, habría que distinguir también dos fases: una primera fase ultraísta hasta 1925 aproximadamente que se caracteriza por la negación del pasado y un periodo posterior en que se continúa con esta negación pero que es al mismo tiempo una etapa ya de creación vital.

En el caso de la novela, esta segunda etapa a su vez se subdividiría en otros dos momentos: uno, que se extendería de 1925 aproximadamente hasta 1930 y otro que iría de 1930 a 1935. En la fase inicial, la literatura se caracteriza por mantener el espíritu y técnicas heredas del ultraísmo, por el espíritu juguetón y optimista, la exaltación de la modernidad y el progreso técnico. En la fase segunda, de 1930 a 1935, la narrativa experimental adquiere un afán social y en ocasiones político. Se caracteriza en general por la acentuación de la nota pesimista y el desengaño nihilista.

José Carlos Mainer habla también de dos vanguardias: una primera vanguardia hasta 1929 caracterizada por la alegría inicial y por la oscilación entre el desgarrón total con el pasado y la tentativa de un cierto tradicionalismo cultural modernizado (y de la que sería *La Gaceta Literaria* una expresión clara); y una segunda vanguardia donde el arte sufre una crisis de identidad y se ponen de relevancia los valores de compromiso.

Quizás habría que aceptar la posición de Antonio Espina o Díaz Plaja de no denominar vanguardista el conjunto de esta producción que sigue a la vanguardia propiamente dicha, sino "nueva literatura" (Espina 122-23; Díaz Plaja, *Vanguardismo* 31). Esto es, en referencia al mundo artístico, lo que hace Eugenio Carmona.

También, como en el campo de la literatura, se ha dividido la producción artística experimental de la vanguardia hecha en España en dos momentos. Brihuega distingue: un primer momento que llega hasta la Segunda República aproximadamente, que se caracteriza por ser un complicado mosaico de influencias –los sucesivos ismos– que son asimilados y transformados en el complicado ecosistema español en lo que denomina "lo nuevo"; y una segunda fase que corresponde aproximadamente al periodo de la II República donde este proceso ecléctico se acentúa. Afirma además Brihuega que a partir de 1922 en Madrid y Barcelona y de 1925 en el resto de la península se observa en el campo de la vanguardia artística española la presencia importante de una oleada de realismos que se suman a esta poética de eclecticismo nacionalista ("The Language" 86-93).

Esta misma reconciliación con la tradición hispana de la que habla Brihuega se observa ya desde principios de los veinte en el campo artístico e incorpora como componentes esenciales los nuevos realismos. Es también detectada y catalogada como el "Arte Nuevo" por Eugenio Carmona, quien determina su carácter eclécticco y su deseo de suponer una vuelta al orden (98; 101).

(Hernando 68-70; Harris 3; Wentzlaff-Eggebert, *Las vanguardias*)–
propongo la existencia, en una parte importantísima del discurso
cultural de la vanguardia española, de un principio común de hibridación de categorías epistemológicas, éticas y socio/políticas consideradas tradicionalmente en conflicto. [2] Como es característico de
la Modernidad occidental que, cumplido el proceso de racionalización, cree en la existencia de naturaleza y cultura, razón y vida,
como esferas separadas, el principio organizador que caracteriza a
una parte importante del discurso cultural de la vanguardia española busca la recuperación e integración de la naturaleza en cada una
de las esferas y productos culturales del hombre, escapando así tanto del dualismo cartesiano mente/materia, como de las tradicionales
dicotomías entre intuicionismo/utilitarismo y liberalismo/socialis-
mo. [3] El discurso vanguardista, que marginaliza la creación de productos puros, favorece la creación de prácticas culturales híbridas
que reconcilian estas esferas opuestas. [4] El resultado de este principio integrador es la "vía media" que se manifiesta en la novela y el

---

[2] El término "discurso" se refiere al uso específico de la lengua en un momento
o lugar dados. Es la manera en que el lenguaje se utiliza en una sociedad o cultura
determinadas; está histórica e institucionalmente determinado en su estructura, categorías o creencias. Se elimina de esta manera cualquier intento de sugerir que el
texto artístico o literario (manifestación de este discurso) sea el producto creativo
de un esfuerzo personal individual.

[3] El fenómeno de las manifestaciones literarias de los años veinte, sus relaciones
con el Modernismo europeo y las imbricaciones entre vanguardismo y Modernismo
han sido analizados desde diferentes perspectivas por José Manuel del Pino, Ródenas de Moya y Jochen Mecke.

[4] Es cierto, como ha señalado Peter Bürger, el rechazo por parte de las manifestaciones culturales de la vanguardia de la obra orgánica que intenta ofrecer la existencia de una entidad donde la parte y la totalidad quedan –como en una síntesis–
siempre conectadas; la obra vanguardista ya no se produce como un todo orgánico
sino que se constituye en un montaje, en un artefacto a base de fragmentos en que
cada una de las partes se emancipa de un todo situado por encima de ellos (*Teoría*
112).
No estoy de acuerdo, sin embargo, en que esta negación de síntesis orgánica,
evidente también en la producción vanguardista española, haya de ser interpretada,
como hace Bürger, como la existencia de una cosmovisión que niega cualquier intento de reconciliación entre hombre y naturaleza. Los productos culturales de la
vanguardia no pueden definirse como organismos sintéticos –como entidades carac-
terizadas por la unidad, que exhiben propiedades distintas a las propiedades que
singularizan a los elementos componentes de cada una de las partes subordinadas–
sino como híbridos: productos heterogéneos en que los componentes no se subor-
dinan a la totalidad ni forman parte de una jerarquía sino que conservan su independencia aunque formando siempre parte de un sistema de interacciones que
pone cada una de estas secciones en relación y, sin modificarlas, suma sus propósitos iniciales.

arte de un grupo muy importante y numeroso de obras de la vanguardia al menos en tres niveles: la poética narrativa, la evolución del protagonista y el concepto de historia.

En el nivel poético, a partir del análisis de *El novelista* de Ramón Gómez de la Serna, *Efectos navales* de Antonio de Obregón, *Locura y muerte de Nadie* de Benjamín Jarnés, *Estación. Ida y vuelta* de Rosa Chacel, el *Autorretrato* de José de Almada Negreiros (de frecuente aparición en *La Gaceta Literaria*) y la cubierta diseñada por Mauricio Amster para la novela de Antonio de Obregón, *Hermes en la vía pública*, podemos argumentar que la problemática de una gran parte de la novela y el arte de la vanguardia española gira en torno al intento de creación de la obra de arte total: la obra pánica, integral, de cuyos parámetros no quede nada excluido, que aprehenda la realidad en sus tres dimensiones, con todos sus perfiles. Esta visión total será posible mediante la suma de una variedad de modos representativos, o lo que es lo mismo, mediante la integración de al menos dos maneras representativas extremas entre cuyos límites se contendrían una variedad, en principio infinita, de grados intermedios. La visión total sólo será viable si se aúnan dentro de una misma estructura artística o novelística dos componentes: por un lado, una representación objetiva o aparencial, que ofrezca la realidad de las cosas, lo que el ojo puede ver, que reproduzca o refleje la vida; por otro lado, una visión subjetiva e interpretativa, sea esta interpretación racional u onírica, impere en ella la inteligencia o el instinto. Al primer modo representativo corresponden toda la gama de realismos, naturalismos o realismos epigonales de finales del siglo XIX y principios del siglo siguiente. Al segundo modo representativo corresponden los llamados 'ismos': futurismo, ultraísmo, cubismo, creacionismo, expresionismo, dadaísmo o surrealismo.[5]

Realismo y naturalismo son modos de representación artística que se limitan a crear formas, a transcribir de manera objetiva, fotográfica y documental la realidad y que buscan un acercamiento em-

---

[5] En todos estos casos, sin embargo, los artistas están más o menos comprometidos con el principio de la mimesis o reproducción estética de la realidad fenomenológica; ni los realismos ni los ismos cortan los lazos con la vida, aferrándose, como por ejemplo el constructivismo, a las propiedades exclusivas del lenguaje. Los ismos, aunque mantienen el concepto de mimesis, se limitan a corregirlo y acentúan el elemento interpretativo, subjetivo; de ello resulta una mayor o menor deformación de la realidad aparencial (Raffa, 12-13).

pírico y científico que ofrezca al lector normal lo que éste asocia con el orden natural del mundo: principio de la no contradicción, sucesión temporal y causalidad lógica, solidez de los objetos y unidad del yo. Es una orientación intelectual hacia el mundo que busca construir relaciones objetivas, que intenta elucidar las estructuras y principios de los que depende la experiencia. Es una mirada directa al objeto que tiene por misión indagar y exponer la naturaleza humana sin ideal, sin que el escritor, al menos teóricamente, la transforme de acuerdo a sus inclinaciones subjetivas. Naturalismo y realismo buscan reproducir la vida tomándola en su conjunto y en su diversidad. El riesgo que se corre, sin embargo, con este tipo de aproximación artística es, como veremos en *El novelista*, la amenaza del caos y el desorden que se deriva de toda visión que no proyecte cierto esquema unitario sobre la realidad.

En las teorías de la percepción subjetiva, sin embargo, es el sujeto el que proporciona esa unidad de la que carece la misma naturaleza, el que le otorga coherencia y simetría. El arte subjetivo es el arte que todo lo devuelve enriquecido, cernido en materia artística, trocado en el mismo artista. El intelecto y la imaginación crean impresiones a partir de sensaciones aisladas, les dan una unidad. La realidad es ahora algo que depende de las actitudes y las percepciones del sujeto individual; no se refiere ya a la exactitud con que la realidad observable de un momento y lugar específico es reproducida sino a la autenticidad de una experiencia personal. El objetivo de la obra artística es la presentación de la realidad, la reproducción externa de algo experimentado internamente (Neuman 108). El sujeto es visto como una cámara interior, como una colmena (Jarnés, *Ejercicios* 85) o como un aparato digestivo (Vela, "La tertulia"), donde los objetos de la realidad son transformados y digeridos hasta resultar en un nuevo orden. [6]

---

[6] En las teorías realistas, la representación de la naturaleza se expresa a través de la imagen "stendhaliana" del espejo que se pasea a lo largo del camino. En esta imagen, el espejo es el temperamento del autor, un punto fijo, y la imagen reflejada en el espejo es la reproducción fiel de la realidad externa. En las teorías subjetivistas, la imagen que expresa la visión interna de la realidad será de nuevo la del espejo, pero en esta ocasión el espejo reflejará la realidad de forma indirecta o quebrada. Para Jarnés (*Teoría* 10), el artista lleva delante un gran espejo donde se va pintando la realidad recordada, seleccionada y ordenada nuevamente de acuerdo a una subjetividad que supera de esta manera la superficialidad de la apariencia externa. Sólo la visión interior permite acceder a la esencia de la realidad. En el caso del surrealismo, la realidad se refleja también a través de un espejo roto, de forma fragmentada, incompleta y subjetiva. No se trata de una visión coherente sino de una visión selectiva y alógica.

El objetivo de al menos un grupo importante de los novelistas y artistas españoles de la vanguardia es la integración de estos dos modos representativos, de estas dos visiones externa e interna, para acceder a una visión total y completa de la realidad: lo aparencial y lo esencial. Lo que estos artistas proponen es la posibilidad de hallar una estructura compuesta de un nivel objetivo y un nivel subjetivo, de encontrar una fórmula integradora donde ambos niveles se yuxtapongan pero permanezcan estructuralmente heterogéneos.[7]

En este sentido, y en lo concerniente a la poética de la "nueva novela" –objeto central de este estudio–, mi interpretación se aleja en parte de las dadas por Gustavo Pérez Firmat y José Manuel del Pino, autores de los dos únicos trabajos monográficos y de conjunto existentes hasta ahora sobre la prosa de la vanguardia (dejando aparte la pionera antología, prologada y editada por Ramón Buckley y John Crispin –*Los vanguardistas españoles [1925-1935]*– y los dos estudios de Domingo Ródenas de Moya de reciente aparición: uno, una nueva antología de la narrativa de la vanguardia española, *Proceder a sabiendas* [1997]; otro, el libro *Los espejos del novelista. Modernismo y autorreferencia en la novela vanguardista española* [1998] que profundiza en un aspecto concreto de la novela vanguardista, la autorreferencialidad, y su especificidad en relación con el Modernismo europeo del que forma parte).

En *Idle Fictions: The Hispanic Vanguard Novel, 1926-1934* (1982), Pérez Firmat consigue probar la existencia del género "novela vanguardista", que nace y se ofrece en el discurso crítico de los años veinte como una alternativa a la novela tradicional o novela decimonónica. Aunque contiene la novela del pasado y retiene los rasgos necesarios para ser reconocida como pariente de la novela decimonónica, el nuevo género se define fundamentalmente por no ser como la novela tradicional (30). La nueva novela surge de la vieja novela pero son, sin embargo, tipos y estados opuestos del mismo material, un nuevo objeto hecho a partir de la fragmentación y re-

---

[7] El realismo de un vanguardista como Pirandello, dice Raffa, no es ni el realismo naturalista ni el realismo esencialista de Georg Lukács. El realismo de vanguardia se opone al concepto decimonónico, representante de la parte objetiva, que entiende la representación sobre todo a nivel de percepción óptica: realismo como reproducción estética fiel del natural, sin distorsiones aparentes de los fenómenos; representación tal como se presenta a la percepción común. Pero el realismo de la vanguardia se opone también a un realismo que sea exclusivo reflejo de la esencia de la realidad, que narre lo universal: no lo que ha sucedido sino lo que podría suceder por verosimilitud o necesidad al modo de las teorías de Lukács (280-83).

construcción de un material viejo (54-61). Reconstruyendo las dos isotopías básicas (agrupación de imágenes que giran alrededor de un mismo núcleo semántico) utilizadas por el discurso crítico del momento, Pérez Firmat determinará las características de esta nueva novela. Si la vieja novela o novela decimonónica, nacida bajo el signo protector de Prometeo, es definida con frecuencia mediante metáforas que se relacionan con el motivo de lo arquitectónico e institucional, la nueva novela, bajo el signo del aéreo Hermes, lo será mediante metáforas e imágenes neumáticas (aire, gas, evaporación, nube, nebulosa, burbuja). La una, forma estable y acabada, atenderá a reglas y convenciones fijas y definidas, se alimentará del mundo material (realismo mimético) y apoyará la dicotomía forma/contenido. La otra, en estado siempre de continua formación y sin fronteras claramente delineadas, no admite prescripción ni norma, alude a la realidad sin imitarla y subvierte frecuentemente la dicotomía forma/contenido.

José Manuel del Pino, en *Montajes y fragmentos: una aproximación a la narrativa española de la vanguardia* (1995) y una larga serie de artículos sobre el tema, considera al igual que Pérez Firmat, que la narrativa de la vanguardia nace como desafío al género novelístico tradicional. Sin embargo, del Pino va más allá en su análisis y no deja de percibir, con perspicacia, la existencia de dos grupos de novelas dentro de la totalidad de las manifestaciones de la prosa vanguardista. Los criterios utilizados para delimitar cada uno de los grupos son el grado de ruptura y radicalización y la relación entre la forma y los contenidos renovadores. Distingue así el grupo de los intentos prosísticos de renovación superficial de lo que él considera los intentos más renovadores, ambiciosos y auténticos. El primer grupo de obras —entre las que cabría incluir, según del Pino, *Sentimental Dancing* de Valentín Andrés Álvarez, *Logaritmo* de Botín Polanco, *Superrealismo* de Azorín, cualquiera de las novelas de Juan Chabás, y probablemente *Efectos navales*— no representa para del Pino una subversión demasiado radical respecto a la novela anterior. El influjo en ellas de lo experimental es indudable, pero es mero adorno ya que, según del Pino, el contenido es escasamente rupturista (46; 73-74). Conviene, por tanto, según este crítico, descartarlas y no tomarlas como representantes adecuados de la narrativa vanguardista (77). Son más bien ejemplos de renovación modernista (en el sentido europeo del término) que verdaderas manifestaciones de vanguardia. Es el segundo grupo de obras —que incluye *Cazador en el alba* de Francisco Ayala, *Víspera del gozo* de Pedro Salinas, *Pájaro pinto* de Antonio Espina, *Yo, inspector de alcantarillas* de Giménez Caballero y *El profesor inútil* de Benjamín Jarnés– el que pone las bases, para del Pino, de una auténtica renovación de la novela y por eso merecen mayor preeminencia y atención crítica. Estas obras, que responden a una concepción fragmentaria del mundo y rechazan la idea del sujeto lógico y racional, se caracterizan por la fragmentación y la negación del principio orgánico de representación artística.

Mi interpretación de la novela de la vanguardia difiere por tanto de la de ambos críticos. Gustavo Pérez Firmat, por una parte, cree imposible la reconciliación entre la nueva y la vieja novela, en la que yo, como intentaré mostrar en este trabajo, sí creo. José Manuel del Pino, por otra, argumenta, contrariamente a lo que yo defiendo, que es la fragmentación y no la totalidad el verdadero rasgo caracterizador de las que son para él auténticas y verdaderas novelas vanguardistas, excluyendo así muchas otras que sería necesario descartar como ejemplos de lo que para él es la nueva novela. La radicalidad de las afirmaciones de Firmat y del Pino se matiza, sin embargo, en algún momento de sus estudios. (Matiz que por otra parte ya ha tenido en cuenta José Carlos Mainer en un importante estudio sobre este periodo, que señala cómo poco a poco se va desterrando el prejuicio de una novela que rompe ruidosamente con sus precursores realistas, a pesar de que, de alguna manera, se siga expresando el asedio a la realidad [*La edad de plata* 236].)

Pérez Firmat, que se plantea la pregunta de si es posible reconciliar el concepto de novela vanguardista con el de vieja novela y que afirma la oposición sistemática de la nueva novela a las convenciones de la decimonónica, no deja de reconocer sin embargo que, en una especie de proceso dialéctico, nace de ella y la contiene (*Idle* 54-55). Del Pino, por su parte, que menciona cómo junto a los propósitos demoledores está muy arraigada la idea de reconstrucción de una novela que recoja lo más válido del pasado y lo transforme en un género más dinámico y actual (43; 179), reconoce la existencia de un importante número de novelas en las que es evidente su intento experimental. Novelas que, como hemos señalado, del Pino no considera verdaderamente vanguardistas pues el fragmentarismo parece exclusivamente formal.

Son éstas sin embargo, a mi entender, las más numerosas, y puesto que en su momento fueron vistas como un paso importante en la renovación novelística, creo inadecuado descartarlas como ejemplos abortados de experimentación vanguardista. Su estudio, me parece, nos da la clave para entender la verdadera naturaleza de un grupo importantísimo y numeroso de novelas de la vanguardia española, su talante híbrido e integrador, aunque no necesariamente orgánico (donde impere la prioridad del todo sobre las partes y se establezca una jerarquía de planos). Yuxtaposición unitaria más que síntesis orgánica total o fragmentarismo es, a mi entender, la clave de la concepción poética, ética y sociopolítica que articula la nueva novela.

Si la primera parte de este trabajo sobre la novela y el arte vanguardista se centra en el análisis del mencionado principio integrador en el nivel de la poética narrativa y artística, la segunda parte de este trabajo se enfoca en el estudio de dicho principio integrador en la construcción narrativa del personaje protagonista. Se analizan en esta segunda parte las novelas de Rosa Chacel, *Estación. Ida y vuelta*, Benjamín Jarnés, *Locura y muerte de Nadie*, Juan Chabás, *Sin velas, desvelada* y las pinturas, esculturas e ilustraciones de Manuel Reinoso, Maruja Mallo, Diego Rivera, Julio Romero de Torres, José de Almada Negreiros y Victorio Macho. Argumento en esta sección cómo un grupo importante de obras de la novela y el arte de la vanguardia española muestra, al igual que el nivel de la poética, la reconciliación de polos o concepciones humanas opuestas, la búsqueda de una definición del ser humano más completa e integral. La psicología de muchos de los personajes de la narrativa y el arte de vanguardia no presentan como característica general la defensa del sometimiento de lo racional a lo espontáneo (38). La crisis del sujeto moderno no se plantea tampoco en muchas de estas novelas en los términos que señala del Pino, para quien los jóvenes protagonistas –de las narraciones auténticamente vanguardistas solamente– expresan la fragmentación y el rechazo del sujeto lógico y racional característico del artista moderno. La narrativa de vanguardia, dice este crítico, está llena de jóvenes protagonistas que luchan, con mayor o menor éxito, por romper las estructuras coercitivas de la sociedad española de la época: familia o religión (59). Cuando la novela termina en un final que supone una resolución de los conflictos planteados a lo largo de la trama y los protagonistas se reintegran al orden social del que parten al principio de la obra, es obvio, para del Pino, que la poética orgánica sigue siendo más poderosa que la de la fragmentación, y no estamos, por tanto, ante verdaderas novelas vanguardistas. Éste, sin embargo, es un caso muy frecuente que no se puede dejar de tener en cuenta; como tampoco se puede desatender las complejidades y sutilezas de dicha reintegración.

Es mi opinión que, conscientes de que la identidad humana es un concepto en evolución constante, un grupo numeroso de artistas y escritores de la vanguardia que beben directamente de las aguas racio-vitalistas de Ortega rechazan la idea de lo humano como lo constituido por la acción, lo sensible, lo sentimental, lo antintelectual, lo onírico, lo racional o lo real exclusivamente. Lo humano es ahora la comprensión del hombre como un ser vital y transcendente al mismo tiempo. En este sentido, la fórmula narrativa del *Bildungsroman* se convierte en el género más adecuado para la construcción literaria del nuevo héroe. El *Bildungsroman*, que había sido tradicionalmente el instrumento literario más adecuado para expresar lo que debía ser el modelo humano en una época y momento determinados, se constituye ahora también en la fórmula literaria más adecuada porque plantea no tanto un estudio sobre la psicología del protagonista como un problema filosófico sobre la naturaleza material y espiritual del hombre. [8] En la fórmula literaria del *Bildungsroman*, por tanto, el desarrollo humano no se articula como simple adquisición de meros ornamentos educativos externos sino como desarrollo de una personalidad completa y entera en todos sus aspectos corporales, mentales y espirituales (Hardin 109). Este género narrativo, modificado de acuerdo a las nuevas necesidades literarias e ideológicas, permite a numerosos escritores vanguardistas construir una nueva visión de lo humano y un concepto más innovador de lo heroico.

El intento de la generación vanguardista de crear un concepto distinto de hombre y un nuevo proyecto de vida individual respon-

---

[8] Beddow, que analiza diferentes novelas consideradas tradicionalmente como representativas del género denominado *Bildungsroman*, concluye que "in these novels . . . the development of the hero is not the ultimate concern . . . that the representation of the hero's development is a means to a further end . . . ." (2). O, como resume más claramente Harding:

> Michael Beddow . . . argues that . . . [the *Bildungsroman*] is "undertaken in the servicie of a further end." Such novels are highly stylized, symbolic works, and the expression and recommendation of a particular understanding of the nature of humanity through the more or less overtly fictitious narrative of the central character's development is the most important feature which gives the novels on which this study concentrates their peculiar generic identity. (XX)

de a la tradición ya iniciada por el grupo modernista de intelectuales en torno a Ortega. Como para los novelistas de la vanguardia, para estos intelectuales es necesaria la renovación del concepto de héroe, e intentan, por eso, alejarse tanto del modelo de hombre tradicional (castizo) como del *enfant* calavera que la bohemia literaria había encumbrado a principios de siglo. Como se verá, acusan con frecuencia al genio español de sensualismo, naturaleza pasional exaltada y carencia del componente racional: el romanticismo y la aventura frente al cálculo y la previsión. Hay hazaña y coraje, dicen estos intelectuales, antes que lógica y reflexión. Y España, como el español, es un estallido de voluntad ciega, difusa y brutal. Esfuerzo puro sin ser regido por la idea y la inteligencia. La consecuencia, para estos intelectuales, es obvia: de la falta de temperamento racional fuerte deviene el escaso sentido del deber, la debilidad moral. Moral, se implica, es deber (Ortega, "¡Libertad!"). Para Ortega, en España hay penuria de ideas en las que se basa la virtud y la verdad. Y como consecuencia de esta debilidad moral, deviene la insolidaridad individual, nacional e histórica. El mismo Azaña señala que el carácter nacional tiende al individualismo antisocial y cómo, por esto mismo, se hace necesaria la razón para desarrollar la moral social y permitir la mejor integración en la sociedad (232-41). El objetivo es, por tanto, impulsar la aparición de héroes morales en los que se armonice el componente natural del íbero, del hombre mediterráneo, y el componente racional germano; pero siempre estableciendo una jerarquía, es decir, armonizando ambos componentes, albergando lo pasional dentro de una estructura racional (Ortega, "Kant"). No existe, dice Azaña, divorcio entre pensamiento y acción. De hecho, el pensamiento es un impulso para la acción. La acción política es encauzada por la reflexión; el saberse en posesión de la verdad. La inteligencia activa y crítica, presidiendo la acción política, es la señal que demuestra la libertad de los hombres, la ejecutoria del espíritu racional: acción ideal más acción exterior, que no desvirtúa el carácter ni mengua la acción ideal, sino que forma parte de ella (29-32).

La propuesta vanguardista de un grupo de escritores es la propuesta no sólo del nuevo hombre moderno sino también del nuevo español, una fórmula modélica. El pueblo, dirá el joven Díaz Plaja, necesita "de un objetivo para su admiración y apoyo para su orgullo racial" (*Vanguardismo* 167). Este hombre vanguardista no es sin embargo (excepto en el caso del protagonista de *Estación. Ida y vuelta* de Rosa Chacel) un ser decididamente racional sino que busca, en general, la integración equilibrada de lo vital y lo racional. La implicación es clara: la falsedad del problema de la primacía del individuo sobre la sociedad o viceversa. La propuesta ético-social de Jarnés y de otros autores vanguardistas, partiendo de la nueva comprensión de lo humano como lo vital y lo transcendental a un mismo tiempo, es la de un héroe responsablemente moral, un ser que es capaz de mantener en armonía lo sensual y lo racional, individualidad y responsabilidad social, autoridad y libertad, genio español (que ahora, sorprendentemente y en oposición a las ideas de intelectuales como Ortega se asocia con lo racional) y genio europeo, universal. Ni el culto incondicional a la personalidad del individuo, ni la concepción del ser humano como ser sometido a las necesidades de la sociedad relegando las aspiraciones individuales (en la que como en la visión sintética hegeliana, el todo sería más importante que las partes, el Estado más que el individuo). No existe el individuo asocial. El verdadero comportamiento ético supone el continuo refinamiento del deseo de un individuo que adapta sus inclinaciones personales a las necesidades sociales. La obtención de una vida humana completa requiere la expresión de la personalidad a través de un modelo de vida en la que el individuo se realiza en parte integrado en la comunidad; la felicidad individual será imposible al margen del contexto de responsabilidad social. El nuevo héroe moral crea una comunidad caracterizada por la solidaridad, pero sin ahogar la individualidad en esa comunidad, sin ahogar su libertad.

La filosofía sobre el ser y el hombre de parte de la vanguardia española se mantiene así dentro de las coordenadas del pensamiento humanista burgués y se hace eco de la creencia liberal de integrar con éxito –o al menos mantener en una tensión que revele la complejidad potencial del hombre– individuo y sociedad, riqueza espiritual y psicológica e integración social; es decir, individualismo y jerarquía social, libertad y sociedad. Los intelectuales de la vanguardia operan con categorías abstractas sociopolíticas de la teoría y de la práctica de la burguesía liberal. El artista de la vanguardia española reconoce la necesaria dimensión de la realidad práctica en la completa realización del héroe. Es interesante destacar que, salvo en el caso del protagonista de la novela de Rosa Chacel, no sea un artista –en el que siempre es prioritario el desarrollo interno y solitario y el desacuerdo con el mundo y la sociedad– el héroe de estas narraciones.

La propuesta humana, por tanto, que se nos ofrece en estas obras es de hecho una propuesta ideológica e incluso –entendido este término de forma muy general– política. [9] Hay que someter a examen cuidadoso por tanto las afirmaciones de algunos vanguardistas que insistían, como señala Fernández Cifuentes, en que "no tenía sentido discutir la preponderancia de la ética o la estética porque partían del supuesto de que a la literatura no le cabía ninguna responsabilidad moral, ni siquiera una responsabilidad con respecto a lo real, a lo no literario, en general" (233). [10] La suya, en mi opinión, no es una práctica neutral, apolítica, vacía de cualquier proyecto ideológico, social y político. La moral pública tiene relación con la moral privada, y, como ya señalaba Benito Pérez Galdós, la primera no puede hacer nada en contra de la segunda si ésta se convierte en una fuerza de resistencia (295). Como en el grupo de modernistas en torno a Ortega y Gasset, los problemas políticos y sociales son entendidos ahora como problemas morales. El nuevo concepto de heroicidad moral, como se demuestra en el análisis de la evolución de los protagonistas de las obras anteriormente mencionadas, enmarca a estos escritores, y sin ponerlos en relación con

---

[9] Es un presupuesto extendido en el mundo occidental que cualquier teoría y práctica política debería, idealmente, fundamentarse en una determinada teoría sobre la naturaleza humana. Ontología, ética y política están por tanto íntimamente relacionadas sin que esto suponga, como señala Kloppenberg, que haya necesariamente que poner en relación determinadas teorías del conocimiento con teorías éticas o políticas específicas. Pero la realidad es que históricamente estas ideas se han reforzado mutuamente. Esta convergencia entre epistemología, ética y política fue particularmente clara en la del grupo de filósofos y políticos de la "vía media" (progresismo y socialdemocracia). Lo que tenemos, dice Kloppenberg, es la adaptación gradual de las ideas políticas al marco de ciertas cuestiones filosóficas (146).

[10] La novela vanguardista le sirve al escritor para crear la utopía de un nuevo héroe. Es importante, sin embargo, señalar la disparidad entre las propuestas teóricas que al respecto formulan los vanguardistas y la verdadera realidad del héroe ficcional de estas novelas de la vanguardia. Esta disparidad entre los comentarios teóricos y la realidad novelística no es algo infrecuente como muestran los estudios de Brihuega sobre la vanguardia. Es frecuente en los pronunciamientos teóricos o programáticos de estos escritores referirse al nuevo héroe como un ser inconformista con las convenciones sociales o ideas establecidas, sin respeto a la jerarquía, la familia o el dinero (véase a este respecto los comentarios de Guillermo de Torre en *La Gaceta Literaria* ("Perfil") y Fernando Vela en la *Revista de Occidente* ("Paul Morand"). Es mi opinión, sin embargo, que este radicalismo debe ser matizado y que las manifestaciones explícitas de estos autores fuera del marco ficcional deben entenderse, no como descripciones certeras de los héroes de estas novelas –mucho menos radicales y rebeldes de lo que sus autores quieren dar a entender– sino tan sólo como expresiones de la nueva retórica de convencimiento, programática y rupturista, de la vanguardia.

posiciones ideológicas y políticas concretas, dentro de las coordenadas del progresismo (también llamado nuevo liberalismo) y en la línea de la tradición regeneracionista que intenta definir los postulados políticos a través de fórmulas morales. Este grupo de escritores,
como ya señalaba César María Arconada (cit. en Brihuega, *La vanguardia* 335), o posteriormente han apuntado Juan Cano Ballesta
(162-63) o Víctor Fuentes ("Modernidad" 16), se sitúa dentro del
espectro de la pequeña burguesía que continúa la tradición del 98
(en oposición a los escritores comprometidos con el proletariado o
los escritores de la burguesía contrarrevolucionaria y fascista). En
sus novelas, estos escritores participan, consciente o inconscientemente, de una nueva ideología liberal enriquecida de rasgos socialistas, ya que gran parte de las reformas de orden secundario de este
último espectro ideológico habían ido pasando poco a poco al programa de la burguesía. Esta nueva ideología, que sustentará la república liberal de Azaña (obra de la pequeña burguesía), hace más
flexibles los términos "liberalismo" y "democracia", que estos vanguardistas ven evolucionar, o creen que deben evolucionar, al ritmo
que cambian los conceptos mismos de humanidad o alma nacional.
Al nuevo hombre español no puede sino corresponderle una nueva
fórmula política. Hay que imponer el nuevo espíritu en todos los
sectores atrofiados de la cultura y la sociedad. La vanguardia española, al contrario que la vanguardia europea, dice José Carlos Mainer, junta tarea intelectual de reforma con vocación política de cambio y busca una tradición válida dentro de la realidad nacional:
innovación rigurosa más interpretación de lo tradicional, cosmopolitismo más alta temperatura nacionalista que se mantiene hasta al
menos 1933, año del primer viraje de la República hacia la derecha
(cit. en Díaz Plaja, *Vanguardia* 13). [11] No se puede por tanto afirmar,
como ya hizo Arconada en 1933, que esta literatura vanguardista
careciera de carácter nacional ni prestara apoyo alguno a la causa
del proyecto republicano porque estos escritores aún no se habían
identificado con su clase y estuvieran todavía en período de evolución (cit. en Brihuega, *La vanguardia* 333).

---

[11] Francisco Ayala también menciona la tradición nacionalista en la que se forma su propia generación. Es esta tradición nacionalista la que le ofrece el esquema
intelectual sobre el que interpretar la realidad. A pesar de todos los cosmopolitis-
mos verbales y de todos los nacionalismos ideológicos, dice Ayala, su generación
nace en referencia a los ámbitos nacionales, en el ámbito de una comunidad que fue
estrechando sus fronteras (132).

La clara relación entre los presupuestos morales y políticos de la vanguardia y el proyecto liberal progresista republicano de armonizar tradición y modernidad, lo nacional y lo europeo, se observa claramente en la obra de Claudio de la Torre, *Alicia al pie de los laureles*, y en el cuadro *Un mundo* (1929) de María Ángeles Santos, cuyo estudio a modo de epílogo ocupa la parte final de este ensayo. La tarea de estimular el sentido histórico ocupa la obra periodística y literaria de Claudio de la Torre. Fuera de lo que se considera el momento de efervescencia vanguardista, *Alicia al pie de los laureles* asume el fracaso momentáneo de la propuesta liberal progresista de la pequeña burguesía para abrir, sin embargo, la posibilidad de tomar el relevo, la herencia ideológica, de esa España fracasada tras la Guerra Civil. El eslabón que une el proyecto de esta anacrónica novela aún vanguardista, publicada en 1940, con el proyecto integrador de sus novelas hermanas en los años veinte es ahora el concepto también liberal de historiografía. La historia, en general, y la historia de España, en particular, es entendida como proceso en el que importan por igual las condiciones dadas, sean de la clase que sean (por ejemplo materialistas), como la acción voluntaria del individuo para modificar el trayecto de la misma historia. Es decir, de nuevo el concepto de historiografía implícito en la obra de Claudio de la Torre y el pensamiento histórico de esta generación de intelectuales se articula de acuerdo a un patrón de integración e hibridismo en que cuentan por igual una visión de la historia materialista como una visión de la historia idealista y en que la reconstrucción del pasado lleva además el sello de la ya tópica reconciliación –a estas alturas– entre tradición y europeización.

En resumen, argumento en este trabajo, siguiendo la línea iniciada por Jaime Brihuega, Andrés Soria Olmedo (ambos en el plano teórico y sin ocuparse de las manifestaciones narrativas) o Cano Ballesta (principalmente en lo relativo a la poesía),[12] que la prosa de

---

[12] La vanguardia, dice Soria Olmedo, no tardará en ser detectada por las corrientes ideológicas que propugnan la modernización de España. Los ismos tendrán un eco favorable entre las minorías cultas dedicadas a esta tarea de modernización, con el resultado relativamente paradójico de que el movimiento que en Europa se alza contra el pensamiento burgués, llega en España a cierto diálogo con él (21). En España, dada la situación de debilidad de las instituciones académicas burguesas, toda la tendencia renovadora tiende a ser absorbida e incorporada al sistema. Por eso, los proyectos de la vanguardia tienden a resolverse en un sentido constructivo y en lo posible, interno a la evolución del liberalismo, sin veleidades revulsivas en lo cultural ni en lo social. De ahí que los dirigentes de las empresas culturales de la

la vanguardia en España es una práctica burguesa que ofrece una alternativa de renovación congruente con "las transformaciones del mundo moderno" (Brihuega, *Manifiestos* 74). [13] Argumento, asimismo, que la politización y el giro hacia los planteamientos sociales de la vanguardia (cuya presencia se suele detectar a partir de 1929-1930) está implícita ya en algunas de las primeras manifestaciones novelísticas; éstas, como ya señalaron Buckley y Crispin (8) o Mainer (235), son algo más que un juego intrascendente. En el caso español, una gran parte de la novela de vanguardia no puede ser considerada como mero juego verbal "deshumanizado". Las generalizaciones hechas por Ortega y Gasset en *La deshumanización del arte* acerca de la naturaleza del arte vanguardista como juego, deporte y arte que no busca la trascendencia necesitan ser revisadas. La literatura "deshumanizada" no está orientada exclusivamente al juego estético; nace en unas determinadas condiciones culturales y responde a un fin social específico y a un momento histórico concreto. Los escritores de la vanguardia, se deduce del análisis de estas novelas, tenían una conciencia social y política despierta y en íntima conexión con su actividad literaria. Y aunque estas obras no hacen, en ocasiones, una política proselitista explícita en favor de una ideología concreta, social y política, el paradigma de hibrida-

---

nueva burguesía (sobre todo Ortega) traten de asimilar las novedades llevándolas a su terreno. Esto no quiere decir que la vanguardia española sea completamente inocua, entre otras cosas, porque existen, lo mismo en España que en el resto de Europa, sectores de la burguesía conservadora y cavernícola que sitúan a la vanguardia en un espacio de ruptura, mediante cadenas en las que a menudo se identifica a los renovadores literarios y artísticos con anarquistas, socialistas, comunistas y demás subversivos (22).

Para Soria, las vanguardias sí practicaron una política y esto supuso la reacción en contra de grupos nacionales socialistas y procedentes de las izquierdas (180). Soria habla de una dimensión política en lo vanguardista que aunque siempre había estado ahí la asimilación al formalismo había relegado a un segundo plano. Esta dimensión política empieza a decantarse a finales de los años 20, por ejemplo en Giménez Caballero (Soria 273). El trabajo de Soria se centra, sin embargo, en el plano de las propuestas teóricas de la vanguardia y no en el de la ficción narrativa.

[13] No utilizo sin embargo el concepto de prácticas burguesas exactamente en el sentido que lo hace Brihuega. Para este crítico, aunque las vanguardias sean propuestas burguesas, se atribuyen a sí mismas el papel de alternativas críticas contra el arte burgués. Para mí, sin embargo, parte del discurso vanguardista es explícita y conscientemente burgués y liberal, aunque este nuevo liberalismo sea un intento de renovación del liberalismo y los postulados burgueses clásicos. Además, mientras que para Brihuega la revolución vanguardista se dirige exclusivamente a los problemas de lenguaje, para mí esta revolución incluye, como se ha señalado, una consciente revolución moral, ideológica e incluso política.

ción en torno al que se organizan apunta directa y claramente al conjunto de postulados defendidos por el liberalismo progresivo –su política de la "vía media"– que intenta la renovación del liberalismo clásico a través de fórmulas morales (en este sentido, estos artistas y novelistas de la vanguardia española se insertan en la tradición regeneracionista y la preocupación por el problema de la decadencia de España –como ya han sugerido Miguel Ángel Hernando o Francisco Ayala [Hernando 169; Ayala 143]) y en clara oposición al régimen dictatorial de Primo de Rivera. Habría, por tanto, que reconsiderar la afirmación de que aunque la práctica totalidad de los intelectuales no dejaban de atacar a la dictadura, estas nuevas iniciativas artísticas siguieron manifestándose como si se movieran en una esfera al margen de la historia (Brihuega, *Las vanguardias* 294). La ficción narrativa de estos escritores no es una ficción apolítica y no hace falta llegar a los escritores del nuevo romanticismo para hablar de politización de la literatura vanguardista. [14]

Mi propósito ha sido, por tanto, definir el género de la novela vanguardista de acuerdo a coordenadas en parte diferentes a las establecidas por Pérez Firmat en *Idle Fictions* y José Manuel del Pino

---

[14] En este sentido resulta interesante la opinión de Ródenas de Moya que sintetiza muy bien la postura de la crítica hasta ahora ante este problema de la ideologización de la la vanguardia. Para Ródenas, la falta de explicitud política marcaría la diferencia entre modernismo y vanguardia:

> Lo que importa enfocar es la dimensión política de la vanguardia frente al apoliticismo modernista o, si se estima, con Jameson (1979), que la obra literaria es *per se* un acto socialmente simbólico, que todo texto comporta una ideología y, por tanto, una significación política, entonces habría que matizar que lo que importa es la dimensión política explícita de la vanguardia frente a la implicitud de la del modernismo. Con la ostentosa excepción del Futurismo, la mayor parte de los movimientos de vanguardia se alinearon en la izquierda política. [. . .] En España, antiguos ultraístas y pregoneros del vanguardismo como Antonio Espina, Rafael Alberti, Emilio Prados o César Muñoz Arconada se acercaron a la causa proletaria. Frente al talante progresista que predominaba en la vanguardia, sobre los modernistas pesaba una sospecha de conservadurismo que parecía desplazarse desde lo estético a lo ético. [. . .] Pero no es preciso recurrir a ellos, puesto que bastan los ejemplos de conservadurismo "decoroso" de T.S. Eliot, Paul Valéry u Ortega y Gasset para ilustrarlo. Sobre los literatos del 27, en particular sobre los narradores, gravitó desde la segunda mitad de los años veinte una nube de imputaciones (la de afeminados, degenerados, señoritingos...) entre las que estaba la de burgueses conservadores pagados de su estatuto de clase y vueltos de espaldas a las injusticias sociales. En gran parte ésta tuvo su fuste no en las manifestaciones de los propios escritores para adherirse a una ideología determinada, al contrario, en su silencio. (67-68)

en *Montajes y fragmentos*. Este trabajo intenta explorar en mayor medida que los anteriores las relaciones del texto con el marco histórico y cultural en el que se originan estas novelas, prestando especial atención en los últimos capítulos a las implicaciones éticas, sociales y políticas de la nueva literatura. He tratado, además, de extender el espectro de obras vanguardistas estudiadas hasta ahora, descartando de mi estudio, sin embargo, el grupo de obras de la narrativa de vanguardia más rupturista y fragmentaria, como es el caso de las obras de Antonio Espina, Francisco Ayala, Pedro Salinas o Giménez Caballero (que han sido, por otra parte, como ha señalado en un reciente artículo Mechthild Albert, las obras y autores estudiados con mayor frecuencia y han resultado, por tanto, "canonizados"). Mi propósito ha sido otro: por un lado explorar esa otra cara de la vanguardia, la menos rupturista según algunos críticos; por otro, abarcar un corpus más amplio prestando atención a autores y novelas menos conocidos. Doy cabida así en mi estudio a novelas y materiales nuevos que, si bien de igual o superior calidad a los ya canonizados por la crítica, han sido injustamente relegados al olvido por los investigadores de este campo por salirse sus autores, quizás, del círculo de escritores consagrados por la *Revista de Occidente* o por la posterioridad, por ser considerados como manifestaciones poco auténticas de lo verdaderamente vanguardista o, como sugiere Ródenas de Moya, por "factores ideológicos de índole política" (89). Todas estas obras fueron, sin embargo, conocidas en su momento como representantes de esta nueva tendencia narrativa 'deshumanizada' y ejemplifican claramente la vena menos rupturista, pero no por ello menos numerosa, de la narrativa de vanguardia. Es este el caso, por ejemplo, de *Efectos navales* (1931) de Antonio de Obregón, obra recuperada para la historia de la literatura en una tesis muy reciente de Miguel A. Iglesias, y sin embargo injustamente desatendida por la crítica en relación con su otra obra vanguardista *Hermes en la vía pública* (1934). Objeto de poca atención ha sido también *Sin velas, desvelada* (1927) de Juan Chabás, marginada por el único crítico que le ha dedicado hasta ahora un estudio serio, Pérez Bazo; este mismo crítico, sin embargo, favorece, como en el caso de Antonio de Obregón, el análisis de otras dos obras más rupturistas del escritor: *Puerto de sombras* (1928) y *Agor sin fin* (1930). Finalmente, tampoco ha sido frecuente el estudio de *Alicia al pie de los laureles* (1940) de Claudio de la Torre, quizás por su desfase cronológico respecto al resto del corpus narrativo vanguardista o por la orientación política posterior a la guerra de su autor; sólo en un estudio muy reciente de Biruté Ciplijauskaité se ha dedicado alguna atención a la producción literaria primera de este escritor.

Incluyo también en este estudio el análisis de novelas de autores ya más sólidamente establecidos dentro del canon vanguardista como es el caso de Benjamín Jarnés. La novela aquí estudiada –*Locura y muerte de Nadie* (1929)– ha sido, sin embargo, injustamente marginada en favor del análisis de otras obras narrativas quizás más explícitamente teóricas del mismo escritor (*El profesor inútil* [1926], *Paula y Paulita* [1929] o *Teoría del zumbel* [1930]). Sólidamente establecida dentro del canon de la nueva literatura también está *Estación. Ida y vuelta* (1925) de Rosa Chacel, la única narradora de la vanguardia reconocida como tal –aunque la inclusión de Ernestina de Champourcín y su *Casa de en frente* (1936) podría ser defendible–; su excepcionalidad, en este sentido, es criterio suficiente, me parece, para su inclusión en este estudio. Caso un poco más problemático es, sin embargo, el de Ramón Gómez de la Serna y su novela *El novelista* (1923) considerada por Pérez Firmat como antecedente más que como manifestación legítimamente perteneciente al género novelístico de la vanguardia. Su inclusión obedece al intento explícito y temprano de Ramón, como ha señalado ya Luis Fernández Cifuentes, de replantear las relaciones entre arte y vida en el contexto del debate sobre la renovación de la novela en los años veinte, del que participan también autores como Jarnés u Ortega y Gasset (338). *El novelista* articula, en mi opinión, idéntica problemática e idéntico modelo narrativo que el que se consolidará en los años veinte con la labor narrativa de algunos de los escritores más jóvenes.

A diferencia de los estudios monográficos anteriores (con excepción de los recientísimos libros compilatorios editados por Harald Wentzlaff-Eggebert [1999] y el mismo Pérez Bazo [1998]), y sin olvidar que la prioridad de este libro es, sin embargo, la narrativa de vanguardia, intento integrar en este estudio el análisis de obras procedentes del campo de la cultura visual: en concreto, de la pintura, de la escultura, de la fotografía y de la ilustración gráfica. La mayoría de las obras aquí analizadas pertenecen a artistas de una u otra manera asociados a la producción artística de la vanguardia realizada en España (Gabriel Maroto, José de Almada Negreiros, Mauricio Amster, Maruja Mallo, Manuel Reinoso, Diego Rivera,

Ángeles Santos o el fotógrafo Alfonso, entre otros). La presencia de estos artistas es palpable, junto con la de los nuevos narradores, en *La Gaceta Literaria* o *Revista de Occidente*, órganos de difusión asociados a las nuevas tendencias culturales. La frecuencia de aparición de algunos de estos artistas (Maroto, Ángeles Santos) o cuadros (*La mujer de la cabra* de Maruja Mallo, por ejemplo) en estas revistas justifica a mi entender la elección de estas obras –y no el análisis de la producción pictórica, por ejemplo, de artistas asociados a la Escuela de París– para comprender mejor la complejidad y heterogeneidad del vanguardismo en España.

CAPÍTULO 1

VISIONES DE ESTEREOSCOPIO. PARADIGMA DE
HIBRIDACIÓN EN LA POÉTICA NARRATIVA
Y ARTÍSTICA DE LA VANGUARDIA ESPAÑOLA

E STE capítulo se propone argumentar, a partir del análisis de *El novelista* de Ramón Gómez de la Serna, de *Efectos navales* de Antonio de Obregón y las pinturas y dibujos de Gabriel Maroto, José de Almada Negreiros y Mauricio Amster, que una parte importante de la novela y el arte de la vanguardia española gira en torno a la creación de la obra pánica, la novela y obra artística que aprehenda la realidad en todas sus dimensiones y con todos sus perfiles. Esta visión total sólo será posible mediante la suma, o yuxtaposición estructural y heterogénea, dentro de una misma estructura novelesca que les dé unidad, de una representación objetiva o aparencial y una visión subjetiva e interpretativa. Al primer modo representativo corresponden toda la gama de realismos, naturalismos o realismos epigonales de finales del siglo XIX y principios del siglo siguiente. Al segundo modo representativo corresponden los llamados "ismos": ultraísmo, creacionismo, expresionismo, cubismo, dadaísmo o surrealismo.

La combinación de una perspectiva objetiva y otra subjetiva hace de una gran parte de estas novelas no tanto entes *nebulosos* como ha dicho Pérez Firmat (tomando el término del mismo Gómez de la Serna), o *collages* o montajes como diría del Pino (XIII), como artefactos laberínticos con monstruos (novelerías) dentro, por una parte, o catálogos que compilan y yuxtaponen modos literarios diversos, por otra. La imagen del laberinto o del catálogo que proyectan las novelas de Gómez de la Serna y Antonio de Obregón expresan, creo, mejor que las de nebulosa o *collage* la naturaleza dual (objetiva y subjetiva) de algunas de estas novelas donde los episo-

dios –unidades discretas–, aunque carezcan de un contenido acumulativo único, se enmarcan dentro de una estructura común. La
novela tradicional y las nuevas formas narrativas subjetivas se com-
binan dentro de una estructura única: sea ésta la estructura de un
laberinto o las pastas de un catálogo. La novela es así o un laberinto
racional con monstruo vivo dentro o un catálogo que suma lo vital y
lo racional. En cualquier caso, siempre la conciencia de la necesidad de ambos componentes en la creación de una novela que dé
cuenta de la totalidad del mundo real, de la realidad tal cual es.

Esta integración yuxtapuesta de modos representativos –objetivo y subjetivo– dentro de una misma unidad narrativa genera con
frecuencia, sin embargo, una tensión difícil de resolver dentro de
unas novelas u obras de arte donde las unidades discretas integrantes aún son fácilmente detectables. Tal es en la narrativa y en el arte
el caso de las dos novelas y dibujos que aquí serán analizados a
modo de ejemplo: *El novelista* de Ramón Gómez de la Serna, *Efectos navales* de Antonio de Obregón, "Hermes" de Mauricio Amster
(diseñado en 1934 para la cubierta de *Hermes en la vía pública* de
Antonio de Obregón) y, finalmente, el autorretrato de José de Almada Negreiros (1919), reproducido con frecuencia en las páginas
de *La Gaceta Literaria*. El hibridismo de la producción novelística
no es, pues, una manifestación aislada: la combinación de modos de
percepción estética es detectable también en otras formas de expresión artística.

EL ARTE AL CUBO: PERSPECTIVA E HIBRIDACIÓN EN LA VANGUARDIA
    ARTÍSTICA ESPAÑOLA

Dos son las inclinaciones fundamentales en el terreno del arte:
la tendencia a representar la realidad objetivamente y la tendencia a
expresarla subjetivamente de acuerdo a la experiencia interna del
sujeto. Ortega y Gasset expresa muy bien esta tendencia en su esquema evolutivo de la historia del arte (esquema que parece reto-
mar más tarde Ramón Gómez de la Serna en algunas de las ideas
contenidas en su ensayo "Picassismo", incluido en *Ismos*). En líneas
generales, se podría establecer, dice Ortega y Gasset, que el arte
evoluciona de acuerdo a una tendencia general que va del objeto al
sujeto. Progresivamente se pasa de una pintura primitiva donde lo
que se nos ofrece es la representación aislada del objeto externo y

plural –una visión puramente analítica y sin unidad, en la que cada objeto introduce su propio punto de vista– a una visión pictórica cada vez más centrada en la unidad que conforman los elementos naturales que integran el cuadro; es decir, a la progresiva introducción, en el Renacimiento, del esquema racional, de una forma sintética que da unidad e impera sobre el objeto. En fases posteriores, el desplazamiento hacia el sujeto, frente al objeto, es progresivo. Con el impresionismo, lo que interesa representar son las impresiones que el objeto provoca en la retina de quien observa, no el objeto mismo. Finalmente, con el cubismo, dice Ortega, llegamos a una pintura absolutamente subjetiva donde lo que interesa es el contenido de la conciencia y no el objeto real. Los objetos ideales sirven ahora de símbolos para expresar ideas mentales ("Sobre el punto...").

Esta doble tendencia de la representación artística podría sintetizarse en diagramas. En la figura número uno, esquema de la representación objetiva, el ojo del artista contempla la realidad, la manzana, y, con un grado máximo de fidelidad y atendiendo a sus rasgos externos, la reproduce en la obra de arte sin interferencia de la subjetividad. En la ilustración número dos, el artista abstrae de la realidad su esencia mediante un proceso de análisis racional del objeto, que lo somete a sucesivos procesos de abstracción y depuración de lo particular, y cuyo resultado final es lo que se presenta en la obra de arte: los rasgos universales, invariables y necesarios de la manzana, su naturaleza esférica, por ejemplo, que hacen de ese objeto una manzana y no otra cosa. El resultado artístico final es la reproducción de esta idea mental, la esfera, y no la reproducción figurativa, o sea, la manzana misma.

El objeto de la mayor parte de los programas artísticos del siglo XX podría resumirse en el comentario de Albert Aurier, llegar a la obra ideal que contenga dos almas: el alma del padre, el artista, y el alma de la madre, la naturaleza (Chipp 87). Es decir, equilibrar lo subjetivo y lo objetivo: la construcción esquemática y el tema figurativo, ya sea en forma de integración –donde los diferentes elementos permanecen yuxtapuestos– o en forma de síntesis, donde el todo final no es una amalgama que permita diferenciar sus partes componentes. Este intento de armonización representativa, por lo demás, no es algo extraño a las ideas artísticas que se manejan en España en la época que nos ocupa. Los principales críticos de arte

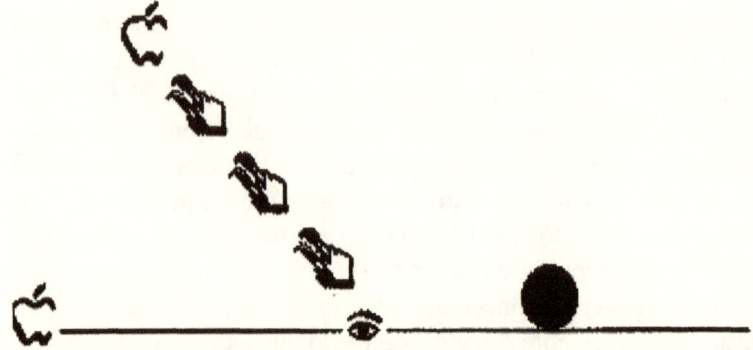

Fig. 1. Representación objetiva

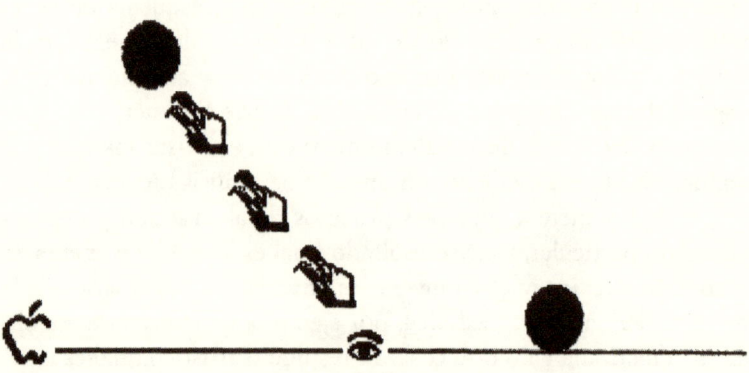

Fig. 2. Representación subjetiva

que colaboran en las revistas vanguardistas españolas –Marjan Paszkiewicz, Sebastià Gasch (Brihuega, *Manifiestos* 284-93; 232-35),
Sánchez Rivero, Eduardo Westerdhal (Brihuega, *La vanguardia*
336-46) o Antonio Espina– se hacen eco de estas teorías y tendencias en el arte. [1] En líneas generales, y resumiendo las ideas de Pasz-

---

[1] Para Gasch, el arte debe ser una belleza total; es decir, un todo fusionado que
satisfaga. Aunque todos los objetos se dejan reducir a la forma abstracta, dice
Gasch, no hay que abusar de esta relación porque no es conveniente. Hay que conseguir representaciones sintéticas, como por ejemplo las de Picasso, al que Gasch
no considera un cubista auténtico.

kiewicz (Brihuega, *Manifiestos* 202-213), se ofrecen en el arte tres posibilidades: la primera, la reproducción exacta de la realidad como fin único y donde el contenido es más importante que la forma; la segunda, un mínimo de representación, con predominio de los valores plásticos, como en la pintura pura y cubista; y la tercera, un equilibrio resultante de una forma expresiva que da cauce completo al contenido. Estas tres posibilidades nacen de la combinación de dos elementos en diferentes grados; estos dos elementos, prescribe Paszkiewicz, deben estar siempre presentes en la obra de arte: la acentuación de la significación conceptual de la forma o representación y la acentuación de la significación visual de las formas. En el primer caso, el artista sigue las relaciones obligadas por el realismo de las formas. Este tipo de representación apela a la función cognoscitiva y de interpretación de la realidad. En el segundo caso, se acentúa la significación visual de las formas, se rompen las relaciones conceptuales impuestas por la realidad para imponer las relaciones conceptuales dadas por la subjetividad.

Los comentarios de Antonio Espina son sin embargo los más interesantes por ser al mismo tiempo crítico de arte y de literatura y escritor de dos novelas vanguardistas: *Pájaro Pinto* (1927) y *Luna de copas* (1929). La obra literaria como la obra de arte, dice Espina en *La Gaceta Literaria* (1927), debe conseguir la visión integral, "la representación del objeto según todos los sentidos corporales: su triple forma efectiva, emotiva, e intelectual; incluso hay que tener en cuenta, dice Espina, el análisis físico del objeto" (Brihuega, *Manifiestos* 198). En el comentario a la exposición de los dibujos de Gabriel Maroto de 1927 (Fig. 3), en *La Gaceta Literaria*, Espina llama la atención del lector sobre el desequilibrio artístico que muestran los dibujos de este artista puestos en comparación, por ejemplo, con los de otro pintor vanguardista, el portugués José de Almada Negreiros, dibujante de *La Gaceta Literaria* desde su principio (Fig. 4). [2] José de Almada Negreiros es para Antonio Espina un mo-

---

[2] José de Almada Negreiros (Roca da Saudade, Sao Tomé, 1893-Lisboa, 1970). Pintor, poeta y narrador portugués. Fue una de las figuras claves de la generación de Pessoa. Amigo de Gómez de la Serna, ya desde 1924, aparece su retrato fotográfico en *La Sagrada Cripta de Pombo*. Residió en Madrid entre 1927 y 1932. Unos meses después de su llegada expuso en los Salones de la Unión Ibero-Americana, con el patrocinio de *La Gaceta Literaria*, donde con anterioridad había aparecido el artículo de Ramón Gómez de la Serna "El alma de Almada" y luego aparecería otro

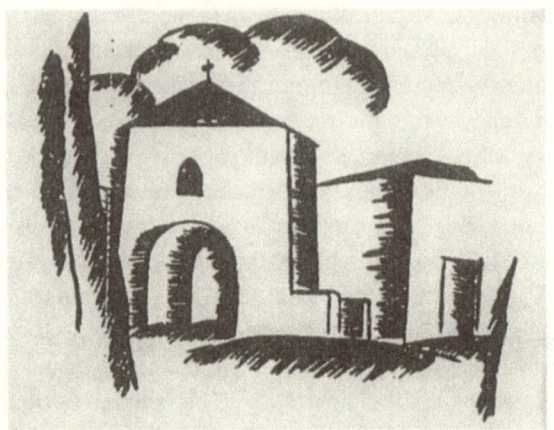

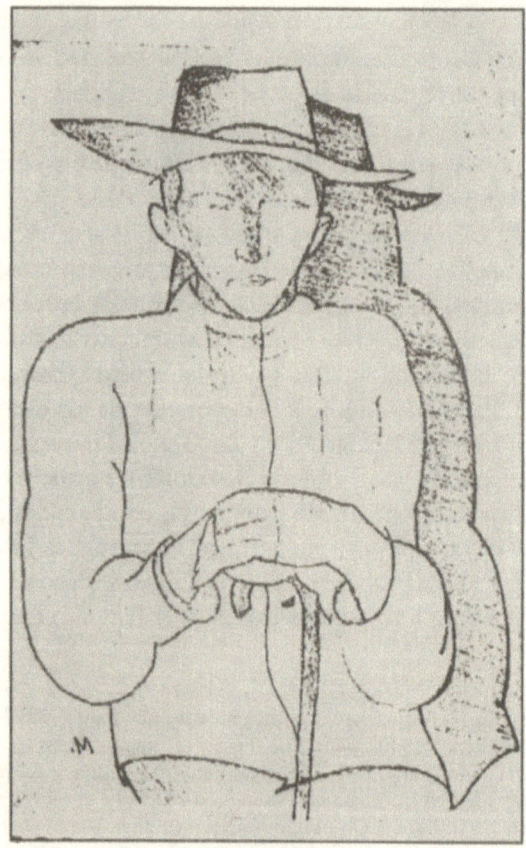

Fig. 3. Dibujos de Gabriel Maroto, aparecidos en *La Gaceta Literaria*

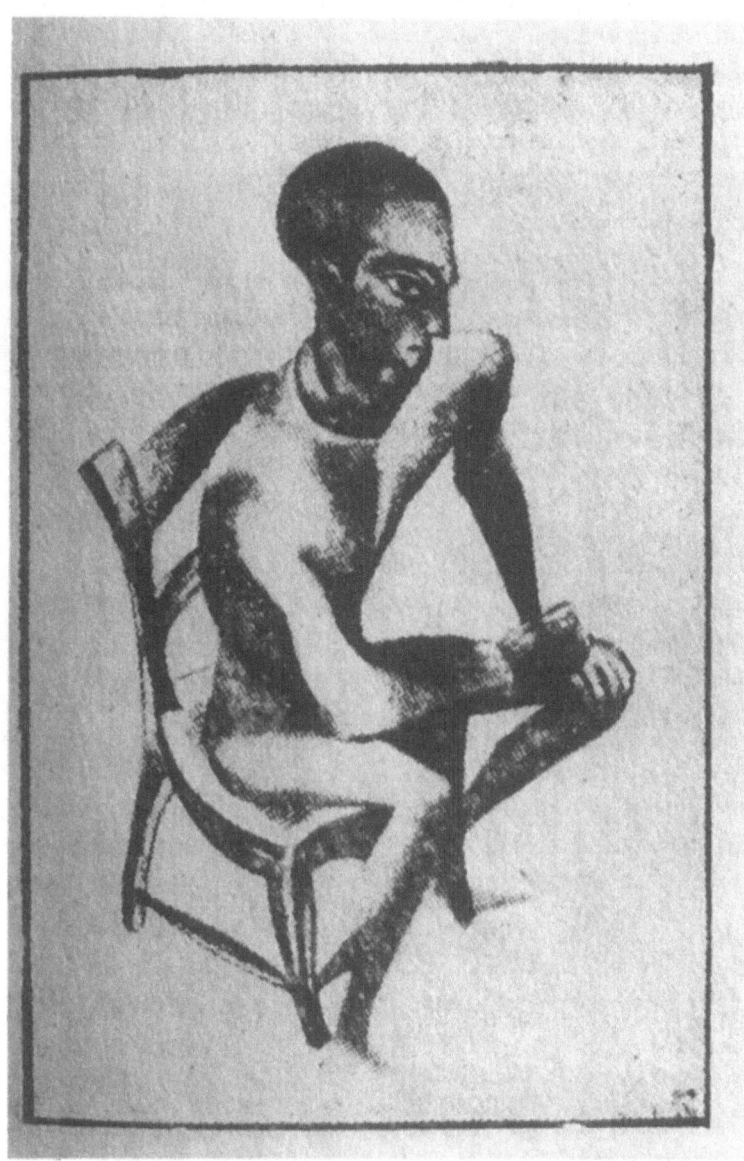

Fig. 4. José de Almada Negreiros, *Autorretrato*, aparecido en *La Gaceta Literaria*

delo ejemplar de la unión, por un lado, entre lo objetivo, lo aparencial y natural y, por otro lado, lo subjetivo y esquemático. Es este último componente, apunta Espina, lo que otorga proporción y equilibrio a lo que de otra manera resultaría un conjunto barroco sobrecargado y ornamental. En la obra de Maroto, sin embargo, dice Espina, el equilibrio se rompe al subrayarse el componente sintético. Maroto aprovecha los elementos geométricos, la estructuración en planos de los objetos y la simetría del paisaje para realizar sus composiciones esquemáticas. En la figura número tres, la casa y las nubes son sometidas a un proceso de sucesivas abstracciones hasta obtener su esencia: una estructura cuadrangular, una composición a base de líneas rectas y un conjunto de líneas curvas que sugieren la quietud y simplicidad del primer objetivo y la idea de movimiento contenido en el caso de las nubes. El detalle, cualquier rasgo que particularice e individualice el objeto, queda eliminado del dibujo y sólo se nos ofrecen las formas imprescindibles, aquellas que nos dan la idea del objeto, su esencia.

No se puede, dice Antonio Espina, aplicar de forma indiscriminada la técnica esquemática, como se hizo tras la guerra, porque la reducción a la forma rígida, inmóvil y fragmentaria aplicada sin distinción a toda clase de temas y conceptos produce monotonía, quietismo y una galería de esqueletos. Además, la figura humana al ser representada de forma esquemática pierde en riqueza y en matices ("Exposición").

Compárese, por ejemplo, la simplicidad de las figuras humanas en el dibujo de Maroto, donde el rostro se configura exclusivamente a base de un óvalo y unas cuantas líneas rectas, horizontales y

---

de Antonio Espina. La revista le dedicó un homenaje en Pombo. Muy amigo de la mayoría de los arquitectos de la llamada generación de 1925 intervino en la decoración del Cine San Carlos, el Teatro Muñoz Seca, el Cine Barceló y la Fundación del Amo.

Colaboró, generalmente como "Almada", en diversos diarios (*El Sol*) y revistas entre las que se hallan *La Gaceta Literaria* y *Revista de Occidente*. Colaboró también en el *Almanaque de las Artes y las Letras para 1928*, en la publicación teatral *La Farsa*, en *La Novela de Hoy* y en *La Novela Mundial*, para la que hizo la cubierta y las ilustraciones de *La hiperestésica* (1928) de Ramón Gómez de la Serna. También de 1928 es su cubierta para *El blocao* de Díaz Fernández. En 1929 hizo el retrato de Giménez Caballero incluido en *Julepe de menta*.

Ver para más datos sobre la vida y obra de este artista la entrada correspondiente en *Diccionario de las vanguardias en España (1907-1936)* de Juan Manuel Bonet de la que el párrafo anterior es un resumen.

verticales que crean los trazos necesarios para sugerir la imagen de un ser humano, sin buscar particularizarlo o individualizarlo. Esta reproducción esquemática desprecia, según Espina, el gesto que descubre el mundo interior, el mundo espiritual y complejo del retratado. En el caso del dibujo de José de Almada, su autorretrato, el esquematismo está presente por una parte en la misma configuración "negroide" de la figura que parece copia de una estatuilla africana; sin embargo, el mayor énfasis en el detalle que revela la personalidad de la figura se manifiesta, por otra parte, en la actitud pensante y contempladora de una figura que destaca por el gran cerebro y el gran ojo egipcio y visor: un ojo dispuesto a captar y penetrar en la realidad de las cosas, verlas y entenderlas. Mediante un gesto característico, con esa visión del ojo contemplador y del cerebro pensante –ambos proporcionalmente enormes aunque realistas en sus detalles si son comparados con la simple línea recta o curva del ojo y del rostro en el dibujo de Maroto (Fig. 3)– José de Almada ha conseguido transmitir al espectador la personalidad de la figura retratada, y particularizarla, hacerla abandonar el mero esquema universal.

Hay que volver, dice Antonio Espina, a cierta animación vital y a ritmos más humanos, a una integración de todos los elementos sin importar su procedencia o antigüedad: "regreso a cierto primitivismo inocentón con rostro civilizado" ("Exposición"). Es decir –y centrándonos tan sólo en la implicación estética de los conceptos "primitivismo" y "civilizado"–, regreso a un modo representativo que, como el arte de ciertas poblaciones de África y Oceanía, capte la figuración real y esencial del ser mediante un estilo geométrico y esquemático pero también que suponga la vuelta a la tradición verídica, occidental y civilizada, en la que el arte obedece a leyes naturales y científicas: leyes que son la base del arte figurativo que tiene su origen en la pintura y escultura clásica. La propuesta de Antonio Espina, podríamos decir, es un arte que coordine lo esquemático y lo verídico, las líneas geométricas de un paisaje y la solidez "carnal" de la figura humana. Un arte que mezcle, por ejemplo, lo clásico con lo más puro y moderno del arte vanguardista que proponen algunos de los ismos.

Dado que Espina no se compromete con una única opción, resulta interesante visualizar las posibles opciones pictóricas que la propuesta de Antonio Espina podría entrañar. Cuatro son las posibilidades: una, la conjunción de esquema y figura de tal manera que el esquema, aunque presente, quede subsumido en la figura representada, como en las obras de Cézanne. Es decir, un arte que se apoya en la naturaleza pero en el que se halla un componente de lógica. La obra se organiza de acuerdo a figuras geométricas, por ejemplo una esfera o un triángulo, pero aún está presente la figura aparencial (Fig. 5). Éste es el estilo que Díaz Fernández, autor de la novela vanguardista *La venus mecánica*, considera más representativo de lo que él denomina el carácter sintético de la época. Con Cézanne, dice Díaz Fernández, surge el pintor del equilibrio: retorna a las formas puras, al primitivismo plástico y a la ejecución acabada y armoniosa (*El nuevo* 110).

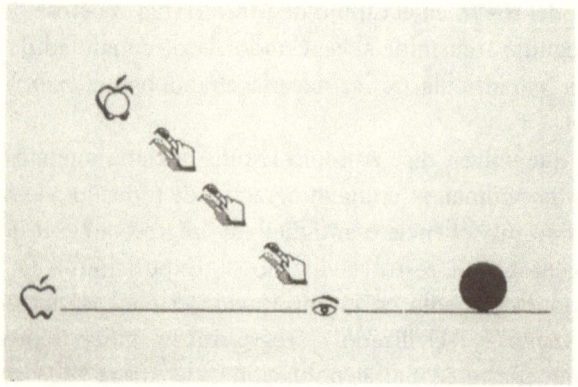

Fig. 5. Imposición de lo natural sobre lo esquemático

En una segunda opción (Fig. 6) se partiría, como en el caso de Cézanne, del postulado de que el mundo visible sólo puede convertirse en mundo real mediante la inteligencia, de que el arte es el que da un orden al caos que es la realidad. Se impone, en esta ocasión, lo geométrico y esquemático sobre el objeto natural. Se iría, como en el caso de Juan Gris, de lo genérico y general, de la forma universal, a lo particular y específico: humanizaría lo abstracto. De una esfera haría una manzana, de un cilindro una botella. Lo subjetivo y esencial sobre lo objetivo y aparencial, aunque sin olvidar tampoco

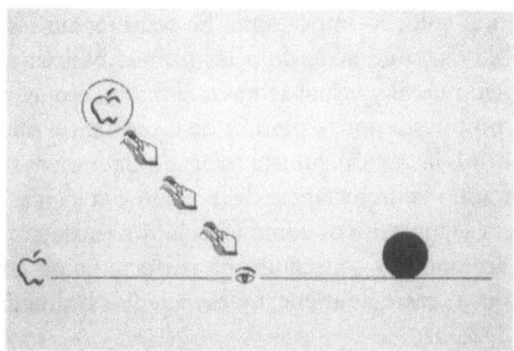

Fig. 6. Imposición de lo esquemático sobre lo natural

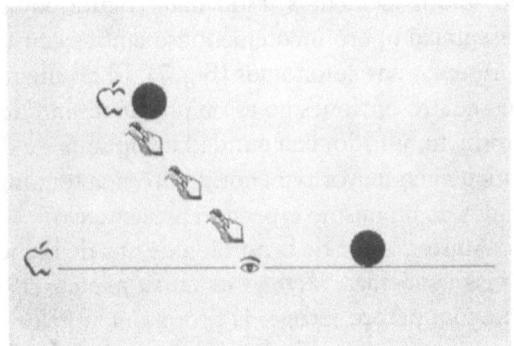

Fig. 7. Integración de lo esquemático y lo natural

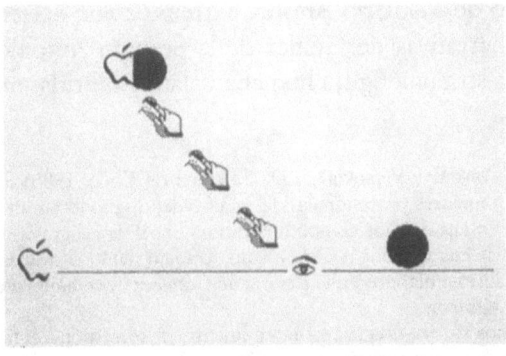

Fig. 8. Integración de lo esquemático y lo natural

esto último (aún no estamos en el arte abstracto). Es la arquitectura y no la luz o el color lo importante. Se representan las formas del mundo visible físico de acuerdo a las formas básicas sobre la que toda percepción táctil y visual se basa: el marco esquelético. Frente a la opción propuesta por la pintura de Cézanne (la opción de máximo equilibrio), la opción cubista relega lo figurativo a un segundo plano subrayando la importancia de la razón y la lógica. Picasso, sin embargo, será según críticos como Gasch una excepción dentro del cubismo al armonizar y conseguir una perfecta unión entre instinto y razón, es decir, entre apariencia y esencia (en Brihuega, *Manifiestos* 284-93; 232-35).

Existen aún, sin embargo, otras dos opciones para la propuesta de Antonio Espina: una de ellas, representada por la inserción parcial de lo esquemático en la figura natural (Fig. 8); la otra, por la integración de ambos elementos, esquema y figura natural, en una misma representación pero manteniéndose ambos como elementos o modos representativos autónomos (Fig. 7). El resultado al que llegamos con las cuatro opciones no es un producto sintético y orgánico. Es un producto híbrido, una entidad compuesta de dos elementos que mantienen en mayor o menor grado su autonomía pero que están integrados en un mismo espacio representativo.

Mauricio Amster, autor de la portada de una de las novelas de la vanguardia más conocidas, *Hermes en la vía pública* (1934) de Antonio de Obregón, parece recoger la propuesta artística de Antonio Espina y, como veremos, emblematizar, por otro lado, las propuestas literarias de Gómez de la Serna, Antonio de Obregón, Benjamín Jarnés y un número importante de prosistas representantes de la nueva literatura (Fig. 9).[3]

El dibujo de Mauricio Amster, extremo como extremas son las propuestas narrativas de Gómez de la Serna o Antonio de Obregón, nos muestra una figura humana volátil e híbrida, mitad esque-

---

[3] Mauricio Amster (¿Varsovia?, 1907-Santiago de Chile, 1980) fue uno de los más modernos y mejores profesionales del campo del diseño fotográfico de su tiempo en España. En sus diseños combinó el dibujo lineal, la caligrafía, la tipografía y el fotomontaje de cierto sabor heartfieldiano. Trabajó para editoriales izquierdistas como Cenit y Ulises, colaboró en la *Revista de Occidente* y trabajó en estrecha colaboración con Arconada.

Ver más datos sobre su vida y obra en la entrada correspondiente a este artista del *Diccionario de las vanguardias en España (1907-1936)* de Juan Manuel Bonet de la que el párrafo anterior es un resumen.

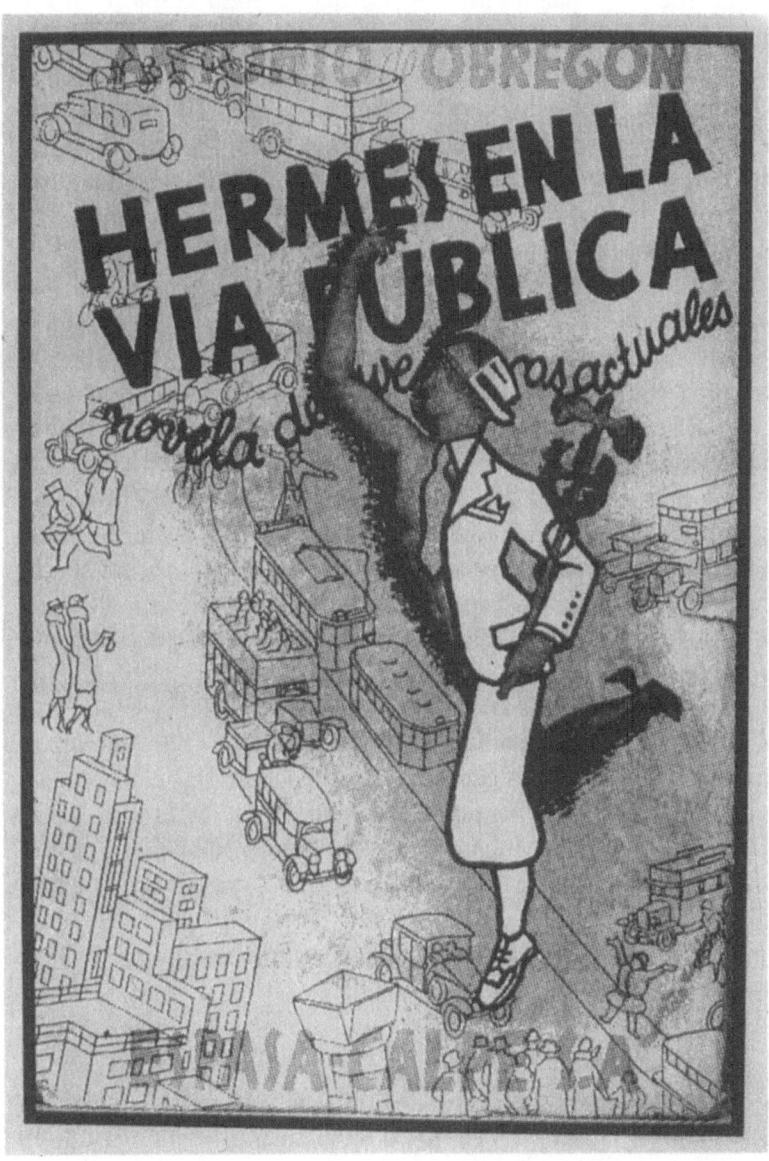

Fig. 9. Mauricio Amster, portada de *Hermes en la vía pública*

ma de figura mundana estilo años veinte, mitad mito: Hermes levitando sobre un paisaje urbano. Lo que interesa destacar en este momento, en el aspecto técnico, es la conjunción de sistemas representativos que tiene lugar en este dibujo. El fondo urbano, respondiendo a una visión de la vida y la sociedad modernas en exceso racional y tecnológica (simbolizada en el gran fetiche del automóvil), es representado en forma esquemática, sin volumen ni detalles singulares, captando exclusivamente la esencia de ciertos elementos arquitectónicos y humanos. Ahora bien, la figura de Hermes, que en parte responde al esquematismo artístico, muestra un sorprendente hibridismo. Respondiendo esta vez el artista a la necesidad de incorporar el elemento irracional, también componente del ser humano (y que representa el mito) y configurar así una imagen modélica jánica, la figura de Hermes se articula en parte según el modelo representativo clásico del verismo. El carácter paródico es evidente al incorporar y distanciarse críticamente de un modo representativo, el clasicista, propio de otro momento histórico. De hecho, la mitad de la figura verista es la copia gráfica de lo que parece ser una fotografía de una escultura clásica de Hermes. Triplemente, pues, realista: por ser fotografía, copia mimética de la fotografía y por ser ejemplo de un realismo clásico e ideal: formas todas ellas de representación que se caracterizan por su intento de crear una reproducción fiel del mundo natural –sea en su totalidad o seleccionando los aspectos más bellos o representativos–, una reproducción con volumen, "al cubo" diría Fernando Vela, que capte los detalles y particularice el objeto. El conjunto se perfila como una parodia que retiene dentro de sí dos códigos representativos pero no hay nada en el dibujo que induzca a pensar en una crítica negativa de este componente realista. La parodia en el siglo XX, como Linda Hutcheon ha mostrado, no implica necesariamente sátira; al contrario, suele tener como objetivo la integración de un modo o motivo anterior en un nuevo estilo. El dibujo de Mauricio Amster es un ejemplo sobresaliente, por lo exagerado y simplificado quizás, de la propuesta integradora de la vanguardia: actualiza a la perfección esa coordinación del estilo esencial y geométrico característico del arte puro y racional y del verista y objetivo (aunque idealizador) del clasicismo.

Pero la ilustración gráfica de la novela de Obregón que hace Mauricio Amster es asimismo un ejemplo inmejorable, por su naturaleza a medio camino entre la literatura y el arte, del programa artístico, en el nivel de la representación, de la novela vanguardista. Como el dibujo de Amster, la novela de la vanguardia española intenta integrar a veces parodiándolos dos modos representativos –tal es el caso de *Efectos navales* de Antonio de Obregón o *El novelista* de Gómez de la Serna– e intenta asimismo que cada uno de estos dos polos mantenga cierta autonomía. Lo que estos artistas buscan está perfectamente representado en la figura fronteriza de este Hermes híbrido, que en su "encadenamiento" a lo humano tiene mucho de Prometeo. Son interesantes, en este sentido, los comentarios de Benjamín Jarnés a propósito de una reseña de *Hermes en la vía pública* de Obregón. Jarnés opone el mito de Hermes al de Prometeo para simbolizar el cambio de rumbo que está aconteciendo en la literatura española: "La vida profunda se encadena a la roca, la epidérmica tiene alas en los pies. Gime la primera bajo el signo de Prometeo, la segunda retoza bajo el signo de Hermes, mitología eterna a la cual volvemos siempre" ("Alas" 4). La nueva literatura es para Jarnés y otro grupo importante de escritores de la vanguardia, como simbolizaría esa imagen híbrida de Amster, una conjunción de lo epidérmico y lo profundo; es decir, una conjunción de lo superficial, de lo sensual y vital, de lo más externo que recoge el realismo, y de un conocimiento más profundo de las cosas y los objetos que nos ofrece la ciencia y la razón. Un Hermes jánico (mitad mito, mitad hombre) que levita apuntando al cielo con una mano, pero que tiene cierta consistencia terrena, material, realista, y cuyos pies no parecen levantarse mucho de la tierra, sino desplazarse, caminando, por las ajetreadas calles de la ciudad.

Esta cualidad heterogénea, jánica, del arte y de la novela vanguardista justificó el que, sobre todo a principios de la década de los treinta con el auge de la literatura abiertamente politizada y realista, el término hibridismo fuera un adjetivo frecuente para referirse a ella, fuera esta calificación de carácter peyorativo o no. Hibridismo suele, por lo demás, aludir sobre todo a la mezcla de géneros o estilos (ensayo y novela, poesía y novela) aunque como en el caso de Dalí, el comentario puede también connotar la combinación de una visión estética subjetiva y una visión estética objetiva (contenida, por otra parte, en la misma dualidad poesía/prosa). Con carácter positivo, hablan de hibridismo en la novela o en cualquier otro género literario Giménez Caballero (*Carteles* 15), Enrique Díez

Canedo o Benjamín Jarnés. De carácter más negativo son, sin embargo, los comentarios acusatorios de otros escritores como Juan José Domenchina. Para éste, frente a la novela enteriza, masculina y varonil –la novela realista–, la novela de autores como Jarnés es una obra que expresa la degeneración de lo híbrido, producto de un autor hermafrodita y afeminado: "Aunque el burdégano enrodrigone e injerte sus ensayos de hibridismo, la hibridación sólo evidencia el desmedro de los entes que consigue", dice Domenchina (247). Salvador Dalí, también negativamente, acusa a estas obras vanguardistas de ser una mezcla híbrida de subjetivismo estético e impresionismo intelectual (Brihuega, *Manifiestos* 297). Y lo mismo hace Cansinos-Assens. Éste, en concreto, tacha la obra de Pérez de Ayala y de Gómez de la Serna de hibridismo. La de uno por conjunción de obra poética y ensayística, la del otro por conjunción de lo lírico y lo ideológico (*La nueva literatura*, vol. 4, 360). El caso de Gómez de la Serna, en este sentido, es ejemplar; y no sólo por la mezcla de lirismo e ideología que señala Cansinos-Assens, sino también –y es lo que aquí me interesa resaltar– por la combinación de los modos de representación objetivo y subjetivo que plantea su escritura.

EL MONSTRUO EN EL LABERINTO: LA NOVELA NEOBARROCA DE RAMÓN GÓMEZ DE LA SERNA. ANÁLISIS DE *EL NOVELISTA*

El comentario de Cansinos-Assens, al tachar la obra de Ramón Gómez de la Serna de híbrida, resulta muy interesante porque indirectamente nos permite, en un principio, situar a este autor en las filas literarias de la vanguardia con las que comparte al menos este hibridismo estético del que habla Cansinos.

La adscripción generacional de Ramón ha sido sin embargo muy debatida por los especialistas. Por razones de edad y por ciertos rasgos estéticos e ideológicos, sobre todo en su producción literaria primera, Gómez de la Serna se adscribe al grupo modernista de intelectuales en torno a José Ortega y Gasset, Ramón Pérez de Ayala, Juan Ramón Jiménez, Enrique Díez-Canedo, Salvador de Madariaga, Ramiro de Maeztu, Gabriel Miró, Gregorio Marañón, o el mismo Pablo Picasso; es decir, Ramón pertenece al grupo *novecentista*, casi coetáneo, como dice Fernández García, de los movimientos de vanguardia (183). Caracteriza la producción de estos hombres la estética del intelectualismo y la perfección, la ideología reformista y burguesa que les lleva, junto con su europeísmo, a la revisión de la vida nacional, el desencanto y la ironía que de este desencanto nace, y un primer paso en la ruptura con los cánones tradicionalmente admitidos –aunque la escisión con las formas realistas no se produzca de forma decidida (Fernández García 182-83).

Ahora bien, si por edad y ciertos rasgos en su producción literaria primera, podría considerarse a Ramón como novecentista, por otras características no puede, sin embargo, identificarse enteramente con este grupo (Fernández García 182). Siguiendo el proceso de "auto-mitificación" iniciado por el mismo Ramón, quien dice en *Automoribundia* no pertenecer a ninguna generación –"[p]arece que en mi año no nació nadie al mismo tiempo que yo, que fui el único aparecido en una laguna de generaciones (. . . .) No tengo generación. No soy de ninguna generación. Tanto he luchado solo que tengo que hacer esta declaración" (Dennis 45-46)–, algunos críticos, aunque reconociendo rasgos comunes entre el ramonismo y la vanguardia, han considerado a Ramón como una generación unipersonal (Camón Aznar 73; Gaspar Gómez de la Serna 109; Granjel 125-31). El hecho es, sin embargo, que Gómez de la Serna se sitúa para una gran mayoría de los críticos en las filas vanguardistas europeas (Zlotescu 91) o españolas, como precursor o como maestro de la vanguardia más rupturista. Así lo han considerado Guillermo de Torre, Gloria Videla, Germán Gullón, Francisco Umbral, Robert C. Spires (118), García de la Concha o González-Gerth, para quien "[w]ithout Ramón, the picture of Hispanic avant-garde writing is incomplete and, therefore, incomprehensible" (XIII). Para Francisco Umbral, por ejemplo, Ramón es de hecho, por la exaltación de los sentidos y el abandono del sentimentalismo romántico, el maestro de casi todos los vanguardistas: "Casi todos los vanguardistas son ramonianos" (119), y "Ramón es, él solo, todas las vanguardias españolas"(67). Es más, según Umbral (en una de esas afirmaciones extremas a las que nos tiene acostumbrados), la "única gran prosa de vanguardia la hace Ramón" (67) porque esta prosa vanguardista que se hizo en España en la vanguardia es, según Umbral, toda ella un fracaso (119).

La adscripción de Ramón, como precursor, maestro, o miembro de pleno derecho a la vanguardia parece en principio justificada por la opinión si no mayoritaria, sí abundante de la crítica. La pertenencia generacional por edad al grupo *novecentista* no debe ser en su caso obstáculo para incluir en este estudio sobre la novela de la vanguardia a *El novelista*, obra escrita en plena floración de esta corriente, 1923, aunque fragmentos de la obra aparezcan ya en *La Pluma* en diciembre de 1921 y octubre de 1922 (González-Gerth 139). Su obra es, sin embargo, omitida en los trabajos monográficos de Firmat y del Pino, a pesar de que Firmat parece apoyar fuertemente su interpretación de la novela de la vanguardia en el concepto de nebulosa de Ramón y que del Pino le otorgue a este escritor papel relevante en los inicios de la prosa de vanguardia propiamente dicha (Pino, 181).

Hasta ahora, las razones apuntadas por la crítica para la pertenencia de Ramón, como precursor o como miembro de pleno derecho, a la vanguardia, se han apoyado generalmente en un concepto de la prosa de vanguardia y de la prosa de Ramón que se caracteriza, como resume del Pino al respecto de la primera, "por la fragmentación formal, por la 'deshumanización' de los personajes, por la presencia del lirismo, de la imagen y de la metáfora y por el principio estructurador del montaje cinematográfico". Añade además del Pino que "el ambiente cosmopolita y el erotismo presiden sus leves tramas" (9).

Las novelas de Ramón —novelas cortas y novelas largas como él diría— comparten según la crítica las características arriba señaladas; esto las aleja *totalmente* de la novela tradicional (Camón Aznar 301) y las sitúa al lado de las producciones de vanguardia (o, en el caso de las novelas breves, como ha querido ver Charpentier, al lado de la novela moderna [129]). Además de los rasgos de falta de espacio y tiempo bien definidos, rechazo al exceso de retórica y sentimentalismo (Camón Aznar 301; Richmond 65), metaficcionalidad (Spires; Jeffrey Bruner 65), cosmopolitismo y erotismo (Granjel 201; Aznar 299; Richmond 65), son las características de antirrealismo y fragmentación (falta de unidad) las que según la crítica sitúan más claramente las novelas de Ramón dentro de los parámetros de la prosa vanguardista y la alejan de la galdosiana y naturalista. Es mi opinión, sin embargo, que las novelas de Ramón Gómez de la Serna —o al menos *El novelista*—, si bien se colocan con pleno derecho al lado de las novelas vanguardistas, no lo hacen por las características mencionadas —antirrealismo y fragmentación— sino por el deseo compartido con otras novelas u obras artísticas de la vanguardia de reconciliar los modos representativos objetivo y subjetivo; deseo que los calificativos de antirrealismo y fragmentación, en principio, niegan. Es necesario, sin embargo, matizar estos conceptos.

El juicio de "antirrealismo" de las novelas de ramón, defendido por gran parte de la crítica, suele apoyarse tanto en los comentarios del propio autor como en el carácter poco descriptivo y escasamente psicológico de sus novelas. Por ello se entiende, sin embargo, la falta de descripciones al modo realista-naturalista y la falta de "charcutería psicologista", de personajes que simulen cierta consistencia humana, como diría en su expresiva prosa Francisco Umbral (51).[4]

Es cierto que la obra de Ramón surge como una alternativa a la novela galdosiana y naturalista, aunque esta propuesta, según Umbral, no termine de cuajar (51). Pero su alejamiento del modo realista –como está implícito en el mismo calificativo que le otorga Umbral de "novela fingida" (que parece una novela decimonónica, se entiende)–, es, en el caso de *El novelista* al menos, sólo parcial. Rechazar el exceso de estudio psicológico de los personajes o las descripciones realistas detalladas y minuciosas en las que el naturalismo de principios de siglo había caído, no tiene que significar en principio el rechazo de toda la tradición de escritura realista y objetiva. Antirrealismo en Ramón, como ha señalado Domingo Ródenas de Moya en un artículo reciente, no significa "antirreal" ("El novelista" 81). Y sobre todo, es cuestionable que Ramón mismo alcanzara en su producción literaria en el periodo de los años veinte (el de las novelas anteriores a su serie de las novelas de la nebulosa) el ideal de novela totalmente disociada del realismo que, según estos críticos, Ramón se propone. Ramón es claro en una cosa: que lo que rechaza de este modo decimonónico de novelar, aparte de su prosa vulgar y prosaica, es el *componente exagerado* y desproporcionado de las novelas de base naturalista (en Sabugo 9), que sería lo que las alejaría en cierta forma, de hecho, del realismo verosímil. Frente a esta exageración (que parece cuestionar, por ejemplo, en las sicologías exageradas y pantagruélicas de los personajes de la novelita "Casa de adobes" de *El novelista*), su propuesta es la de una literatura corregida de esa intemperancia naturalista, una literatura pues

---

[4] Defienden este punto de vista no sólo Umbral sino también, por ejemplo, Mazzetti (53) –que llega a definir los personajes de Ramón como "marionetas"–, Richmond (65), Camón Aznar (299) o González-Gerth (161).

sincrética y serena, como dice Sabugo Abril. Ramón admite sin embargo que aún estamos en un momento de transición donde los ideales quizá no sean posibles (Sabugo 9). (A la misma conclusión llega Arturo, personaje de otra de las novelas vanguardistas aquí analizadas, *Locura y muerte de Nadie* de Benjamín Jarnés.) Hay que matizar, por tanto, el antirrealismo de Ramón, que es más bien antinaturalismo en lo que éste tiene de prosaico y exagerado y, sobre todo, destacar la conciencia del mismo autor de que el periodo en que se encuentran es uno de transición, donde los ideales literarios –la novela antirrealista, quizá– son en gran parte sólo eso, ideales difíciles de alcanzar. [5]

Respecto al segundo aspecto aducido por la crítica, el fragmentarismo de sus novelas –por el que se suele entender falta de unidad–, también necesita ser matizado. En mi opinión, no se puede negar la búsqueda de "unidad" en *El novelista* de Ramón Gómez de la Serna, aunque "unidad" en el sentido que le da Ramón no está necesariamente reñida con la idea de "atomicidad". Cuando los críticos hablan de fragmentarismo y falta de unidad, a lo que se refieren es, de nuevo, al rechazo por parte de Ramón de un rasgo que suele caracterizar al realismo decimonónico: una fábula unida, una acción donde se sucedan los hechos en relación causa-efecto. [6] La obra de Ramón ofrece con frecuencia argumentos fragmentados y carentes de unidad orgánica y coherente donde predominan los episodios disconexos. Con frecuencia, además, se une a todo ello una técnica de composición espontánea, que genera la sensación de caos para el lector ramoniano (Jarnés, "Ramón" 113; Richmond 69). [7]

---

[5] En cierta manera, como veremos más adelante, como el mismo ideal de nebulosa que finalmente tiene que abandonar el protagonista Andrés Castilla y que Ramón no alcanza, de hecho, hasta sus obras a partir de los 30 –momento en que la vanguardia como movimiento, como bien ha mostrado Víctor Fuentes, ya ha dejado paso a una literatura más claramente comprometida.

[6] Así lo entienden, por ejemplo, Gaspar Gómez de la Serna (126; 131), Camón Aznar (61 y 299), Francisco Umbral (51), Pérez Gracia (186), Rita Mazzetti (53), Richmond (65), Durán (Dennis 118), César Nicolás (Dennis 131-32) o González-Gerth para quien las novelas de Ramón se ven de esta manera afectadas, en un nivel más, por la greguería (5).

[7] El método de construcción de estas novelas es, según Gaspar Gómez de la Serna, un método espontáneo y discontinuo que entrecorta la acción, yuxtaponiendo escenas, planos y episodios y aglomerando los elementos sin seleccionarlos (131). Lo suyo, dirá Umbral, es escribir a lo que salga, sin plan deliberado, a veces con descuido e irregularidad (83). Al componente fragmentario se une así la impresión de caos y desorden que nace del método espontáneo de creación de Ramón.

Fragmentarismo, falta de unidad, significa para la mayoría de estos críticos generalmente falta de una acción única y axial que recorra la novela. Y dado que la acción única está en la novela naturalista conectada a la demostración de una tesis previa, el rechazo de esta unidad de acción tiene que ver en Ramón, de hecho, con el rechazo, en último término, de una tesis previa a la visión de la realidad que impida captarla tal cual es en su múltiple complejidad, sin jerarquizar (ya que tesis significa para Ramón simplificación y jerarquización de la realidad). En este sentido, pues, es cierto que la obra de Ramón, como señalan los críticos y él mismo, carece de unidad, busca el punto de vista de la esponja; es decir, busca que no haya una tesis al modo naturalista que sea previa a la misma realidad que debería reflejar la novela y que la condicione y jerarquice atendiendo a un punto de vista único. Las obras de Ramón –que tienen como base la doctrina perspectivista de la fenomenología orteguiana– buscan conjuntar múltiples realidades yuxtapuestas y sin jerarquizar. El punto de vista de la esponja es así la visión varia, neutralizada, sin predilecciones, multiplicada y, en este sentido, fragmentada, pero no necesariamente carente de una unidad superior que la contenga.[8] Punto de vista de la esponja significa, por tanto, *falta de jerarquía* en la percepción de la realidad múltiple, no tanto como falta de una unidad última. Porque de hecho, como se deduce de los comentarios del narrador de *El novelista*, *el concepto de unidad es inherente al mismo concepto de novela*, y ésta, de momento, añado yo –en este periodo de transición en el que nace la vanguardia española– no puede prescindir de él. Si Ramón escapa a este concepto de unidad, sólo será, como ha señalado Gaspar Gómez de la Serna (129-30), cuando logre superar totalmente los modelos decimonónicos en las novelas de la nebulosa y no antes, en las vanguardias de los veinte.[9] Ramón no puede escapar a esa tendencia final a

---

[8] Así lo percibió también, a propósito de *La Quinta de Palmira*, Benjamín Jarnés en un estudio sobre la novela de Ramón en *Revista de Occidente* de 1925 al definirla como "[c]oherente, aun en medio del torbellino" ("Ramón" 117), y señalar "la singular coherencia de cada estructura donde los órganos vivos realizan separadamente su función asimiladora y recreadora, ajustándola al ritmo total" ("Ramón" 113).

[9] Y aun así, como ha mostrado César Nicolás, la obra literaria de Gómez de la Serna se debate continuamente, en tensión, entre la coherencia y el fragmentarismo:

> Su escritura se debate entre las contradicciones típicas del arte y la literatura de vanguardias; al mismo tiempo, nos ofrece una visión del mundo dislocada y atomizada, pero cerrada y coherente. Es simultáneamente

la unidad de lo múltiple característico de toda una parte de la vanguardia.

Enfatizar lo múltiple sobre lo unitario final, también componente siempre presente en los comentarios de Ramón, es el resultado, creo, de imponer esquemas vanguardistas y conceptos críticos que privilegian *a priori,* y en pos de las teorías europeas sobre la vanguardia (y de los propios comentarios de Ramón años después), el concepto de fragmentación y nebulosidad como los más característicos de toda la prosa vanguardista española, en general, y de Ramón en concreto.

Este parece haber sido el caso en la interpretación de *El novelista,* que partiendo, como hace Nöel Valis, de la naturaleza marginal de esta narración que se aleja en su interpretación de la tradición del canon novelístico (427), ha llegado, en casos como el de Mercedes Tasende, a asimilar sus rasgos definitorios a los de las novelas nebulosas ramonianas escritas a partir del 36. Así, Tasende resume todas las características arriba mencionadas y que afirma observar en *El novelista,* para concluir que la novela "no se adapta en absoluto a los patrones tradicionales", y cumple los requisitos de la novela de la nebulosa. [10] Para Mercedes Tasende, aunque el protagonista de la novela, Andrés Castilla, tiene que abandonar su proyecto narrativo de "Todos", hipotética novela nebulosa, Ramón Gómez de la Serna sí consigue en ésta y las otras tres novelas de la nebulosa tal objetivo (572). Pero, en lo que parece ser también algo caracte-

---

subjetivo y objetivo, en sus más puros extremos "deformadores": lo poético y lo prosaico. Es un humorista. La realidad misma nos resulta hoy tan rica, asimétrica e impura como lo son sus textos, y las formas y significaciones múltiples que se desprenden del conjunto de su obra. (Dennis 134-36)

[10] Afirma Mercedes Tasende:

Las innovaciones de que hace gala *El novelista* son realmente numerosas. Una lectura atenta revelará que ni nos hallamos ante una trama equilibrada y bien elaborada, ni ante un conjunto de capítulos que se suceden ordenadamente hasta alcanzar un desenlace feliz o trágico y que presentan un universo coherente. Tampoco se nos ofrece directamente la evolución de un protagonista central, ni hay gran preocupación por "el mundo en torno" u otros asomos del "alma humana" [Nora 153] que no sean la conciencia del paso del tiempo experimentada por Andrés. La novela no se construye en base a unas coordenadas espacio-temporales definidas ni se preocupa de elaborar una trama ordenada según una relación de causa y efecto. Por otro lado, no parece haber mucho interés en facilitarle al lector la labor de comprensión e interpretación. *El novelista,* en fin, no se adapta en absoluto a los patrones tradicionales. (581-82)

rístico de la crítica con respecto a esta novela, la misma Tasende limita está afirmación reconociendo al final de su artículo –a partir de la evidencia de todas esas pequeñas novelitas de carácter paródico contenidas en la narración– que aunque *El novelista* introduce modificaciones que cambian considerablemente el género de la novela, esta novela aún cae presa de la tradición (582). [11] No pueden la mayoría de los críticos sino darse cuenta de que algo no encaja en *El novelista* con la famosa teoría de la nebulosa, sobre la que años después teorizaría más extensamente Ramón, quizás en perjuicio de una interpretación más objetiva de algunas de sus obras, que deben, como señala Soldevila, leerse a la luz de las circunstancias cronológicas exactas en que se crearon, sin aceptar datos y razones del propio autor a posteriori (Dennis 33). La clave del problema, como deja ver la argumentación de Mercedes Tasende, Noël Valis, Robert C. Spires o Ródenas de Moya, es la naturaleza intertextual de la novela y en concreto, la contención dentro de la novela de otras numerosas novelitas. Para Noël Valis es esta inserción de novelas, llevadas al extremo que lo hace aquí Ramón, lo que otorga al novelista naturaleza de propuesta radical en su rasgo de discontinuidad y marginalidad respecto a la tradición novelística canónica (421).

---

[11] Una apreciación y ambigüedad parecida es la que muestran los comentarios de González-Gerth, para quien las novelas de la nebulosa se dividirían en dos grupos, *El incongruente* y *El novelista*, por un lado, y *¡Rebeca!* y *El hombre perdido* por el otro. Mientras que las dos últimas son en su estimación narraciones de una gran originalidad, en cuanto que es con "*¡Rebeca!* and *El hombre perdido* that Ramón makes a truly radical departure from traditional novelistic structure", y "the conventional norms of plot and character do not get as much as token recognition" (147-48), las dos primeras, sin embargo, aún muestran cierta apariencia de novela convencional, que González-Gerth justifica como "the inevitable requirement for the author to write and for the reader to read one word after another on the page; and this, in a way, is due only to another accident of nature, which is the length of the narrative instead of what might have been that of, say, a concrete poem" (161).

En idéntica línea de interpretación, aunque ya claramente admitiendo lo que implícitamente se entiende como un fracaso, se encuentran también Rugg o Nöel Valis. Para Rugg, *El novelista*, aunque es un esfuerzo en la creación de la novela de la nebulosa, "being one of the earlier efforts in the creation of the 'nebulous' novel, presents on the surface a unified structure even as it sabotages that structure's foundation, and it demonstrates in its final pages a willingness to move toward the open form of the subsequent novels" (157). Nöel Valis, que ve en *El novelista* una antinovela, termina igualmente por admitir que, al igual que el protagonista Andrés Castilla fracasa en el intento de escribir la novela de la nebulosa, "Todos", así la novela englobadora a la que aspira Ramón en *El novelista*, la novela-bricolaje, en un momento dado "no puede ser tampoco", porque Ramón termina por reconocer la "imposibilidad de novelar por ser inabarcable y, a la vez, evanescente, la realidad, de la cual depende siempre el novelista, aun el más metafísico" (422-23).

Para Spires o Mercedes Tasende, sin embargo, son estas mismas inserciones las que revelan a pesar de todo que "la dependencia de la tradición no sólo afecta a los escritores que, como Andrés, insisten en perpetuar unos modos de novelar anticuados y desgastados sino también a aquellos que, como Gómez de la Serna, están tratando de esquivarla o simplemente desterrarla" (Tasende 582). O como dice Spires: "the effort [of advocating a new concept of genre] generally fails to negate the models, undermining instead the effectiveness of the proposed substitute" (117). En este hecho de no poder escapar a la influencia de la generación anterior (la del 98, para este crítico), la novela de Ramón es precedente de las otras novelas vanguardistas y de sus limitaciones en la creación de un nuevo concepto de novela (117-18).

Es mi propuesta aquí, coincidente con la de Spires en este sentido, que Ramón trata de crear una muestra de novela aún alejada de las novelas de la nebulosa, pero hermana, sin embargo, de propuestas vanguardistas similares. La inclusión de estas novelitas que tanto desestabilizan una posible interpretación "nebulística" de la novela tendrá su paralelo, como veremos, en las concepciones ficcionales de Obregón o de Jarnés, que también crean ficciones narrativas similares. La metáfora de la nebulosa aún está por llegar, o como él mismo diría en el "Prólogo" a las novelas de la nebulosa, refiriéndose a "Todos": "abortada entonces, después de esos veintitrés años, aparezco con nueva fe en la nebulosa e intento mi primera novela completa nebulosal" (en González-Gerth 148). Lo que tenemos, para emblematizar esta nueva fórmula novelística, híbrida y en cierto grado consensual –y en esto mi propuesta es distinta de la dada por Robert C. Spires que ve en *El novelista* un precedente de la novela deshumanizada tal como la define Ortega y Gasset–, es la fórmula laberíntica, en el caso de Ramón, de catálogo variopinto, en Obregón, o de red o ajedrez en Benjamín Jarnés. A estas alturas de siglo, la vanguardia española es mucho menos rupturista de lo que se ha querido apreciar hasta ahora y la propuesta de Ramón no es todavía todo lo iconoclasta que a los críticos, o a él mismo quizá, le hubiera gustado que fuera. En su novela conviven en híbrida y tensa relación, yuxtapuestos como en la figura de Hermes arriba analizada, diferentes modos representativos.

En *El novelista* se destacan al menos cuatro modos narrativos: un primer modo narrativo correspondiente a la escritura de Andrés Castilla, de cierto carácter, aunque realista, vital e ideal y cuya culminación hipotética sería la "novela de la nebulosa", novela que contuviese toda la vida; un segundo modo narrativo, el realismo naturalista, estructurador y sistemático, del escritor Ardith Colmer; un tercer modo narrativo, la escritura pura y subjetiva del escritor cosmopolita Valey, que capta la esencia de la realidad destilándola a través de la subjetividad del yo; y, por último, la propuesta privilegiada que se desprende de la misma novela de Gómez de la Serna, que no es ninguno de los tres modos narrativos mencionados sino la iniciativa –compartida por otros novelistas de la vanguardia española– de una novela que combine diferentes modos narrativos, objetivo y subjetivo, que sobre un material vivo imponga una estructura racional: "el monstruo en el laberinto", que diría José Bergamín.

El episodio que abre la novela de Gómez de la Serna ejemplifica con claridad el conflicto entre los diferentes modelos narrativos que se plantea el escritor de la vanguardia española. Andrés Castilla, escritor protagonista de *El novelista*, escribe simbólicamente bajo el auspicio benevolente de sus dos relojes:

> El novelista Andrés Castilla oía en su despacho el reloj de pared y el reloj de bolsillo, que acostumbraba a poner sobre la mesa, porque el otro quedaba demasiado en la penumbra para ver la hora tantas veces y tan rápidamente como lo requería su impaciencia.
>
> "¿Es que pueden ser los dos tiempos el mismo?", se paró a pensar el novelista.
>
> Se diría, realmente, que el tiempo del reloj grande de pared era más pausado, más pesado, más lento, un tiempo que no le envejecería nunca demasiado, mientras el reloj rápido, con mordisconería de ratón para el tiempo, con goteo instante más que instantáneo, le envejecería pronto.
>
> "No es la misma clase de tiempo el del uno y el del otro", concluyó el novelista, mirando un retrato para distraerse de aquella competencia con que parecían luchar los dos relojes.
>
> "Realmente, escribo menos cuartillas en el tiempo que señala este reloj de bolsillo, que en el que señala el otro... Sólo que del otro me olvido, y eso hace que me emperece; y con éste delante, corro, me precipito, veo que hace un rato eran dos horas más temprano que ahora", acabó por dictaminar, dentro de sí, el novelista.
>
> Andrés miró de nuevo el retrato, buscando en él un cambio de pensamiento; pero un reloj por un oído y otro por el otro, le daban la tabarra del tiempo, con aquella desigualdad que no acababa de ponerse en razón.

El reloj hondo, en el que sonaba un eco y una repercusión de ataúd, parecía rendido, irse a caer, completamente exhausto, llevado por el otro a una carrera desigual, en que se jugaba todo su amor propio, emulado por el reloj juvenil, chiquitín, de un níquel optimista y jovial.

–¡Espera! ¡Espera! ¡Que me canso! ¡Que ya no puedo más! –parecería decirle el otro reloj, cachazudo, de gran corazón humano.

"Vamos, que esta noche no puedo trabajar oyendo los dos relojes", se dijo el novelista. Y guardó el reloj de níquel en el chaleco, que estaba embozado en la americana de salir, entrambos colgados de la percha de la alcoba.

Parecía que ni aun así se iba a callar el reloj parlanchín, cosedor, pespunteador del tiempo; pero se calló tanto, que pareció como si el novelista le hubiese retorcido el pescuezo.

"¿Quizá he sido demasiado cruel con él?", pensaba el novelista, como si hubiese encerrado en un cuarto oscuro al niño parlanchín y alborotador.

El otro reloj parecía decir ya: "¡Por fin! Ya puedo seguir mi paso pasito asnal". En efecto, se podía creer que había reducido su marcha y que, al fin, andaba con su paso normal y con cierta cojera voluptuosa, que era lo que le causaba ese atraso de cinco minutos con que aparecía todos los días por la mañana.

El novelista, ya tranquilo, se puso a corregir la segunda edición de *La apasionada*, que quería aumentar y mejorar. (11-12)

Los dos relojes, tal como los percibe el novelista, entablan una competencia de ritmos temporales distintos: el uno, el de la pared, lento, mortecino y cansado; el otro, el reloj del despacho, juvenil y jovial (11-12). El episodio, que plantea por un lado el tópico de la relatividad del tiempo, y por otro, como ha señalado Camón Aznar (335-36), la tensión, la lucha contra el tiempo del escritor, remite asimismo a la situación literaria de Andrés Castilla, escritor varado entre dos ritmos literarios distintos que no acaba de poner en razón. El novelista oscila entre la vieja literatura, pesimista y atrasada, y los modos narrativos más jóvenes y escandalosos, más positivos y dinámicos y, como el reloj del despacho, más satisfechos en la expresión verbal *per se*, en su sonido parlanchín. Finalmente perturbado Andrés Castilla, sin embargo, por la disociación temporal, parece, en un acto de importancia simbólica, intentar "retorcer el pescuezo" momentáneamente al reloj juvenil. Con este reloj ya dentro del cajón, comienza a corregir y retocar, para una nueva edición, el manuscrito de su novela *La apasionada*: novela de tema amoroso y, como su mismo título indica, rebosante de humanidad, sentimientos y emociones vivas. Los cambios y añadiduras que el Novelista efectúa –y que para Noël Valis tendrían por objeto dar una pátina "modernista" al texto de "La apasionada" (421)– parecen, sin embargo, seguir, pese a la desaparición visual del reloj juvenil, bajo la influencia de éste. El novelista, que encuentra en el manuscrito original el siguiente pasaje:

> Quería dominar su pasión; pero su pasión crecía, y Ernesto veía lo falsa que es la pasión, y le parecía que aquella mujer se burlaba de él. La miraba con recelo; pero ella jugaba con su cabeza; la abrazaba como quien da besos a un muñeco de cabeza desarticulada. (15)

añade este párrafo:

> Alguna vez le pareció que le había arrancado la cabeza, que se la había sacado de su coyuntura, que había pasado eso por ese deseo de pasar a lo grotesco y a lo ruinoso, desde lo apasionado, que tiene la vida. (15)

El pasaje añadido subraya el lado grotesco y deshumanizado. El protagonista, todo sentimiento y sensaciones, no es sino un cuerpo de maniquí decapitado y monstruoso. La atención a los aspectos más instintivos y sensuales de la naturaleza humana arrastra a una situación de carencia y mutilación. Esta imagen de la figura humana decapitada, como veremos en el retrato que Diego Rivera hizo a Ramón o en *Locura y muerte de Nadie* de Benjamín Jarnés, no era algo infrecuente en la llamada nueva literatura –la literatura vanguardista– y emblematiza el imperio de lo sensorial sobre lo racional. El novelista, que ha querido substraerse a la influencia de la nueva literatura al afrontar la corrección de este viejo manuscrito, no puede dejar de oír, sin embargo, el tic-tac de su ritmo deshumanizado y distanciado. La postura del novelista que corrige el manuscrito de "La apasionada" es una actitud de distanciamiento irónico y racional que pretende marcar la irrealidad de la anécdota relatada a la luz de los acontecimientos sucedidos con posterioridad a la vivencia y escritura de la anécdota inicial (la decepción que le produjo la mujer motivo de la historia). Andrés Castilla termina por dar con una alternativa personal y, quizás, torpemente integradora y grotesca en "La apasionada". La ironía del novelista Castilla convierte el texto realista y humano, el texto base, en otra cosa monstruosa y grotesca, en cuanto que es resultado deforme de una tensión de fuerzas opuestas. Convencido ahora Andrés Castilla, sin embargo, de la inutilidad del intento, de que "sin modificar toda la novela no podía hacer eso [transformarla] y sólo podía ponerle más pulseras y cintillos", decide abandonar su tarea de corrección y saca de nuevo el reloj jovial de su cajón (16).

Aunque de forma aproximada y metafórica, la oscilación de Andrés Castilla entre sus dos relojes es la oscilación entre un modo literario "humano" y un modo literario más distanciado y racional; entre la literatura viva, humana y realista y la literatura ideal, pura e intelectual, que empiezan a plantearse los jóvenes autores. El episodio de los dos relojes que introduce la novela de Gómez de la Serna y el resultado final de sus enmiendas al texto antiguo señalan indirectamente el propósito del mismo autor Gómez de la Serna en *El novelista*: imponer una estructura racional y lógica –la ironía– sobre un material de realidad "viva" y humana a la que da cohesión. Este fragmento complejo e híbrido al que llega Andrés Castilla en el primer capítulo no es, sin embargo, expresión del verdadero estilo narrativo, del tipo de novela del que él es representante y cultiva y del que encontramos numerosas muestras, en forma de novelitas (completas o fragmentos de las mismas), en *El novelista*.

Han sido dos, en este sentido, los puntos más discutidos por la crítica que se ha ocupado de *El novelista*: por un lado, la naturaleza metaficcional (rasgo característico, como ha mostrado recientemente Ródenas, de la gran mayoría de las novelas vanguardistas) de una obra que no sólo tiene como protagonista la figura de un "novelista", sino que además incluye numerosos ejemplos narrativos y numerosas reflexiones sobre el proceso mismo de la escritura (Spires, 117-18, Bruner 65; Rey Briones 18; Richmond; 63; Valis 420; Ródenas de Moya, "El novelista..."); por otro lado, la cuestión de si es o no es la figura y la narrativa de Andrés Castilla trasunto del mismo Gómez de la Serna y de su narrativa. Así, ha sido opinión generalizada que Ramón Gómez de la Serna se encarna en el protagonista de esta novela para dejar constancia del proceso creativo tal como él lo entiende y concibe. Para Granjel, por ejemplo, "*El novelista* es la novela de sí mismo, de Ramón cumpliendo su cotidiano quehacer de forjador de ficciones; el autor reencarna aquí en la figura de Andrés Castilla (. . .) documento que permite conocer el modo de idear y hacer realidad Ramón sus ficciones novelescas" (206-07). Esta misma postura la comparten también Eugenio de Nora, Camón Aznar, Mazzetti (54), Richmond ("Debatida" 63), Rey Briones (18) o, parcialmente, González-Gerth (66). No comparten, sin embargo esta opinión, Robert Spires –para quien (se infiere de su interpretación) Andrés Castilla sería trasunto del escritor noventayochista, ni Ródenas de Moya– para quien Andrés Castilla sólo está a medias insatisfecho con la estética de *modus operandi* naturalista ("El novelista" 85), ni Marilyn D. Rugg o Mercedes Tasende, para quienes Andrés Castilla no es totalmente un Gómez de la Serna reflexionando sobre su poética narrativa, sino una figura de escritor en transición, a medio camino entre la novela de estilo realista y la novela de la nebulosa del Ramón posterior:

> Strongly tied to the old school of literary realism, he is at the same time trying to overcome the limitations that realism imposed on plot, structure and character presentation. Andrés found his solution to be somewhere between the old and the new, employing innovative techniques and perceptions of reality while retaining a minimum of action and thematic cohesiveness. The stylistic inconsistencies among his texts are thus accounted for the portrayal of Andrés as a writer struggling to strike a balance between literary tradition and the impetus of creative innovation. (Rugg 148-49)

Mercedes Tasende, a su vez, aun reconociendo también los muchos puntos en común entre el creador y el protagonista, piensa que una lectura profunda de la novela revela que Andrés Castilla es un "realista acendrado", y que "más que *alter ego* de Ramón, es en realidad mero instrumento utilizado por éste para hacer una serie de afirmaciones implícitas acerca de ciertas tendencias novelísticas de moda por la época en que se elabora la obra" (570). Para González-Gerth, sin embargo (aunque este crítico no lo afirma categóricamente ni especifica con ejemplos), parece insinuarse una dualidad dentro de la narración, que mostraría que ciertas novelitas de las contenidas son parodia de los modos narrativos del 98, pero que otras tienen "quizás" carácter autobiográfico (66). González-Gerth no clarifica, sin embargo, si estos otros ejemplos autobiográficos lo serían de un hacer narrativo "nebulístico" o no.

En mi opinión, como señalé anteriormente, el modo narrativo de Andrés Castilla, *en la mayoría de estas novelitas* (como dice González-Gerth), no es sino una de las opciones novelísticas implicadas en la novela de Gómez de la Serna: la de un cierto realismo idealista y vital cuya culminación hipotética y futura sería la "novela de la nebulosa". No es esta opción, sin embargo, la que parece privilegiada en *El novelista* como fórmula narrativa más adecuada y *posible*, y que correspondería, por tanto, a la del Ramón de los años 20. La mayoría de las novelas de Andrés Castilla no son expresión del ideal narrativo de Ramón, tal como este ideal se infiere de la novela (aunque sí sea atisbo del ideal de novela nebulosa el caso de "Todos", como ha señalado él mismo, a posteriori, y la crítica en pos de él; pero éste sería ya un Ramón futuro). No significa esto, sin embargo, que el autor no utilice, como veremos, varias de las novelitas de Castilla al modo de analogías para reflexionar sobre el tipo de novela que para él es más viable en estos años 20 (los años de la vanguardia, no lo olvidemos).

Su novela, dice Andrés Castilla, es la novela de la tarde. La novela de la tarde, continúa, se define por una parte en oposición a la novela burguesa del escritor inglés Ardith Colmer, la novela de la mañana y, por otra parte, a la novela pura de Valey. La novela burguesa es la novela naturalista y psicológica que posterga la aventura y la individualidad, la tolerancia y la sensualidad, la novela de la mañana y el sentido común, la estulticia y el tópico donde todo se ve con una simplicidad falsa y absurda, de reafirmación de las cosas materiales y de lo sórdido de la vida (92). Es la novela naturalista que mira la realidad de manera empiricista y científica, que entiende el mundo como una realidad que se ajusta a leyes y costumbres, como un sistema estructurado en función de un fin (178-79). La novela pura de Remy Valey, el cosmopolita escritor francés, parte sin embargo del postulado inicial por el que sólo se tiene acceso a la verdadera realidad a través de la conciencia; ésta destila las impresiones proporcionadas por los sentidos hasta conseguir un grado máximo de abstracción (183).

Al contrario que Valey o Colomer, Andrés Castilla es "el novelador" de la tarde, el escritor realista que tiene como objetivo entretener al lector aderezando la narración con notas de pensamiento trascendente y crítica social. Andrés Castilla es el autor que sigue el torbellino humano, para el que lo importante es la impresión de vida que crean sus obras. Escritor que no hace, sin embargo, de las preocupaciones psicológicas (como los escritores realistas) o las preocupaciones expresivas (como los escritores modernistas) el objetivo principal de su labor literaria. Sus novelas se caracterizan por el componente excesivo de sentimentalidad y el abuso en la utilización del misterio. Las suyas son las novelas características del realismo epigonal como las de Blasco Ibáñez, Dicenta, Trigo o sus seguidores: novelas que están sometidas a la tensión de fuerzas realistas y románticas conjuntas, que intentan exaltar el realismo burgués y el tema amoroso al mismo tiempo que el misterio y la idealidad, llegando sin embargo al barroquismo, la distorsión y la superación de lo verosímil: del gesto natural, diría Rafael Cansinos-Assens, a la mueca de gárgola (*La nueva literatura* 10). [12] No le interesa a Andrés Castilla lo cosmopolita sino lo extraordinario que existe en lo cotidiano y en el fondo del alma de los hombres (64). Si las novelas de Andrés Castilla se apoyan por un lado en la realidad vista a través de los sentidos –que aportan los distintos materiales con los que el escritor trabaja–, por otro lado, también se apoyan en la imaginación (89). Es la imaginación la que permite captar lo misterioso y la aventura, y la que selecciona y veta lo que es demasiado corriente y vulgar (61; 64). Hay que transcribir, dice Andrés Castilla, no la realidad sino la emoción que la realidad despierta en el novelista (126).

Andrés Castilla aspira a través de los sentidos y de la imaginación a la creación de la novela que contenga la totalidad del mundo y la vida, y de lo cual sería intento "Todos" (118-19). Esta novelita es problemática. Para Tasende, sólo en esta novelita está presente el deseo totalizador; en la mayoría de los otros relatos de protagonistas humanos lo que predomina es una serie de fórmulas clichés, lu-

---

[12] Es interesante conocer la poética de Blasco Ibáñez para ver la semejanza de las ideas expresadas por el novelista de Gómez de la Serna y las que el llamado escritor naturalista presentó en algunas de sus conferencias.

Para Blasco Ibáñez la novela contiene todo; es la vida humana en todos sus aspectos, la epopeya de los humildes: episodios íntimos de la existencia humana. La novela es, como dice Stendhal, un espejo que paseamos a lo largo del camino. El espejo, sin embargo, dice Blasco, no es exactamente como la realidad, sino que siempre hay una cierta idealidad. No observamos escueta y servilmente. El espejo nos hace ver el mundo no como es sino como quisiéramos que fuese.

La cualidad esencial del novelista es según Blasco Ibáñez la capacidad de observación del mundo interior y exterior: sensaciones, sentimientos y toda clase de instantáneas de la vida diaria. La capacidad de análisis es también, según Blasco, fundamental porque le permite al novelista reflejar con fidelidad sus observaciones (90-102).

gares comunes y estereotipos propios del folletín, la novela erótica y
otros géneros populares (572). Parece que hemos pasado, como decía González-Gerth, de unas novelitas que reflejan (en forma paródica, según este autor) modos narrativos anteriores a una obra de
carácter *quizás* autobiográfico (66). Es decir, el ideal de Andrés Castilla, la novela "Todos", se identifica con el ideal de Ramón Gómez
de la Serna años más tarde. "Todos" sería, como el mismo Ramón
señala en el Prólogo a *El hombre perdido* también años después, el
primer atisbo parcial de novela nebulosa, imposible sin embargo en
este momento (en Granjel 220). Así lo han interpretado, siguiendo
los mismos comentarios del autor, Charpentier (37) o Granjel (220-
21). "Todos" contendría, pues, la totalidad de la vida. Y si la vida
no es un sistema, como cree Castilla, sino entrecruzamiento de con-
trarios, "Todos" será la novela que permita la entrada de la vida sin
síntesis ni categorizaciones, sin ser sometida a racionalización o
propósito alguno, sin intervención de una estructura subjetiva y lógica que imponga, jerarquizándola, abstracción, esquema u orden
artificial en la realidad vital y fluida. El proyecto de "Todos" es el
de la novela que es experiencia de la vida, no cauce de conocimiento. Y para dar sensación de vida y realidad el mejor procedimiento
es la incongruencia, el azar y la renuncia al orden, unido todo ello a
un estilo dinámico y lleno de frases breves. "Todos", sin embargo,
es la "nebulosa primitiva" a la que se tiende. Pero "Todos" es, no lo
olvidemos, la novela futura a la que finalmente tiene que renunciar
el Novelista, ya que la novela de la nebulosa es la novela que incluiría toda la realidad y contendría necesariamente infinitas tensiones
y fuerzas contrarias. La novela hipotética que propone Andrés Castilla terminaría por decantarse, a causa de las fuerzas contrarias, en
extremos opuestos y polarizados.

Este monstruo disociado y vital al que llega el ideal orgánico de
Castilla tiene su analogía en la figura biforme de las siamesas, de
quienes dice Andrés Castilla que aunque eran al principio "una especie de nebulosa" terminaron por escindirse "en dos seres que se
encontraban alma distinta al reconocerse" (277). Las siamesas son
las protagonistas de otra de las novelitas escrita por Andrés Castilla.
Ellas que *al principio* se constituyen como una "nebulosa", como un
todo ideal y orgánico, enfilados sus deseos en idéntica dirección y
sin contradicciones, terminan por decantarse en fuerzas antagóni-

cas, espejo la una de la otra. En un principio, la entidad que configuran las siamesas es una entidad superior por el hecho de contener
dos almas distintas y complementarias: los polos del bien y el mal,
la vida y la muerte. Juntos, estos dos polos o conciencias constituyen un instrumento crítico superior de enjuiciamiento y comprensión (228). Pero *finalmente* la contradicción no se resuelve y el relato de "Las siamesas" terminará por constituirse en el drama de "la
fraternidad imposible" (234). Las siamesas dejan de ser un ente unido y coherente para desembocar en una mezcla caótica de fuerzas
opuestas. Cualquier forma que las contenga, como el vestido complicado y lleno de broches que las cubre, tenderá a desgarrarse. La
contradicción, amorosa en este caso, es lo que decide la muerte de
las siamesas. Muerte de una por suicidio y muerte necesaria, por
tanto, de la otra.

Éste, análogamente, es el drama de la novela nebulosa, la novela
que, como dice Ramón en el Prólogo a *El hombre perdido* de 1947,
expresa la confusión, la nebulosidad primitiva y última; es el reflejo
del mundo confuso de hoy, sin detectives ni víctimas. Para realizarse, la novela de la nebulosa ha de contener todos los opuestos, todos los puntos de vista, pero esto supone necesariamente el caos.
Pero la inexistencia, a su vez, de una estructura que organice y jerarquice este caos vital lleva necesariamente a la autodestrucción de
la fórmula de la nebulosa. El ideal de la nebulosa, cree el Novelista,
es incompatible con la idea misma de novela:

> En esta cuartilla se detuvo. . . . No, no podía ser... La nebu-
> losa se traga las novelas y por el deseo de dar capacidad a la no-
> vela la perdía en la masa cosmogónica primera, desprovista de
> formas, de géneros, de salvedades, de excepciones, de concre-
> ción.
> El novelista rompió las cuartillas de "Todos", novela vana,
> hija del deseo estéril de la universalidad y de la totalidad. (124)

La totalidad vital, como señala el mismo Corpus Barga, tiene como
riesgo la falta de unidad (111). Es necesario, como dice Gómez de
la Serna ya en 1920 –año en que según Gaspar Gómez de la Serna
está preparado el manuscrito de *Ismos* (162)–, una estructura que
dé unidad a la novela desunida del mundo; es necesaria una distribución cuidadosa (*Ismos* 371). La novela, al menos en este momen-

to de la vanguardia y para un grupo de vanguardistas, no puede ser una masa desprovista de toda contención, de una estructura que le imponga *ciertos* límites y le otorgue un orden. La falta de unidad quedará superada, sin embargo, con la presencia de una subjetividad ordenadora. La existencia de la nebulosa depende de la presencia de un yo, de una mente racional, que imponga y dé unidad al caos vital que contiene. Habría pues que integrar los componentes vitales en una fórmula reflexiva, contener la complejidad y la mezcla dentro de una unidad estructural. Habrá que introducir el monstruo de lo humano, de lo vital, dentro de una arquitectura laberíntica y racional como la ironía. Así (de la misma manera que la ironía termina por teñir la antigua pasión humana y real, cuando Castilla trata de mejorar su obra "La apasionada", para finalmente resultar en algo descompuesto e híbrido), el autor de *El novelista* mete el monstruo de la ficción realista epigonal –las numerosas novelitas que la obra contiene– dentro del laberinto irónico –en el sentido de distancia consciente y reflexiva– de su construcción literaria. La ironía es para el autor, como sería para George Lukács (39; 60), la condición necesaria del mundo de la novela, que percibe, supera y mantiene así la dualidad del mundo interior y exterior; la ironía le permite crear en la novela la totalidad, la unidad natural que ha sido destruida.

El concepto de una novela –o cualquier otra expresión estética, como por ejemplo la música en el estudio de Fernando Vela ("El arte")– que contenga dentro de sí un componente ajeno, una heterogeneidad de otros múltiples elementos en principio extraños a ella, es frecuente en las teorías de interpretación del nacimiento de la novela y de su naturaleza (por ejemplo, las del mismo Lukács). Para José Ortega y Gasset, aunque la novela nace en oposición a la épica, ésta lleva inserta dentro de sí la aventura, lo ideal (*Meditaciones* 382-83). Es Bergamín, sin embargo, el que mejor expresa la teoría "contenedora" de la novela. Para Bergamín, la verdadera novela es el libro totalizador, "un laberinto con monstruo dentro" (156), pero monstruo vivo sostenido en equilibrio. El laberinto es la razón y el monstruo la novelería; es decir, novelería es todo componente interno que se contenga dentro de la estructura, desde la novela de caballería o el folletín hasta la novela policíaca o un arte poética (158-59).

El autor de *El novelista,* acorde con las teorías acerca de la novela de su momento, se apropia de los modos narrativos anteriores para configurar una nueva fórmula novelesca. La mayor parte de la crítica ha señalado este uso y distancia reflexiva del autor de *El novelista* respecto a la narrativa anterior y contemporánea, enfatizando, generalmente, el carácter negativo de la parodia más que su posible naturaleza integradora. En lo que los críticos no se han puesto de acuerdo totalmente, sin embargo, es en cuáles son los modelos parodiados; y si para algunos, por ejemplo, se trata de denigrar la literatura popular melodramática y folletinesca (Tasende 578), para otros es principalmente la narrativa noventayochista, y en especial las novelas unamunianas (Spires 110-18, González-Gerth 66, Valis 420) o las novelas detectivesca y erótica (Valis 420).

Como Ramón mismo dijo en su conferencia del Ateneo: "La labor de la nueva literatura (. . .) ha de ser la de irnos reconstruyendo robando las cosas, descolgando de ellas el pedazo de concepto nuestro que les añadieron los otros" (en Sabugo 10). Estas novelas no son, por tanto, mero objeto de parodia sino parte necesaria e integrante (el componente objetivo) de una novela que, como otras novelas vanguardistas, busca la totalidad, el no renunciar a ninguna de las posibilidades de transcripción de la realidad. Es, como ha señalado Guillermo de Torre, la novela de las mil novelas entrecruzadas ("Perspectiva" 69). En este sentido de robo, contención y explotación de fórmulas anteriores, no de rechazo necesariamente, es como hay que entender, por poner un ejemplo, la interpretación de "Pueblo de adobes". "Pueblo de adobes" responde al género muy de moda en la época de novela de pueblo castellano, que se caracterizaba por el enfrentamiento del pasado y el futuro e intentaba mostrar el carácter espiritual del hombre castellano poniendo dicho carácter en relación al paisaje árido de la meseta. En "Pueblo de adobes" los componentes trágico y erótico, que con frecuencia incluía este género de novelas, están también presentes; pero el extremo de la actitud del hidalgo en su rencor a la hermana, extremo que le lleva grotescamente a maldecirla incluso cuando no puede hablar a consecuencia de un cáncer de lengua, y la monstruosidad de las relaciones amorosas entre Clemente y la giganta, le sirven al autor de *El novelista* para marcar la distancia narrativa respecto al texto de Andrés Castilla; es decir, para distanciarse de lo que de exagerado tiene este realismo epigonal muy del gusto de la época pero salvando lo que de válido contiene.

El proceso paródico ramoniano en *El novelista* es, creo, un buen ejemplo de la parodia típica en el siglo XX, que como ha estudiado Linda Hutcheon es, a pesar de la distancia que impone el autor sobre la materia de la que se apropia, más homenaje y asimilación que simple rechazo; en este sentido, difiero de la opinión defendida por Mercedes Tasende, quien percibe en *El novelista* una crítica aguda del narrador respecto a las novelas de Andrés Castilla –modelo de hacer tradicional que debe ser superado– y del personaje mismo, al que este narrador, dice Tasende, ve como un personaje "entre patético y ridículo" (578-79). La apropiación de Ramón de los modelos narrativos anteriores o contemporáneos es, como será en el caso de *Efectos navales* de Antonio de Obregón o *Locura y muerte de Nadie* de Benjamín Jarnés, una fórmula de distanciamiento crítico y asimilación, no de rechazo absoluto: no se trata de parodiar los modelos anteriores para destruirlos sino de asimilar estos modelos –y por eso su inclusión es esencial– para salvar, como dice Ramón, ese pedazo de concepto que pertenece a los nuevos modos de novelar: el componente vital. [13] El resultado novelístico, una vez perpetrado el robo

---

[13] *El novelista* se ajusta a un modelo frecuente de texto vanguardista: la novela de una novela (Sanguinetti 16-17). Es decir, el modelo de autor que escribe una novela en el proceso de contar cómo un escritor, Andrés Castilla, quiere componer un relato; en esta ocasión, sin embargo, la composición no es de un relato sino de múltiples relatos. El texto, que se alimenta con la idea ramoniana de la mayor perfección de la novela corta, recoge fragmentos de al menos doce novelas, en su mayoría dentro del llamado "realismo idealista" o "epigonal" frecuente en el primer tercio del siglo XX: "El barrio de doña Benita", novela localista madrileña; "Cesárea", relato sentimental y melodramático; "La novela de la calle del árbol", de realismo galdosiano y documental; "Las criadas", trágico folletín sobre la condición miserable de la criada urbana; "El farol", "La moribunda", "Pueblo de adobes", novela de tema castellano y componente erótico, "El león de oro", novela cosmopolita y melodramática, "El incontrable", novela detectivesca; "Las siamesas", melodrama; "¿De cristal?", novela de misterio y finalmente "El biombo", novela metafísica.
La inclusión de géneros populares de la época dentro de un marco típicamente vanguardista es un rasgo determinante también en la estructura de *Efectos navales*. El viaje turístico de Néstor y Valentina por las imaginarias playas de un mundo irreal no es sino la justificación anecdótica del autor para hacer un recorrido literario por los diferentes géneros narrativos de la época. La novela reconstruye los modos narrativos del melodrama folletinesco y romántico en "La playa de los suicidas"; de la novela de aventuras y la novela fantástica en "La playa desconocida de los mapas"; de la novela modernista y de bohemia en "La playa maldita"; del melodrama benaventiano en "La playa provisional"; de la novela de alta burguesía y la novela realista en "La playa de los millonarios" y "La playa de los adúlteros" respectivamente; y, por último, de la novela surrealista y la novela proletaria en "La playa superrealista" y "La playa proletaria".
En *Locura y muerte de Nadie*, la más conocida quizás de este grupo de novelas, también es posible rastrear la inclusión de modos narrativos y motivos provenientes del género de la memoria, la novela realista, el relato folletinesco, la novela social de protagonista colectivo o la novela galante y erótica. La inclusión en la obra de Jarnés es, sin embargo, menos evidente y explícita.

por parte del autor de *El novelista*, es un artefacto literario ambiguo (como muestran las contradictorias interpretaciones de la novela ya señaladas), de apariencia tan descompuesta, híbrida y heterogénea como la entidad literaria a la que llega Andrés Castilla tras intentar reescribir "La apasionada", pero no por ello carente de la unidad que le otorga el punto de vista superior y distanciado del autor.

Renuncia finalmente el autor de *El novelista* a la novela nebulosa y siamesa, para adoptar la fórmula de la novela detectivesca o la novela-laberinto: un laberinto con monstruo o novelería dentro, como dice José Bergamín (158). De la misma manera que el problemático concepto de novela de la "nebulosa" estaba metaficcionalizado en la novelita de las siamesas, el concepto de novela detectivesca o novela-laberinto encuentra su expresión metaficcional en la novela de "El incontrable" (195 y ss.). "El incontrable" (que comienza en el capítulo XXIII con el significativo título de "En la ciudad novelística" y se continúa en el XXXIV con el también bastante explícito título de "La ciudad de los personajes de novela", en el XXXV, XXXVI y XXXVII) narra las investigaciones del detective Ericson para hallar al hijo desaparecido del "celta puro" Ocar Belly, al que finalmente descubre en Lisboa casado con una mujer negra y padre de seis niños mulatos.

Ocupa esta novelita, si nos atenemos al menos al número de capítulos dedicados a ella, un lugar privilegiado en el texto narrativo de Ramón. Y, si nos atenemos a los llamativos y esclarecedores títulos de los capítulos en que da comienzo –"En la ciudad novelística" y "La ciudad de los personajes de novela"–, el carácter metaliterario de la misma no puede descartarse fácilmente. El hecho de que sea "El incontrable" una novela detectivesca no es tampoco arbitrario. Basta recordar, por contraste, cómo definía Ramón la novela de la nebulosa en el Prólogo –¡cómo no!– a su novela nebulosa de 1947, *El hombre perdido*: novela sin detectives y sin víctimas (en Tasende 571). La novela laberinto, la novela de 1923, es al contrario que la novela nebulosa de 1947, una novela con detective y con víctimas, una novela con aparente confusión, pero con un orden superior que se le impone y le da cierta estructura y coherencia, una novela como la vida, que debería ser caos controlado. Tanto el concepto de novela detectivesca como el de laberinto expresan esta connotación de caos-orden que es la que mejor responde al mundo que el autor pretende expresar en los años 20 (en contraste con el mundo exclusivamente confuso de finales de los años 40 en que escribe *El hombre perdido*; novela ésta, sí, de la nebulosa).

Por un lado, la novela de detectives se basa en el concepto de enigma y, como dice Linda Hutcheon, es casi por definición un género autorreflexivo. Con unas condiciones determinantes de orden y lógica, es vehículo frecuentemente de la autorreflexión narrativa (*Narcissistic* 71-72). La novela de detectives es además un proceso de descodificación racional, podríamos decir, para desentrañar un misterio vital, humano. Es el orden que pone de manifiesto el caos (el crimen), que contiene ese caos, y que al mismo tiempo lo conjura al racionalizarlo. La novela detectivesca ("El incontrable", por ejemplo), dice Cawelti, da comienzo con un delito no resuelto (la desaparición de Mr. Williams), y se desarrolla hasta su descubrimiento final (Mr. Williams está en Lisboa y casado con una mujer negra). Se centra en torno a la solución de este delito; dispone de los hechos en una secuencia lógica; ofrece el placer de dar un orden; emerge de lo que parecía una serie de hechos caóticos y aleatorios. El detective (Ericson) se presenta, por su parte, como un hombre de inteligencia o intuición trascendente que resuelve el crimen (encuentra a Mr. Williams) principalmente a base de un proceso racional. El detective sintetiza la lucidez interna del poeta y el poder de razonamiento inductivo del científico. El ejercicio racional del detective es simplemente una alegoría de cómo la mente impone su lógica interior en los acontecimientos y circunstancias exteriores (Cawelti 80-105).

Por otro lado, el laberinto ofrece la ventaja de ser una estructura que expresa al mismo tiempo confusión y orden. El laberinto, dice Omar Calabresse (133), es la representación más típica de una complejidad inteligente. Una de las muchas formas que adopta el caos. Una complejidad cuyo orden es complicado y no se percibe, una complejidad ambigua. El laberinto nos reta a descubrir un orden y nunca introduce la duda de que el orden pudiera no existir. Pero por otro lado, con la pérdida de la orientación inicial, se niega el valor de un orden global o de una topografía general. Lo que se anula es la totalidad, no tenemos control sobre el sistema topográfico y la reconstrucción se basa en la inferencia local deduciendo ciertos movimientos en cada intersección. El laberinto ofrece así, por su doble apariencia de caos y sistema, la estructura más adecuada para expresar la nueva idea de novela. La imagen del laberinto no se identifica, pues, en mi opinión, al contrario de lo que argumenta González-Gerth, con el concepto de novela de la nebulosa sino con el de un ideal de novela aún no totalmente nebulístico, y más acorde con las teorías novelísticas de los años 20 (161).

La conexión entre novela y laberinto la establece ya Ramón Gómez de la Serna en *Retratos contemporáneos* al referirse a la personalidad literaria y a las nivolas de Unamuno:

> Como novelista, don Miguel de Unamuno es un laberinto, un laberinto admirable (. . .) En ese remezclado azar de sus invenciones la realidad le dejaba ver sus intimidades (. . .) En la puerta del laberinto está escrita la palabra nivola, su invención original (. . .) La vida de novelista de Unamuno es un puro lío, un lío fértil de novelería, porque la novela es más novela cuanto más puro lío sea. (en González-Gerth 151)

Las nivolas son un laberinto en lo que tienen de confusión (lío fértil) y azar, pero también de construcción compleja admirable (que implicaría ya la entrada de la idea de racionalidad y orden, aunque oculta ésta por la apariencia de caos) donde el novelista –Unamuno– bucea en busca de sí mismo.

En el caso de "El incontrable", la conexión entre la ciudad laberíntica de Lisboa y el concepto de novela la establece el mismo narrador: "Lisboa tenía el intrincamiento de la novela y, al mismo tiempo, no se sabía qué novela era la que se escondía en cada rincón" (195). La novela de Lisboa –la novela que es laberinto, como laberinto es la misma Lisboa– es la narración, que como *El novelista*, contiene numerosas otras novelas o historias dentro ("no se sabía qué novela era la que se escondía en cada rincón"), que como las calles enredadas de Lisboa contiene la narrativa más vital y humana, porque cada casa, cada esquina, cada personaje ofrece la posibilidad de una emoción vital apropiada para ser parte de una novela.

Lo que el detective Ericson descubre en las calles laberínticas de Lisboa es el monstruo de la vitalidad, ya que la negritud (la mujer y los hijos negros del anglosajón Williams Belly) en este momento histórico de la vanguardia española y en Gómez de la Serna en concreto se asocia a todo lo antirracional, impulsivo y primitivo. La negritud que confronta el detective anglosajón y racional no sólo representa dentro de la cultura occidental la "voluptuosidad telúrica", como diría Ramón, el instinto, sino que en relación a la idea misma de novela, implica la existencia, dentro del laberinto racional y objetivo, de formas artísticas que salvaguardan la idea de caos, simplicidad, espontaneidad y vida; elementos estos que deben constituir, según Gómez de la Serna, la espina dorsal, el eje, del arte nuevo (*Ismos* 128-32).

La novelita de "El incontrable" es así el ejemplo perfecto para expresar el modelo implícitamente propuesto de coordinación del caos vital y la estructura racional que toda novela parece necesitar, ya que la estructura subjetiva y racional de la irónica voz narradora se impone finalmente sobre la expresión vital, sobre la anécdota humana:

> Rivas Ericson se quedó sorprendido, aunque disimuló su sorpresa en atención al padre, cuyo gesto vio sin mirarle. Aquel niño que llamaba papá a míster Williams Belly era negro, negro como si se hubiese caído en el tintero del hombre blanco, dotando de una blancura aristocrática de descolorido a través de selectas generaciones.
>
> El niño negro tenía ese aspecto de muñeco estropeado de los niños negros. Aun estando bien vestido tenía un aspecto de hospiciano.
>
> El niño miró a Rivas Ericson con mirada imploradora como si el pobre niño estuviese agotado por el mal de su negrura y tuviese la náusea de sí mismo. . . . Rivas Ericson miró a los dos niños con sonrisa especial, viéndoles en lo que tenían de estigmatizados y de envueltos en una fatal negrura, pareja de un mal parecido a la meningitis, que deja huellas retorcidas. La dulzura de los niños parecía emanar de su condición de sollamados o de lo que tenía su negrura de pobres cojitos, mancos y tuertos. Algo así. . . . Junto al perchero dio un beso al niño negro que le ofreció su bastón con instinto de *groom*, aquel pobre niño que había condenado a su progenitor, por el solo delito de darle la vida, a un destierro de su padre y su madre durante más de doce años.
>
> ¡Pero qué heroico y temeroso había sido el obstinado silencio del que peca contra su raza implacablemente céltica. (222-23)

Ericson, detective –figura paradigmática del intelectual decimonónico– y novelista a un mismo tiempo, como corresponde a su papel de fisgar en el alma de la vida de los individuos (63), es el que desbroza la laberíntica estructura de Lisboa para dejar al descubierto lo más instintivo y vital del alma humana. Pero es también el que mediante un proceso racional impone un orden interior y lógico en las circunstancias externas. Ericson, al alejarse del suceso vital y humanísimo de Mr. Williams por una actitud distante e irónica, contrarresta –"conjura" podríamos decir– con la carga racional de su interpretación y su ordenación de la realidad la fuerza amenazante que subyace en el fenómeno mismo de la negritud. El impulso, la vida, las manifestaciones artísticas, culturales y humanas asociadas con esta perspectiva, no pueden ofrecerse como opciones únicas. El resultado, como el mismo hijo negro de Mr. Williams, es lo tullido, lo carente; el niño, como el protagonista de "La apasionada", que cuando se deja llevar por los instintos es comparado a un "muñeco de cabeza desarticulada", tiene también la apariencia de un muñeco estropeado; apariencia que tienen, según el narrador (quizás la voz de Rivas Ericson hablando a través de él), todos los niños negros. La estética de lo instintivo y vital, de lo irracional (en oposición a la estética cartesiana o racional, que diría Eduardo Subirats) se expresa para el autor de *El novelista* en términos de lo grotesco y desarticulado, de lo carente de armonía y unidad. Siempre es necesario contrarrestar lo vital e instintivo con su opuesto: la razón distanciadora y esencialista del sujeto. En la novelita de Gómez de la Serna, lo humano, lo caótico y lo vital debe ser sometido al control de esquemas racionales. En "El incontrable" aún hallamos cierta conciencia de la necesidad de orden.

Lo mismo que "El incontrable", *El novelista* es también una novela-laberinto con monstruo vivo dentro, con numerosas otras novelitas –humanas y vitales– dentro de sí, enmarcadas por el halo irónico y racional del narrador. *El novelista* no se propone, por tanto, ni como una "novela novelesca" como las de Andrés Castilla (novela vital, sensual, de argumento), ni como una novela naturalista, superficial y estructurada, ni como una novela intelectual y subjetiva, donde la realidad quede destilada a través de la conciencia, como la de los hipotéticos novelistas puros, extremos y racionales, de los ismos. *El novelista* responde al patrón de novela contenedora tal como lo definen, como ya vimos, Ortega o Bergamín: laberinto con monstruo dentro. Pero monstruo vivo –como diría Bergamín–, sostenido en equilibrio, que convertiría a la novela en "razón viva", y no en "razón muerta". Porque razón viva implica la oscilación entre vida y muerte, pasión y razón, inteligencia e instinto (158-59). *El novelista* es esto: un intento de "razón viva", de integrar, oscilando, polos opuestos: inteligencia e instinto, razón y pasión, vida y muerte.

Este último aspecto de la novela, la integración de la dualidad final y más trascendente, vida/muerte, en una estructura artística

–la novela que busca contenerlo todo– es evidente en la última de las novelitas, "La novela del biombo", donde el artefacto múltiple del biombo, al igual que el laberinto, es una metáfora más del nuevo ideal de novela pánica y contenedora. La importancia de esta novelita es subrayada por la posición que ocupa dentro del conjunto; no sólo por ser la que cierra la novela sino porque este cierre es además artificial. Es decir, la novela de "El biombo" no es cronológicamente la última novela de Andrés Castilla, como sabemos por el comentario mismo del narrador en referencia a sus obras completas (281); pero es, sin embargo, la última novela de Castilla que se narra en *El novelista*, situándose a continuación el último capítulo con los comentarios del narrador sobre el novelista. La novela de "El biombo" narra la historia de un biombo y del último dueño del mismo. Es el biombo, sin embargo, sólo un símbolo que expresa tanto la vida como el proceso de escritura. Este simbolismo que queda reforzado por el hecho de que el mismo novelista tenga también en su casa, como el protagonista de su novela, un biombo; como en el caso del biombo de la novelita, el biombo de Castilla parece cumplir también el mismo papel de ser conciencia –espejo sombrío– que interpreta la vida pero que al mismo tiempo la refleja en su complejidad sin las reducciones de la estética cartesiana de un escritor como Valey. "El novelista" –dice el narrador– "iba escribiendo su novela ideal en las pizarras oscuras del biombo". El biombo, la novela –la escritura– es como el título del primer capítulo de esta novelita, el "espejo sombrío", la conciencia crítica que implica la escritura de la novela que es simbólicamente la actitud ante la vida: el artilugio complicado que como en la metáfora del laberinto permite controlar el caos de lo vital, su amenaza sombría, mediante el proceso reflexivo y racional de la escritura.

El biombo es una estructura de seis hojas, objeto de dibujo complicado (jardines y japoneses) que es comparado a un laberinto en el que se corre el riesgo de perderse ("El biombo tomó desde entonces para mí un sombrío sentido de selva intrincada y triste, en la que se podía perder un niño" [254]). En los reflejos de la laca del biombo, como dice el mismo narrador, se halla el trasunto de la vida (255). El biombo es el lugar donde el protagonista se mira, y mira para asegurarse de su existencia y de la de lo otro. Pero no es un simple reflejo de la vida sino una visión reflexiva y consciente de esa vida que aún mantiene el referente último en su complejidad:

> Se veía uno en él con más gusto que en los espejos claros; pero al mismo tiempo parecíamos de una raza más oscura que se movía en una vida de destino más sombrío. [. . .]
> lo que yo buscaba en su lago negro era la comprobación de que "estaba allí"; pues de niños nos acoge la congoja de lo vago, la congoja de la inexistencia.
> –¿Estoy...? ¿Estoy de verdad? –le preguntaba a la hoja tercera.
> –Sí, hombre, sí... Estás...Y eres una silueta de sombra sobre el balcón luminoso como un espejo claro. (254-56)

Esta vida, esta percepción que se tiene de la realidad y del hombre no es la imagen que muestra un espejo claro de Stendhal; aquel biombo, dice el narrador, "retenía las cosas como no las retenía un espejo" (258). Ni es tampoco la imagen de un espejo fragmentado surrealista. La visión del biombo es una visión indirecta de la realidad, la realidad litografiada en nosotros, como dirá más adelante (277), esquematizada y, como toda litografía, sin bulto. Es una realidad que no se enfrenta directamente con los objetos pero que capta su esencia a través de la propia conciencia. El biombo es un biombo oscuro de laca, un "lago negro" que, como el lago de Manuel Bueno en la novela de Unamuno, expresa la conciencia angustiada del hombre en el mundo. Es la visión de la realidad pasada por el tamiz de la conciencia reflexiva que descubre al protagonista no sólo las múltiples caras de las cosas sino también el otro lado de la vida: la muerte.

> Pero mi biombo es el que me ha revelado la alevosía de los biombos que al mismo tiempo son imprescindibles porque hacen percatarse de muchas cosas y gracias a su rendija permiten que se cojan in fraganti muchos gestos de las cosas, bostezos de las mascarillas, levantamiento desperezador de los cristales de los cuadros, distensión hacia lo alto y lo largo de los brazos de las butacas.
> ¡Y cómo baraja la muerte los biombos, sean trípticos o polípticos! Nos baraja todos mezclándonos con ella y después "parte" por cualquier lado [sic].
> La sacudida del que se ha de morir está detrás del biombo.
> Se esguinza, mira desde más abajo pudiendo mirar desde más arriba. Está en cuclillas, pero tiene el secreto de la última convulsión.
> [. . .]

> Ya comenzaba el biombo a crear esa dualidad adversaria que crea de un lado la luz y del otro la sombra, de un lado la vida y del otro la muerte. (257-61)

El biombo, que no es la existencia vivida sino la escritura de la vida –la escritura reflexiva–, se convierte así en un instrumento de doble filo: el que hace descubrir la vida pero también el que hace sentir la presencia de la Nada. Porque el biombo es también metáfora de la novela donde podemos leer la vida: es la visión reflexiva que de esta vida tiene el escritor. En este sentido, las referencias a esta metáfora del biombo como libro de la vida son continuas: "En todo está escrito nuestro destino; sobre todo en los espejos y en las cosas satinadas y brillantes. ¡Pero cuánto más profundamente en las cosas satinadas y brillantes que reflejan un mundo mágico y que, además, son oscuras!" (255); "Se lee una vida frente al biombo. Los que conminan al demonio en la India lo hacen frente a un biombo oscuro, libro sin nada escrito, pero con todo en sus hojas" (257). El biombo, a veces, es hermético; el escritor no puede penetrar totalmente en los misterios de la vida; y entonces es comparado a un "libro cerrado", donde las tapas, la cubierta del libro, no son sino "el empastado de la vida humana" (270). O "[Y]a el biombo estaba de luto riguroso, y su segunda [hoja] estaba escrita definitivamente con todo el historial de mi pobre padre; quedaban cuatro hojas vivas y atemorizadas" (261); o, finalmente, cuando una de las hojas del biombo es requerida por el hermano del protagonista dirá éste: "Era como un libro al que le faltase el final. El final no, porque para que no se viesen las bisagras le había dado la hoja del centro" (273).

El biombo –metáfora nuevamente de la novela ideal que busca Ramón en *El novelista*– supone pues una visión múltiple, completa y pánica de la realidad, porque sin la visión de todas sus hojas estaría incompleto. El biombo, como el laberinto (o como la metáfora del catálogo del autor de *Efectos navales* o el ajedrez del narrador de *Locura y muerte de Nadie*, funciona como símbolo de una escritura, de una novela, que integre la realidad, la vida, tanto como la subjetividad, la visión reflexiva que del mundo tiene la conciencia; una escritura que integre yuxtaponiéndolos los viejos modos realistas y objetivos y los nuevos modos de escritura racional y cartesiana. La vida que refleja la novela dejará de ser así un caos para ser, como la imagen del laberinto expresa gráficamente, un caos controlado.

El novelista es un intento de novela con monstruo vivo dentro. Es un intento de "razón viva", de yuxtaponer, oscilando, polos opuestos: inteligencia e instinto, razón y pasión, vida y muerte. Conjunción de formas distintas de percibir la realidad, directamente o a través del sujeto, pero siempre una realidad múltiple:

> Los novelistas deben ser muchos, distintos, entrecruzados, pues hay mil aspectos de lo real en sus mareas movidas por lo fantástico que hay que perpetuar. Todas las combinaciones del mundo son necesarias para que éste acabe bien desenlazado, y si inspira a la vida una ley de necesidad, se podría decir que está bien que existan todas las novelas posibles y que alguien tenía que tramar las que aparecieran viables.
>
> Hay que decir todas las frases, hay que fantasear todas las fantasías, hay que apuntar todas las realidades, hay que cruzar cuantas veces se pueda la carta del vano mundo, el mundo que morirá de un apagón. (287)

La novela ideal, parece implicarse, ha de ser la que como *El novelista* conjugue una diversidad de perspectivas, o al menos las perspectivas más opuestas y extremas. La suma final de todas las interpretaciones de la realidad será la más completa, la más satisfactoria porque es la que mejor expresa la realidad misma. La propuesta que Ramón ofrece en *El novelista*, como las propuestas de otras novelas de la vanguardia, no hay que entenderla como una ruptura absoluta y total con los modos de representación objetivos en favor de unos más cartesianos y racionales, sino como un esfuerzo por conjugar ambos modos, yuxtaponerlos (al modo de la figura de Amster) en una tensión inestable. Esta inestabilidad permite extender límites más que romperlos. Va, como diría César Nicolás, "más allá del realismo y, sin embargo, se remite a la realidad como un observador marginal o implacable" (en Dennis 134). En el caso de esta novela al menos, esta tensión no es –contrariamente a lo dicho por Umbral (para quien Ramón renuncia a la novela que imponga una estructura previa sobre la vida (102; 107)– una tensión que se resuelva en fragmentación, nebulosidad y liberación del realismo.

Se ha hablado frecuentemente, en este sentido o en el sentido de fórmula estilística y verbal, del barroquismo de Gómez de la Serna, siguiendo de nuevo los comentarios del propio narrador a su obra y estilo (Torrente Ballester, Guillermo de Torre, Fernández

García 184 y 188; Sabugo 21 y 24; Granjel 134). [14] Domenchina, por ejemplo, le critica su exclusiva atención a los aspectos más formales de la realidad, que lleva a Ramón a resbalar por la apariencia de las cosas sin profundizar en ella, a evitar la visión subjetiva y a caer atrapado en el caos de la naturaleza y de la infinitud de los puntos de vista sin saber lo que es síntesis ni reconstrucción (Domenchina 227-28). Se puede argumentar, sin embargo, que la creación de caos en la escritura de Gómez de la Serna, al menos en *El novelista*, es el intento de creación de un caos controlado y en suspensión; un caos que es neobarroco más que barroco, que diría el propio Ramón o César Nicolás, utilizando el término barroco sin embargo con idéntico sentido al aquí utilizado de "tensión". Neobarroquismo que no termina de romper completamente las fronteras del sistema pero que pone a prueba sin embargo sus límites aceptándolos y extendiéndolos a un mismo tiempo. El caos, resultado de la atención al objeto múltiple que es la realidad, es sometido a una estructura interna y subjetiva que le impone ciertos parámetros, aunque débiles, limitativos.

El novelista no puede entenderse, por tanto, como un caso frustrado de nebulosa o como ejemplo de la misma novela de la nebulosa. Es más bien una propuesta acertada de lo que en esos momentos numerosos intelectuales consideran que debe ser la nueva novela.

----

[14] Dice Granjel:

> El barroquismo como fórmula estilística ha sido reiteradamente ensalzado por Ramón; en 1928, y en el texto de su primera aproximación a Goya, que publicó la *Revista de Occidente*, escribe: "El barroquismo es querer más de lo que se puede querer y ponerse a realizarlo sin haber acabado de hallar el camino y la manera, con ceguera genial y con deseo temerario. / Quizá no haya manera de realizar la creación vital de los dioses; pero si de algún modo se puede ensayar, es con la barroquidad más que con la perfección ortodoxa. / Lo barroco es el único concepto que merece el respeto de dejarlo indefinido y con salidas por todos lados // ¿Que el intento de barroquismo deshace las formas y entreabre los estilos? Pues nada mejor. Esa porosidad es ideal. Ese superbalbuceo es sorprendente. / De ningún modo es decadencia lo barroco, sino deseo de más perfección al saltar los límites de la perfección académica o puramente perfecta. (. . .) La más importante defensa del barroquismo, de las varias que urdió Gómez de la Serna, figura en su ensayo "Lo cursi"; en él, refiriéndose al tema que examino, sostiene: "no es lo barroco, como se ha dicho, un dualismo entre realismo e idealismo, sino el abrazo de las dos cosas, la amparadora inmersión en los dos conceptos, el plasmar en el adornismo de fuera la vida y el ideal. Como lo humorístico es una plasmación de sentimientos antitéticos, el barroquismo vive de esa antítesis, aunque más seriamente". (134-35)

No es que Ramón caiga fracasando, aunque logre introducir modificaciones, en la tradición –como diría Valis–, es que Ramón conscientemente busca esta conjunción. La propuesta de Ramón en *El novelista* es la propuesta teórica de lo que debe ser la nueva novela. Y en esto Ramón no está solo; Jarnés, Chacel, Obregón y otros artistas y escritores parecen compartir esta búsqueda de hibridismo novelístico. Tal hibridismo responde, como señala Bruner refiriéndose al caso de Ramón Gómez de la Serna, al motor de las nuevas doctrinas fenomenológicas difundidas por Ortega (62). El caso de *Efectos navales*, novela vanguardista de la que me ocupo a continuación, no es diferente y recibe el mismo estímulo filosófico.

LA NOVELA EN VOLUMEN: MULTIPLICIDAD Y PERSPECTIVISMO EN LA NARRATIVA DE ANTONIO DE OBREGÓN. ANÁLISIS DE *EFECTOS NAVALES*

Efectos navales (1931) es la primera novela del injustamente olvidado Antonio de Obregón. Este olvido se debe quizás, como señala Miguel Iglesias, en parte a la evolución ideológica del autor en torno a 1933 hacia el fascismo y a la mayor atención prestada a los poetas de la generación en detrimento de los novelistas (4; 158). [15]

---

[15] Dice de Obregón (Madrid, 1910-1985) Juan Manuel Bonet, que se dio a conocer con un libro de versos entre ultraístas y neo-popularistas, *El campo, la ciudad, el cielo* (Madrid: Fernando Fe, 1929). Sus dos únicas novelas, *Efectos navales* (Madrid: Ulises, 1931) y *Hermes en la vía pública, Novela de aventuras actuales* (Madrid: Espasa-Calpe, 1934) convirtieron a Obregón en uno de los más destacados cultivadores de la prosa vanguardista... Practicó la crítica de teatro y libros –en *El Sol*– y dirigió alguna película... Aunque en 1934 todavía lo encontramos entre los firmantes del manifiesto de intelectuales en favor de Azaña, entonces encarcelado, pronto se iban a radicalizar sus puntos de vista, pero en un sentido diametralmente opuesto. [. . .] De sus títulos posteriores a la contienda sólo es digna de mención su biografía de *Villalón, poeta del viejo París* (Buenos Aires: Espasa-Calpe, 1954).

Aparte de los comentarios de Bonet y algunas notas aisladas dedicadas a las novelas de Obregón por la crítica insertándolo dentro de la generación de novelistas de la vanguardia (Buckley y Crispin, Cano Ballesta, Pérez Firmat o del Pino), es la tesis doctoral de Miguel Iglesias, *Antonio de Obregón. Epílogo de la novela española de vanguardia* (1998), el único trabajo monográfico existente hasta la fecha sobre la vida, ideas estéticas, sociales y políticas y la producción literaria de este autor. El estudio de Iglesias recoge de forma exhaustiva, sistemática y, por tanto, muy útil para el crítico interesado en la obra de Obregón la información existente hasta este momento sobre el autor. Añade además Iglesias sugerencias interesantes para el estudio los personajes vanguardistas de Obregón y, quizás, de los personajes vanguardistas en general.

La adscripción de *Efectos navales* de Obregón a la vanguardia narrativa no ha sido puesta nunca en duda sin embargo por la crítica.
Ya desde los años treinta, Benjamín Jarnés, Ricardo Gullón, Fernando Bertrán, Rafael Lafón o Guillermo de Torre ("Una novela")
al reseñar la novela de Obregón no dudan en situarla claramente
dentro de los parámetros siempre confusos de la llamada nueva literatura. Iglesias resume bien los rasgos en los que la crítica se ha
apoyado hasta ahora para justificar esta atribución:

> La obra es un ejemplo perfecto de narrativa española de van-
> guardia: antisentimentalismo, reducción del argumento en algu-
> nos casos a mera anécdota, consecuente falta de desarrollo de
> personajes, y preferencia por un modo no narrativo que implica
> la descripción y exploración de una lengua, en el sentido bajtia-
> no, que tiene más que ver con productos intelectuales que con
> referentes históricos. La novela explora un lenguaje poético, rico
> en imágenes conceptuales, cuyo origen más inmediato lo halla-
> mos en las metáforas distorsionadas y greguerías de Ramón Gó-
> mez de la Serna. (6-7)

Antisentimentalismo, despreocupación lúdica y ligereza, inconse-
cuencia, despreocupación de cuestiones sociales, humor, desenfado,
frivolidad propia del espíritu de entreguerra, dificultad de adscripción genérica al molde de novela realista, reducción del argumento,
falta de desarrollo de los personajes –que son más bien caricaturas
o máscaras sin personalidad psicológica o social–, lenguaje poético
y saturación de imágenes son algunos de los rasgos que se han señalado en la novela de Obregón para ubicarla dentro de los parámetros del nuevo estilo narrativo. Además de estos rasgos, comparte la
novela de Antonio de Obregón con otras obras de la narrativa vanguardista, una misma propuesta teórica sobre la novela. Como *El
novelista* de Gómez de la Serna, estudiada en el apartado anterior, o
como *Locura y muerte de Nadie* de Benjamín Jarnés, *Efectos navales*
pone en paréntesis, se distancia e incorpora, como diría Fernando
Vela, la narrativa anterior para proponer una nueva fórmula narrativa más apropiada a la modernidad ("El arte"). También en *Efectos
navales*, como en *El novelista*, una diversidad de modos narrativos
–una multiplicidad de perspectivas como medio de conocimiento
de la realidad– conviven y quedan integrados, a pesar de su relativa
independencia, dentro de una misma estructura –"novela"– que sin

embargo posee como punto de unión los personajes –Valentina y Néstor– y el desarrollo de una historia sentimental única.

El autor acomete, al modo del fenomenólogo cuya filosofía sostiene el entramado teórico y poético de esta y otras novelas vanguardistas, la interpretación o definición de la realidad desde su punto de vista. El conocimiento siempre será conocimiento del fenómeno, de la realidad tal como se presenta a nuestra conciencia, no documentación fotográfica ni objetiva. Conocer la realidad, o transcribir la realidad en el arte, supondrá tantas representaciones como puntos de vista haya. La esencia de la realidad es de naturaleza intersubjetiva y se define por la suma de los distintos puntos de vista de un grupo. Cada interpretación, dice el narrador, es una definición de la realidad, simbólicamente la playa:

> Se puede definir la playa de una manera clásica diciendo que es un trozo de costa que sale a recibir al mar con alfombra de arena; o de una manera romántica, diciendo que es una mejilla donde el mar pone sus besos; o de una manera impresionista y certera: una raja de melón sobre un plato azul.
>
> Se podría definir la playa de otro modo, de otros muchos modos y maneras, todavía; podría asegurarse que existe una definición por espectador, ya que cada espectador reacciona ante las cosas de un modo profesional distinto. Así, por ejemplo, un matemático es casi seguro que no vea en una playa sino un número crecido de granos de arena. (55-56)

En la interpretación clásica, se trata de ofrecernos la idea de playa: una definición precisa del objeto al mismo tiempo que una interpretación ideal y perfecta de la realidad. Una playa lo suficientemente universal y particular como para poder referirse a cualquier entidad "playa", haciéndolo con un lenguaje claro y preciso, descriptivo y sin retoricismo ni bajezas expresivas. La playa, dice el narrador, es "un trozo de costa que sale a recibir al mar con alfombra de arena".

La visión romántica de la playa, al contrario que la representación clásica –que supone la organización de la realidad en categorías racionales–, impone la subjetividad del yo sobre la realidad objetiva humanizándola. La playa cobra ahora el carácter o de algo inmenso y sobrecogedor o es humanizada y vista como "una gran mejilla donde el mar pone sus besos".

La playa impresionista es "una raja de melón sobre un plato azul". Lo que se transcribe es ahora la impresión que el objeto playa causa no en las emociones o el intelecto del sujeto que la percibe sino las impresiones recogidas en su retina. En el impresionismo lo que importan son las sensaciones. La reconstrucción del objeto a partir de las impresiones predomina sobre el cerebro (Gullón 30-37; Ortega, en Brihuega, *Manifiestos* 274). El impresionismo, dice Teriade en *La Gaceta Literaria*, supone la anteposición de la noción de vida por primera vez; el instinto interviene de nuevo como creador. La visión artística queda sometida a la de la naturaleza. La consecuencia de la anteposición de la naturaleza y del predominio de las sensaciones es la importancia otorgada al color en la representación de la realidad. En la playa impresionista, por tanto, predomina la descripción del color beige y azul y se relegan los componentes pictóricos de la arquitectura o el equilibrio.

Por último, la descripción matemática de la playa es la descripción racional que cultivan algunos ismos. Este tipo de metáforas son frecuentes en la novela de Obregón. Suponen el máximo de abstracción, de imposición de la subjetividad racional sobre el objeto externo hasta anularlo y reducirlo a la pura esencia, a la ley o al número. La playa será para el matemático –para el artista puro– "un número crecido de granos de arena".

El autor de *Efectos navales*, buscando definir la esencia de la realidad –la suma de los distintos puntos de vista de un grupo–, se propone como Gómez de la Serna o Benjamín Jarnés la incorporación en un mismo marco común de todas las visiones de la realidad, de todas las posibles interpretaciones artísticas (12-14). *Efectos navales* es una "crónica" o catálogo de playas o, como dirá más adelante el autor del prólogo, "un documento":

> El lector de este libro es también un cliente de buen gusto. Por eso, al verle entrar, como para elegir un viaje, en este centro de información literaria que soy yo, me apresuro a sacarle mi mejor catálogo de playas, diciéndole –diciéndoles– a todos:
> "Sean ustedes bien venidos. Aquí sólo les podemos dar playas, pero playas de calidad, aunque no soy yo sino ustedes los que han de decirlo . . . Estoy seguro de que quedarán complacidos. Aquí están las playas. Véanlas. La *aérea*, sorprendente, que es como el umbral que da paso a todas las demás; la *desconocida de los mapas*, inquietante y perdida; *la maldita*, negra como una noche o un pozo; *la provisional*, que es una comedia en tres ac-

tos; la *superrealista*, poema de incertidumbres; la de los *millona-rios*, luminosa como una joya; la *proletaria*, la de los *adúlteros*, la de los *suicidas*, playas raras y trágicas. ¿Por cuál se deciden? . . . Mi deseo es servirles bien. ¡Ah, pero sin perjudicar mis intereses!" (12-14)

Efectos navales es así un catálogo no tanto de los modos narrativos, como se vio en el caso de *El novelista* de Gómez de la Serna, como de formas genéricas (poemáticas, teatrales, novelísticas) o motivos característicos de los modelos literarios incluidos, "las cosas que suceden en las playas".

La imagen del catálogo que encierra como en paréntesis fórmulas narrativas diversas, algunas de ellas características de la tradición literaria, pone claramente en relación la experimentación novelística de Antonio de Obregón con las teorías sobre el arte nuevo que surgen en la época, y las mencionadas ideas sobre la novela de Ortega y Bergamín. La relación más clara se establece, sin embargo, con un conocido artículo de Fernando Vela aparecido en *Revista de Occidente* en 1927: "El arte al cubo".

> El arte [dice Vela] se desarrolla como una matemática. Haydn, Mozart, nos están diciendo una tarde entera verdades incontrovertibles como dos y dos son cuatro, cuatro y cuatro son ocho. No hay objeción en contra, sino un cansancio escolar. Pero si encerramos esa sencilla suma en un paréntesis y la oímos como evocación y anacronismo delicioso, la operación se complica con una elevación al cuadrado. Entonces, ya no vivimos dentro de esa música como vivieron sus contemporáneos, como el gusano dentro del propio capullo, sino desde fuera de ella como si aplicásemos el oído a la rendija de un mundo brillante y extraño, por donde nos llega trémulo el leve son de un minué lejano. (80)

Efectos navales, al concebirse la novela como un catálogo principalmente de muestras narrativas diversas, pone en paréntesis estas mismas fórmulas narrativas mediante el distanciamiento de la ironía y articula así el nuevo arte de la modernidad, según Fernando Vela, el arte "al cubo" (81). [16]

---

[16] Para Cano Ballesta, la segunda novela de Obregón, *Hermes...* ofrece una mezcla que "convierte el discurso literario en campo de batalla donde chocan estilos literarios y grandes procesos culturales de nuestro siglo: naturaleza y máquina, novecentismo y vanguardia (190).

Como todo catálogo, las muestras de playas están contenidas entre las pastas de un volumen. Las pastas, de superior calidad casi siempre, constituyen el marco que contiene el resto de las muestras. Así, el capítulo primero, "Trescientos metros cúbicos", y el capítulo último, "Efectos navales", forman el encuadre donde se nos narra el fracaso de la relación amorosa de Valentina y Néstor. Estos capítulos de superior calidad responden plenamente a lo que se suele asociar con el estilo característico de la nueva narrativa. El carácter rupturista, por ejemplo, de "Trescientos metros cúbicos" queda claramente resaltado por la misma metáfora intelectualista y matemática del título que designa una piscina. El capítulo podría constituir una muestra clara de los tópicos más superficiales de lo que se entendía en la época por novela cosmopolita y deshumanizada. La realidad es en su mayor parte mediatizada por el sueño de Valentina. El estado onírico, o de duermevela quizás, facilita la construcción de una realidad simuladamente alógica a base de metáforas: metáforas numéricas como la vista o metáforas reductoras de la realidad –"una nube de media cuarta"– o incluso metáforas cientificistas: "¡Enciende la luz!, se le ocurre decir a ella, como si en la inmensa alcoba del cielo fuesen posibles conmutadores". En la línea del estilo vanguardista está también el carácter deshumanizado, epidérmico y bidimensional de los personajes –"todas las epidermis colgadas a secar se estremecen"– o su cosificación y animalización; así, Valentina y Néstor ven al bañista de la piscina como un cetáceo "inmenso como una boya", "respirando por todas partes, y cual submarino en peligro que asomase la nariz de su periscopio, en este caso el periscopio de su nariz" (24). En resumen, encontramos esquematismo, supervaloración de la visión subjetiva, fórmulas algebraicas, humorismo, imágenes, y otros elementos típicos de este tipo de novelas.

Sin embargo, las novelitas contenidas entre las pastas vanguardistas, como las incluidas en *El novelista*, pertenecen en su mayoría a modos narrativos realistas típicos del momento. La presencia del pasado narrativo está presente ya en el mismo ejemplo anterior del bañista –en donde la referencia al famoso poema de Quevedo no se disimula ni oculta. Encontramos, no obstante, dos actitudes por parte del autor de relacionarse con ese pasado narrativo. En algunos casos, como en "La playa de los adúlteros" o en "La playa desconocida de los mapas", la postura autorial es violentamente satírica, aunque manteniendo aún, como queda implícito en el mismo concepto de "parodia", la integración de los dos sistemas de codificación. En otros casos, como en "La playa superrealista" y "La playa proletaria", se trata tan sólo de una parodia que es, como diría Linda Hutcheon, repetición con distanciamiento crítico. Una repetición que marca diferenciación más que similitud pero que no implica necesariamente valoración y jerarquía, sólo distancia crítica entre dos textos (*Theory* 31). Cuando la actitud de la voz autorial es satírica, se ejerce una doble violencia: en primer lugar, la imposición de una estructura formal ajena como es la vanguardista, sobre un motivo propio de otro género narrativo, el adulterio por ejemplo, en la novela realista; en segundo lugar, sátira de la posición ideológica que esos modelos encubren. Éste, de hecho, parece ser en estos casos el principal objetivo de la parodia: el contenido ideológico. ¿Cómo interpretar si no el que en el caso de "La playa proletaria", por ejemplo, se respete el modelo representativo objetivo y realista y no en el caso de "La playa de los adúlteros"? Cuando el contenido del texto narrativo parodiado supone distanciamiento respecto de los valores asumidos por la voz autorial, la parodia adquiere un tono crítico y negativo, lo que supone, pese a la integración de ambos componentes, un claro desequilibrio en favor de ciertos contenidos ideológicos y la nueva visión representativa asociada con esa misma postura ideológica antiburguesa.

En "La playa de los adúlteros", por ejemplo, la base narrativa sobre la que trabaja el autor es el motivo del adulterio. Transcribo a continuación, dada la brevedad del capítulo, su contenido:

> Hacía tanto viento, barría de tal manera la playa, que acabó dejándola sin arena. La playa, pues, no tenía arena. Estaba pelada, descarnada. Una playa sin arena es como un cuerpo sin piel y, por eso, había adquirido aquel aspecto de gran animal muerto tendido a la larga . . .
> También parecía un barco desarbolado –acabado de botarse al agua o decapitado por las galernas– o la lámina de uno de esos libros de la anatomía de la tierra que es la Geología . . .
> La playa, sin un solo grano de arena, era un esqueleto tendido de costado. El mar lavaba sus huesos en las mareas altas. Sobre todos ellos, a través de los puentes colgantes de las tibias y los peronés, en los malecones de cada fémur, en la plaza soleada de la pelvis, en la cremallera de las vértebras, en el interior de la jaula de las costillas, en los húmeros, en las quijadas, en las órbitas, en la meseta lironda del frontal, se amaban los adúlteros . . .
> ¡Tenían que ir muy cogidos del brazo para que el vendaval no se los llevase!

Era la playa sin extradición para los violadores de las leyes del matrimonio. Allí se habían dado cita todos ellos y podían jurarse su pasión en voz alta, deshojando las margaritas de las olas . . . Algunos de ellos se habían vuelto locos de tanto esperar inútilmente una carta, de tanto aguzar los oídos para escuchar unos pasos, en esas horas espantosas de los pisos segundos y, al verse libres, se habían arrojado al agua desde el vértice de una roca.

Las esposas llevaban en el rostro las huellas de los desvelos tantas veces disimulados junto a sus maridos...

Las parejas de adúlteros circulaban sin mirarse, unidos tan estrechamente, que parecían uno solo, con las cabezas levantadas y las manos juntas . . .

Se daban cuenta de su libertad, pero habían entrado en otra cárcel: la de ellos mismos. Nadie los espiaba, pero les acosaba el dragón de fuego del castigo: el castigo de no poderse creer . . .

Como habían mentido y engañado, sus labios estaban manchados para siempre, impuros para abandonarse a la oración nueva del nuevo amor, y de nada servían las promesas. ¡Ya no podían darse crédito, incalificados para las contiendas del corazón por sus anteriores golpes bajos! . . .

Y, sin decirse nada, sin confesárselo, caminaban desolados. Y, por eso, no se miraban. Y, por eso, el viento –el huracán– se burlaba de sus cabelleras, agitándolas . . . (136-38)

El motivo del adulterio define y singulariza la novela realista hasta el punto de que en la época comúnmente se identificaba el género con el tema. En la novela realista, el adulterio es analizado fundamentalmente como un fenómeno de raíces y repercusiones sociales en el sistema total de la comunidad. Recuérdese, por ejemplo, *La Regenta* de Leopoldo Alas o las novelas de Felipe Trigo en que el adulterio no es sino una forma de subversión social, de expresión de libertad individual y ruptura con los convencionalismos burgueses. En la novela realista, tradicional o epigonal, la aproximación representativa es, además, analítica: estudio objetivo de una psicología o proceso de conciencia.

El tratamiento del tema en la novela de Obregón da sin embargo un giro radical. La descripción de la playa de los adúlteros como la imagen daliniana y surrealista de un gran animal muerto, como un gran esqueleto o barco decapitado, adopta el aire de una pesadilla dantesca, de tono onírico y subjetivo, en la que la realidad más que a través de los ojos del narrador parece vista a través de los ojos de los mismos adúlteros torturados –como en un infierno de Dante– por su conciencia culpable y atormentada. No hay énfasis, como en la novela psicológica, en el estudio del "alma" femenina. Sólo se nos muestra la impresión de un mundo de sordidez carente de verdadera pasión. Lo que tenemos no es la disección analítica y científica del problema del adulterio sino una visión subjetiva de tintes negros y de tono surrealista y goyesco que el autor tiene de dicho problema y similar, por ejemplo, a algunos de los cuadros surrealistas de Dalí. El adulterio es además planteado como un problema en referencia al Yo, con repercusiones en la individualidad del sujeto más que en la comunidad; es decir, adopta un tono y acento marcadamente individual y personal. Al contrario que en las obras realistas de Trigo o en las novelas realistas decimonónicas, en la adaptación paródica y satírica de *Efectos navales* no se ve en el adulterio una forma adecuada de libertad ya que la subversión social es conseguida a expensas del individuo. Y éste es el verdadero objetivo que ataca la parodia de Obregón: más que el modo de interpretación de la realidad que es la novela realista, se impugna el contenido ideológico, la posibilidad de una subversión que ponga en peligro la misma naturaleza y libertad del individuo.

La anulación, por tanto, mediante la parodia, del motivo narrativo realista responde en este caso a una cuestión ideológica. La visión múltiple que sugiere este fragmento, la integración de la perspectiva social e individual, del motivo realista y el modo narrativo subjetivo, queda por el momento, y por razones marginales al propio concepto de representación, claramente desequilibrada en favor de la perspectiva individual y subjetiva. Pero la presencia de ambos códigos aún es manifiesta al elegir el autor libremente un motivo como el adulterio, tan cargado de connotaciones en referencia a la novela realista. A pesar de la crítica distanciadora en cuanto a la significación e implicaciones del motivo del adulterio, la idea original de la necesidad de una multiplicidad de perspectivas, de la novela total, aún está presente en "La playa de los adúlteros".

En "La playa desconocida", otro de los capítulos de *Efectos navales*, encontramos un caso similar al que acabamos de analizar de intento de integración de dos polos opuestos. Valentina y Néstor llegan a una playa habitada por un misterioso capitán pirata. La playa desconocida es, en el contexto de la obra, el mundo al que sólo se puede acceder a través de la imaginación, el mundo de lo marginal y la locura, de los instintos y fuerzas irracionales desatadas, del caos, de la amoralidad y la criminalidad. El mundo de la playa desconocida es el reducto vital e impredecible que amenaza el sistema burgués construido sobre bases racionales y que, por ello, es reducido a los márgenes de dicho sistema. Es el mundo de lo que no debe ser admitido oficialmente ni formar parte del conocimiento científico de la comunidad; la playa que no aparece en los mapas a pesar de que existe (73-74). El género narrativo parodiado en este capítulo es ahora el esquema de la novela de aventuras, modelo altamente estructurado y, en consecuencia, racional y normativo como se observa en la distribución exacta de los episodios, de la materia real, de las aventuras. La novela de aventuras, dice Adolfo Bonilla y San Martín comparándola con el juego del ajedrez, pone en marcha en el lector la función cerebral más que la afectiva. Implica siempre un sentido de exactitud en la organización de los episodios y la aventura. La estrategia del autor de *Efectos navales* es nuevamente la inclusión del monstruo de lo vital, de lo instintivo y marginal en este caso, en una estructura altamente racional y regulada: la novela de aventuras. El resultado tiene un doble efecto de normalización de lo marginal y vital y de vitalización de lo racional, con inclusión siempre, sin embargo, de ambos polos. El modelo parodiado ya no sirve para cumplir su función apropiadamente. Se ha generado el caos al mezclar las piezas procedentes de estos textos oficiales con modos narrativos propios de la llamada novela vanguardista, como por ejemplo, el alto grado de metaforización y deshumanización de los personajes. En el nuevo marco, cambia la función de cada una de las piezas.

Ésta es la estrategia general usada en *Efectos navales*: encerrar lo individual, lo impulsivo, lo vital, dentro de la estructura racional de esquemas narrativos heredados, llenando con un nuevo contenido la estructura tradicional; o dar un tratamiento subjetivo a un motivo que tradicionalmente se había asociado a un tratamiento objetivista, como el del adulterio. Con esta estrategia, el autor busca más que la destrucción del sistema heredado, ideológico o representativo, su desequilibrio. Como en el caso de Gómez de la Serna, dicha estrategia no supone una ruptura total, un barroquismo subversivo, sino un ampliar los límites, extenderlos para dar cabida a lo marginal y subjetivo. El resultado es encontrar un nuevo orden a partir de la reestructuración de esquemas y motivos heredados y exhaustos.

En el caso de "La playa superrealista" y "La playa proletaria", la parodia satírica no existe. No se ataca la forma ni el contenido porque no existe una distancia ideológica entre la posición que parece deducirse de la novela *Efectos navales* y la posición antiburguesa que se suele asociar con el género del realismo proletario y con la novela surrealista.

Dada, como en el caso de la playa de los adúlteros, la brevedad del capítulo dedicado a "La playa surrealista" –un poema, de hecho–, lo transcribo en su totalidad:

I

Era la playa desierta.
El mar estaba muy lejos porque se iba para no volver.
Y no quedaba de él sino un recuerdo helado.
No había ondas ni caparazones
–que se habían embarcado en sí mismos para siempre–.
Ni bisutería fina de estrellas.
Ni la indolencia, de tantos metros, de las algas...

II

La playa se doblaba por la mitad
haciendo señas a las nubes de tinta.
El horizonte estaba preso de sus goznes.
Brillaban espejos rotos en el musgo.

III

La playa había intentado suicidarse varias veces
con el cordón de seda de su meridiano,
que era la cuerda del violín,
en donde el aire daba gritos de ángel preso.
La rosa de los vientos
había quedado deshojada un día,
para siempre, en la arena.

IV

La playa solía estar muy fría.
Desagradable.
No se sabía quién tocaba aquella bocina
siempre a la misma hora.
Porque no hubo nunca barcos de pescadores,
ni la casta casta de las sirenas.
–Era la bahía olvidada–.

La playa se doblaba por la mitad.
Y acabó, cerrándose, como un libro.

(¡¡¡Pero yo vi un periódico
que se llevaba el viento como una bandera gris. E insólita!!!)

Lo que tenemos en el caso del capítulo superrealista es la proyección del problema social en el horizonte más amplio de la expresión humana. El aspecto subversivo del surrealismo reside en su capacidad para expresar los aspectos más vitales y marginalizados por la vida consciente, los aspectos más tenebrosos e individualizados del hombre. En "La playa superrealista" incluso se puede suponer la negación absoluta de todo significado de la realidad, y por tanto, la negación de toda estructura social o significativa que dé sentido a la existencia del individuo. La playa superrealista es la playa "desierta" (93), la playa suicida, la muerte, la Nada: un libro cerrado. Y en este nihilismo absoluto reside su carácter subversivo.

Pero el aspecto subversivo del surrealismo deviene también de que la nueva realidad que intentan representar se caracteriza por el rechazo de la inteligencia, la lógica y el sentido. La negación del control racional lleva necesariamente a la ausencia de jerarquías fijas, o al menos a un grado menor de control y jerarquía que el que se da en otros textos realistas. Se prescinde teóricamente de la perspectiva y todas las partes de la obra poseen la misma importancia. La visión surrealista es una visión anímica e interior que desconoce el objeto real (Brihuega, *La vanguardia* 188). La visión de la playa es una visión onírica, de pesadilla. La realidad transcrita es una ultrarrealidad, producto del ojo interior. El surrealismo es, por tanto, la expresión máxima de la subjetividad, de la vida interior y subconsciente del individuo. La visión surrealista deja de ser el libro-espejo que refleja la realidad a través de un temperamento o punto fijo como en la metáfora de Stendhal. Ahora, en la playa superrealista, en el libro superrealista, "brillaban espejos rotos en el musgo" (94). Se ha roto la visión que capte la realidad en su totalidad y de forma coherente, como un sistema. El espejo se ha roto, las visiones son fragmentarias, incompletas y subjetivas. No se trata ya de un sistema coherente y único que refleje y dé unidad a la realidad externa, sino de una visión onírica, o semionírica, de naturaleza selectiva y alógica.

"La playa superrealista" supone así un modo representativo completamente opuesto al modo representativo que caracteriza "La playa proletaria": el superrealismo constituye un caso extremo de visión subjetivizada de la realidad. El realismo proletario, por el contrario, trata de captar la realidad de forma objetiva y coherente y la interpreta dentro de un esquema dialéctico y materialista. "La novela proletaria" es la transcripción realista, sin sentimentalismos ni idealizaciones, del mundo de miseria y pobreza del minero:

> Con frecuencia hay una explosión inesperada, un derrumbamiento no previsto; diez, doce, veinte obreros mueren enterrados en vida deshechos sus cráneos por las piedras, o quedan encerrados en algún pozo donde dan cuenta de ellos el hambre y la asfixia. El entierro es, luego, un espectáculo conmovedor. Los ataúdes son llevados bajo la lluvia a hombros de los compañeros y seguidos de todos ellos, una multitud gris y horrible que no maldice sino sordamente, en imprecaciones que quemarán las barbas de Dios. (129-30)

Como muestra el pasaje transcrito, la narrativa proletaria presenta los aspectos más negativos de un modo naturalista y crudo, como en el caso de los cráneos deshechos por las piedras del derrumbamiento. Sin falsificar las condiciones reales de la existencia, se intenta un análisis objetivo de las condiciones en que viven los mineros y de su situación social. Se deja atrás la visión aristocratizante del pueblo y la miseria que había abundado en la literatura y pintura regional –que ve la miseria como un fenómeno natural, fatal y estático– para poner de manifiesto las causas racionales de esta miseria; ello se expresa de la manera más cruda posible. De una protesta individual y anarquizante se pasa a una protesta de carácter social. No se limita a exponer personajes lastimosos o situaciones injustas, no es un arte puramente testimonial, sino que asume las estructuras clasistas de la sociedad y expresa su evolución dialéctica. Hay un aspecto testimonial más uno acusatorio:

> Era un espectáculo tan nuevo para ella [Valentina] como pudiera serlo el del juicio final. Les rodeaba una muchedumbre de más de diez mil personas vestidas de azul. Era día festivo y los obreros bajaban con sus familias desde sus chozas al mar, a lavarse del sudor de siete días, de las lepras de una semana de actividad. El mar era la única alegría de sus carnes heridas por los latigazos del hambre y el trabajo . . .
> Pero un día –terminó él– los capitalistas y los burgueses, los explotadores, verán a estos hombres encaminarse a las ciudades

> e invadirlas en busca de venganza. Llamarán a las puertas de sus
> palacios. Será una manifestación grandiosa y muda, ya que nada
> habrá que decir . . . Todas las fuerzas nobles de la tierra se les
> unirán, y este mar mismo se ha de ver rojo de sangre . . . (131-33)

"La novela proletaria" pone de manifiesto varios aspectos: el efecto
destructivo de la industrialización, la explotación del trabajador en
malas condiciones y la barbarie y animalización de estos hombres;
la explotación del mundo burgués, la fuerza latente y revolucionaria
del proletariado, la falta de interés del burgués explotador y desin-
teresado del problema humano y económico y la actitud frívola y
errónea del burgués. El proletariado está siendo sometido a unas
fuerzas que, vaticina Néstor, terminarán por hacer saltar el entramado social burgués.

Este capítulo, "La playa proletaria", es, quizás por su mismo talante ideológico y programático, el que más tenazmente mantiene
su autonomía, el que menos queda contaminado por el juego de artificios vanguardistas y el que menos queda integrado en la novela.
El efecto corrosivo de lo típicamente vanguardista no afecta a este
texto. Aunque la metaforización vanguardista está presente, el grado de saturación es menor y las metáforas no son tan llamativas
como las vistas hasta ahora: "¡Tres kilómetros de tierra sucia, porque los miserables no tienen derecho a más. El cielo es pardo y las
nubes son de aceite. Todas las montañas son aquí negras y los ríos,
de tinta" (129). Las imágenes, los ríos de tinta o las nubes de aceite,
no tienen valor en sí mismas, no llaman la atención sobre el uso del
lenguaje sino que están en función del mensaje social, en un intento
de dibujar el infierno industrial. En largos pasajes de este capítulo,
por lo demás, la metaforización, que tiene función aisladora para
Obregón, desaparece por completo (Iglesias 204).

Ficción surrealista y ficción realista y proletaria, conviven dentro de la obra de Obregón integradas a pesar de su relativa independencia dentro de una misma estructura: la "novela" *Efectos
navales*. En la propuesta que hace Obregón en *Efectos navales* conviven diversas interpretaciones de la realidad dentro de un margen
ideológico y artístico que si bien no es ilimitado sí es al menos lo suficientemente amplio y múltiple como para dar cabida a una gran
variedad de modos y géneros narrativos. En algunos casos, como el
de "La playa superrealista" y "La playa proletaria", las piezas integradas conservan dentro de su esquematismo su total naturaleza
autónoma, las características formales y el contenido ideológico y

temático original. En otros casos, como en "La playa de los adúlteros" o "La playa desconocida de los mapas", las imposiciones ideológicas del autor –claramente procedentes de la izquierda en este momento de su evolución– subvierten los modelos tradicionales mediante un tratamiento paródico y satírico que sin embargo aún retiene, como parte determinante de su naturaleza, el componente parodiado.

El autor de *Efectos navales* nos sorprende vivamente con estas manipulaciones de modelos literarios. Manipulación que late en alguna de las acepciones del término "efecto" del mismo título. Aunque Miguel Iglesias ha interpretado correctamente el significado del término "efectos" del título al ponerlo en referencia a una narrativa que busca provocar sensaciones y placer mediante el juego de la palabra y las situaciones (256), es posible también interpretar el término en otro sentido. El vocablo "efecto", al tiempo que "impresión viva" como resultado de una manipulación previa sobre ciertos objetos, remite en el juego del billar al movimiento giratorio que se da a la bola al picarla lateralmente. El autor de *Efectos navales* manipula el texto que parodia produciendo de esta manera un efecto oblicuo y contrario al esperado. De ello resulta un espectáculo textual nuevo, sorprendente y brillante. El autor de *Efectos navales* se convierte, utilizando otra metáfora que nos proporciona indirectamente el mismo narrador en "La playa de los millonarios", en un hábil jardinero experto en hacer y deshacer, podar, injertar y transplantar no plantas sino textos dentro de un marco vanguardista. Con ello pretende obtener en el limitado espacio de la novela "el máximum de bellas perspectivas", los "mejores efectos de luz" (116-17). [17] El autor de *Efectos navales* introduce pequeñas muescas de géneros narrativos realistas en un organismo base vanguardista para que éstas crezcan en una tierra más fértil y renovada. El efecto es sorprendente y nuevo. Sin embargo, el producto resultante es un híbrido en el que aún se detectan las partes integrantes.

De hecho, la acusación de "hibridismo" es algo frecuente en la época para referirse a la nueva novela vanguardista. Para Juan José

---

[17] Que el uso de la imagen procedente del campo de la jardinería no era algo inusual para referirse a este proceso de inserción de elementos textuales diversos en la novela, lo muestra los comentarios de Ramón Pérez de Ayala o Díez Canedo. En el artículo "La poesía y la guerra" de 1916, Pérez de Ayala afirma que "[n]o hay nada que así favorezca una literatura nacional como injertarle esquejes de una literatura extranjera" (en Fernández Cifuentes 134). Díez Canedo afirma asimismo en 1928 en *El Sol* que espera que la novela recupere vitalidad con el injerto de las biografías novelescas (en Fernández Cifuentes 347).

Domenchina, frente a la novela enteriza, masculina y varonil –la novela realista–, la nueva novela, la novela de autores como Jarnés, es una obra que expresa la degeneración de lo híbrido, producto de un autor hermafrodita y afeminado: "Aunque el burdégano enrodrigone e injerte sus ensayos de hibridismo, la hibridación sólo evidencia el desmedro de los entes que consigue", dice Domenchina (247). El híbrido parece connotar la idea de lo monstruoso y desproporcionado, de lo que es hijo de la fantasía, más que de la imaginación creadora y sintética del escritor, de lo que es desunido y compuesto. Los personajes, Néstor y Valentina, lo mismo que el argumento de *Efectos navales*, son entidades literarias desunidas y sin coherencia, cambiantes, monstruosas. Son personajes –personas, máscaras, que dicen Fernando Bertrán y Miguel Iglesias (122)– en cuya sicología no se profundiza y a veces de comportamientos contradictorios. Valentina, por ejemplo, que es en unos capítulos la perfecta y virtuosa hija burguesa, es en otros, sin embargo, la mujer cosmopolita, aventurera, idealista, antisentimental y liberada, que como ha señalado Víctor Fuentes, desafía la moralidad tradicional burguesa llena de hipocresía y de tabúes sexuales, y abandera "una nueva moralidad, libre de prejuicios e inhibiciones" ("La narrativa" 214). Néstor es, a veces, el bohemio o el gígolo y, en otras ocasiones, el perfecto burgués de clase media.

La monstruosidad es el riesgo que se corre en el intento de creación de la novela total tanto en la obra de Gómez de la Serna como en la de Antonio de Obregón. En *Efectos navales*, como en *El novelista,* se intenta la inclusión de diferentes modelos narrativos. El resultado no es un organismo sintético, sino un ente textual –la novela vanguardista– heterogéneo e híbrido. Pluralidad más que síntesis es el intento de Antonio de Obregón y Ramón Gómez de la Serna. La novela puede presentar varias opciones: ser un laberinto con monstruo vivo dentro; ser un monstruo que se traga lo racional; o ser un catálogo que suma tanto lo vital y lo racional poniéndolo entre paréntesis. En cualquier caso, siempre existe conciencia de la necesidad de ambos componentes en la creación de una novela en volumen, que dé cuenta de la totalidad del mundo real, de la realidad tal cual es. [18]

---

[18] El ideal de la novela total de estos escritores asociados a la vanguardia conecta así con similares teorías sobre la novela formuladas, como ha señalado Fernández Cifuentes, por otros autores y críticos del momento: Gómez de Baquero, Pío Baroja o Díez Canedo (173-74).

CAPÍTULO 2

LA NOVELA AL CUBO: PERSPECTIVA E HIBRIDACIÓN EN LA NOVELA POLIGRÁFICA DE BENJAMÍN JARNÉS. ANÁLISIS DE *LOCURA Y MUERTE DE NADIE*

E s Benjamín Jarnés el narrador que mejor teoriza y expresa en su ficción narrativa esta tendencia híbrida e integradora dentro de la novela. [1] Teniendo como punto de partida un concepto de la

---

[1] Benjamín Jarnés es un colaborador asiduo en las más conocidas revistas de la vanguardia, entre las que destacan *Revista de Occidente* y *La Gaceta Literaria*. Jarnés es tradicionalmente considerado el jefe de fila de la llamada "literatura deshumanizada". Eugenio de Nora en *La novela española contemporánea*, José Martínez Cachero en *Historia de la novela española entre 1936 y 1975*, Ricardo Gullón, Emilia Zuleta, Robert C. Spires en *Beyond the Metafictional Mode. Directions in the Modern Spanish Novel* y muchos otros especialistas en esta corriente cultural coinciden en designarle, tanto por la calidad como por la cantidad de su producción novelística y su producción en prosa, el primer escritor de su generación.

Escrita según Ildefonso-Manuel Gil entre 1925 y 1927, *Locura y muerte de Nadie*, cuyos primeros capítulos aparecen ya publicados en *Revista de Occidente* en enero de 1928, se sitúa además cronológicamente en plena fiebre vanguardista y en pleno auge de la dictadura militar de Primo de Rivera. Es decir, se enmarca en un periodo anterior al considerado unánimemente como el comienzo del "nuevo romanticismo" y de la escritura comprometida de los años treinta y la Segunda República. *Locura y muerte de Nadie* es también, en opinión de Ildefonso-Manuel Gil y Emilia Zuleta, la novela más lograda del autor porque, aunque se inserta dentro de la experimentación vanguardista, ésta no llega a la destrucción del género: lo lírico y lo reflexivo se articulan perfectamente en opinión de Zuleta con lo vital; y tanto por los personajes como por los restantes niveles novelísticos –acción, espacio, tiempo– esta novela es superior a las otras narraciones de Jarnés (Gil 13; Zuleta 173). Para Gustavo Pérez Firmat, *Locura y muerte de Nadie* es también, por "[the] scriptural and literary comparisons", un ejemplo típico de la ficción de la vanguardia española ("Locura" 70).

Utilizo como fuente de referencia la primera edición de *Locura y muerte de Nadie* de 1929 y no la versión corregida y ampliada por Jarnés en 1937, aunque sin publicar en vida de éste, que daría a conocer Joaquín de Entrambasaguas en 1961 en la colección de *Las mejores novelas contemporáneas* (Barcelona: Planeta, 1981). La razón de esta elección no se apoya en los valores estéticos o estructurales de la obra,

literatura en el que ésta es instrumento de conocimiento de la realidad, Jarnés rechaza cualquier acercamiento exclusivista a la misma.
Es Jarnés, según Emilia Zuleta, "uno de los primeros en diagnosti-
car las notas negativas, larvadas en las últimas tendencias: la estéril
pureza, el monstruoso crecimiento de la razón, el inmoderado desborde de la vida y la exaltación del inconsciente" ("Tres miradas
178; *Arte* 55). Frente a los ismos, dice Jarnés, en los que impera en
aquel momento histórico el exceso de razón o el exceso de irracio-
nalidad, hay que postular la obra de arte que sea conjunción de una
multiplicidad de perspectivas. En este sentido, es Jarnés el que mejor recoge la lección del vitalismo de Ortega, sirviéndole la realidad
vital inmediata de punto de partida de la reflexión y creación estética (Zuleta, *Arte* 16). El cómo se expresa esta combinación de lo vital y lo racional en su teoría de la representación estética –que como
hemos visto más arriba ofrece diversas variantes– y la conexión de
estas ideas con las teorías artísticas del momento es algo, sin embargo, que necesita de un análisis más elaborado que el que ha llevado
a cabo hasta ahora la crítica. [2]

Los comentarios de Jarnés en *Teoría del zumbel* son esclarecedores en este sentido. Lo que Jarnés propone y manifiesta explícitamente en el "Prólogo" a esta novela-ensayo no es un eclecticismo
que tome elementos de varios modos representativos. Lo que propone es una integración, una conjunción o alternancia de cada una
de las entidades tenidas en cuenta (30). La cuestión no es para Jarnés el proceder mediante una "condescendencia *parcial*" y concilia-
toria de diferentes doctrinas; la cuestión es integrar, alternándolas,
las diferentes formas representativas en su totalidad, sea ésta, por
ejemplo, una visión altamente subjetiva como la onírica o más claramente objetiva, como en principio supondría la de la percepción en
estado de vigilia. La única manera de que la naturaleza se transforme en arte, "en ritmo", dice Jarnés, es combinando reflexión y pa-

---

puesto que los cambios en la segunda edición son básicamente de estilo (con un
mayor énfasis también en el eje protagonista de Matilde-Arturo). La elección se
atiene, por el contrario, a criterios de cronología. La edición de 1937 está fuera de
lo que se considera la década de fiebre vanguardista. Para una discusión sobre los
problemas que plantea la comparación de ambas ediciones ver los comentarios de
Ildefonso-Manuel Gil y Emilia Zuleta.

[2] Ver para un desarrollo general del tema de la conjunción arte y vida en la obra
de Jarnés los estudios de Emilia de Zuleta, y de otros críticos que, como María Pilar
Martínez Latre, Rafael Conde o Jordi Gracia García, han seguido en su interpretación la línea trazada por Zuleta.

sión. Es difícil, sin embargo, conseguir una armonización entre pensamiento y vitalidad en el arte. El riesgo es siempre el caer en una pauta sin fluidez vital o un desorden vital sin pauta (*Rúbricas* 87). El arte es para Benjamín Jarnés una selección de todas las posibilidades estéticas. Es un arte que siempre implica un doble plano, pensamiento e imagen real, para acceder a la creación de un arte de perspectiva profunda, con volumen (*Ejercicios* 85-87). Porque la perspectiva, como indica Antonio Espina, supone siempre dos planos distintos: el del elemento visto y el del que ve. Es esta perspectiva la que permite captar no sólo la emoción sino también el gesto. Se "introiza", dice Espina, el alma adentro (*El nuevo* 56-57).

En este sentido, y buscando la conexión de la ficción con el arte, la propuesta de Jarnés es idéntica a la propuesta de Piet Mondrian de crear un arte de perspectiva profunda, con volumen (cit. en Chipp 321-23); es decir, Mondrian crea en sus cuadros el equivalente de la realidad en la intersección de dos planos en ángulo recto: imagen [visual] y pensamiento; o lo que es lo mismo, el plano de la vida y el plano de la mente (Fig. 10).

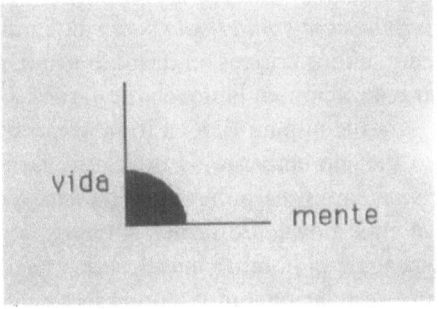

Fig. 10. Esquema del arte de perspectiva profunda

Tanto Jarnés como Mondrian buscan la reconciliación del dualismo materia-mente. El arte, para ambos, Mondrian y Jarnés, expresa la relación primordial que subyace en la naturaleza –la ley de equivalencia, dice Mondrian–, el equilibrio dinámico, en tránsito, entre dos extremos, dirá Jarnés. Es un equilibrio dinámico porque no es fijo sino temporal y relativo. Hay un proceso de intensificación de lo individual y subjetivo a lo universal y objetivo que sigue el patrón de destrucción/construcción. Y esta ley de equivalencia dinámica, dice Mondrian, se configura como un ángulo recto: porque tal figura expresa la perfecta relación armónica entre dos extremos y contiene todos los otros extremos dentro de sí.

En la composición de 1914 *Muelle y océano* (Fig. 11), Mondrian encuentra el motivo adecuado para expresar su visión esencial de la realidad mediante la representación de su experiencia visual del océano –la línea horizontal– y el muelle –la línea vertical. Mondrian va más allá de lo particular para pintar la imagen universal de la naturaleza en movimiento dinámico. El resultado es una composición visual a base de líneas que se entrecruzan en ángulos rectos que crean una traslación equivalente y simbólica de la totalidad de la realidad (Russell, *The Meanings* 230). El efecto final será una especie de trenzado o red, sorprendentemente similar a lo que sería la hipotética visualización del polémico y debatido concepto de *novela poligráfica, novela red* o *novela ajedrez,* propuesto por Arturo en *Locura y muerte de Nadie* (Fig. 12).

El concepto de novela "poligráfica" o novela "red", elaborado por Arturo, personaje central de la novela de Benjamín Jarnés, ha sido inteligentemente analizado en dos importantes artículos dedicados al estudio de *Locura y muerte de Nadie* de Paul Ilie y Gustavo Pérez Firmat. Para ambos críticos, el término propuesto por Arturo no encuentra su realización en la novela de Jarnés: *Locura y muerte de Nadie* no es para Ilie ni para Pérez Firmat expresión de la novela poligráfica. Para Ilie, sin embargo, la novela de Jarnés es el primer paso en lo que sería la novela poligráfica. La verdadera novela red, dice Ilie (que ve en la novela de Jarnés la expresión estética de las teorías de Ortega sobre el hombre masa), sería aquella en la que varios Juan Sánchez se relacionaran y tendieran a cancelarse o duplicarse; es decir, la verdadera novela de una sociedad de masas, y no una novela, como es *Locura y muerte de Nadie*, en la que un individuo, Juan, busca su personalidad, pero es al mismo tiempo epítome exagerado de la psique colectiva (251). Para Pérez Firmat tampoco es tan simple la relación entre el concepto de novela poligráfica y *Locura y muerte de Nadie*. De hecho, para Firmat, *Locura y muerte de Nadie* "constitutes a counterexample to its own theorizing" (*Locura* 72). Oponiéndose a la interpretación de Ilie, Pérez Firmat considera a todos los personajes de la novela, incluido Juan Sánchez, individuos, no masa. La verdadera novela poligráfica, continúa elaborando Firmat, no es de hecho un texto verbal sino, como sugiere

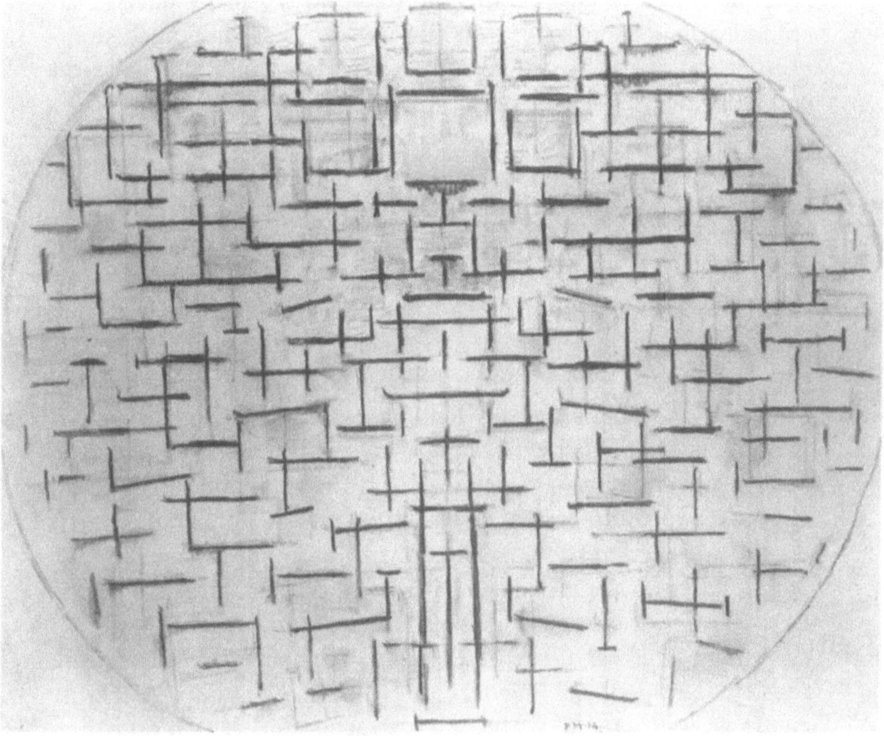

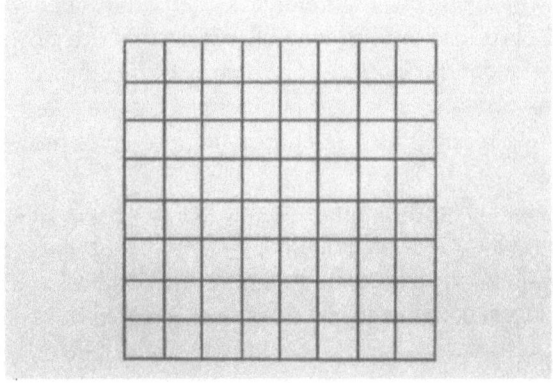

Fig. 11. Mondrian, *Muelle y océano*

Fig. 12. Esquema de la novela red de Jarnés

la terminología cinematográfica utilizada por Arturo ("novelas sin enfoques unipersonales") y el capítulo de "Las dos muchedumbres", un artefacto textual no verbal, "the description of a newsreel and of a movie audience's reaction to it" ("Locura" 72-73).

Lo que no tienen en cuenta ni Paul Ilie ni Gustavo Pérez Firmat en su análisis del concepto, es el valor semántico de los términos mismos utilizados por Arturo: "poligráfica" y "red". Con el término "red" se refiere, según el *Diccionario ideológico de la lengua española* de Julio Casares, por una parte, "a un aparejo hecho con hilos, cuerdas o alambres trabadas o anudados formando mallas" que permiten atrapar o cercar algo; en su acepción figurativa, por otra parte, el término connota un ardid o engaño para atraer a otro. El concepto de poligrafía no es tampoco arbitrario. Cuando Arturo habla de la novela poligráfica lo que sugiere el término es la idea de "diversidad de escrituras", valor semántico contenido en "poli" y en "grafía", y sugerido en una de las acepciones de "poligrafía": ciencia del que escribe sobre asuntos diversos. Se puede concluir, por tanto, que la novela red, o novela poligráfica es un artefacto artístico que permite mediante la combinación de diferentes modos de escritura o técnicas de representación, atrapar, como una red, la realidad. Se puede argumentar que la novela poligráfica se refiere, en *Locura y muerte de Nadie*, a la narración que está en oposición tanto a la novela únicamente colectivista como a la novela únicamente monográfica, *pero que contiene ambas formas a un mismo tiempo*. Las novelas colectivistas, dice Arturo, son novelas "en que el *divo* no tiene por qué adelantarse a la batería. Son novelas sin enfoques unipersonales. Su personaje central es el coro. Es una masa". Esa masa, como sugiere Juan Sánchez, siempre es algo "borroso y sin perfil" (170), sea éste individual o colectivo. La novela monográfica, por el contrario, es la novela de personaje único, que en alguna de sus variantes es la novela narcisista o novela centrada en el yo. La novela monográfica se enfoca siempre en el individuo y su subjetividad.

La novela poligráfica, sin embargo, es la novela que, por una parte, abandona el personaje único, y en esto es en parte narración con rasgos de la novela colectivista; pero que, a diferencia de la novela colectivista, como la novela de personaje único, capta los "innumerables perfiles de la masa" (170); es decir, los personajes no son algo borroso, sino que se les da un tratamiento singular captando el momento de mayor tensión dramática que puedan proporcionar, su mejor perfil humano. La novela poligráfica será al modo de un ajedrez o una novela red que captará estos perfiles singulares poniendo en relación unos con otros a cada uno de estos peones o figuras mayores, como se hace en el juego de ajedrez. Dice Arturo:

> El hombre no es un pino o una palmera que crecen sueltos, en el Norte o en el Sur; es un peón de ajedrez que tiene un claro –o misterioso– enlace con gran número de otros peones o piezas mayores. El novelista, el poeta épico actual debe saber jugar muy bien a ese ajedrez. (171)

La novela poligráfica, como los cuadros de Mondrian, se articula una vez más –como denota el mismo modelo de red o tablero de ajedrez– de acuerdo a una configuración polar de líneas entrecruzadas que forman un ángulo recto: la novela monográfica, *con frecuencia subjetivista*, y la novela colectivista, *de técnica frecuentemente realista* (Figs. 12 y 13). [3] En este sentido, *Locura y muerte de Nadie*, sí es expresión del concepto teórico propuesto por Arturo en la misma novela. [4] El paralelismo entre las teorías de Mondrian y

---

[3] Son interesantes, en este sentido, los comentarios recogidos por Fernández Cifuentes y hechos por Gómez de Baquero en *El Sol* (17 de agosto de 1929): "Unos meses más tarde, Gómez de Baquero añadió que la novela rusa, en general, carecía de autores excepcionales pero atraía a toda clase de lectores por su objetivismo y, para decirlo con una palabra que a algunos parecerá vitanda, su realismo" (305-06).

[4] Pero la novela red o novela ajedrez, que específicamente es la combinación de la novela colectivista y la novela monográfica, es también por extensión toda novela cuya estructura sea reducible al esquema de un cruce de líneas horizontales y verticales, de polos opuestos, como también es la misma obra *Locura y muerte de Nadie*, que sí sería, por tanto, actualización de la novela poligráfica. La obra de Jarnés –como la novela poligráfica– se constituye en su totalidad como un intento de armonizar tendencias narrativas hasta ahora generalmente opuestas: representación objetiva versus representación subjetivista, arte vital versus arte puro o racional, novela monográfica versus novela colectivista, comentario teórico versus ficción episódica, temas y motivos característicos de la nueva literatura de los ismos (uso paródico de la mitología, frecuentes escenas oníricas, deshumanización, falta de compromiso crítico explícito) versus temas y motivos más tradicionales o correspondientes a la nueva novela realista neorromántica (escenas semi-trágicas como la del balcón en casa de Matilde, episodios folletinescos como el del atraco y la historia del conde, padre de Juan Sánchez). Todas estas tendencias opuestas funcionan al modo de líneas rectas, horizontales y verticales, que se entrecruzan para formar la novela red.

No comparto la opinión de Víctor Fuentes (aceptada por críticos como Gracia García en *Jornadas* 212) de que las metanovelas de Jarnés supongan siempre un continuo rechazo de la ilusión mimética y de que surjan de la deconstrucción paródica de la novela convencional, frecuentemente del subgénero de novela sentimental, rosa o blanca ("Jarnés" 67-70). Aunque pueda argumentarse en favor del recha-

las contenidas en *Locura y muerte de Nadie* termina de completarse cuando visualizamos la idea misma de novela ajedrez y la comparamos al estilo pictórico que Mondrian empieza a desarrollar a partir de la segunda mitad de la década de los veinte, como por ejemplo en el cuadro *"Composición. Tablero de ajedrez, colores claros"* de 1919 (Fig. 14). Aunque la metafísica o mística que alimenta los cuadros de Mondrian sigue siendo la expresada anteriormente, éstos consisten ahora (como el tablero del ajedrez) en flotantes cuadros rectangulares de colores básicos (Stangos, 145).

La necesidad de una visión –una representación– de la realidad múltiple, integradora y más completa es un postulado que se ejemplifica una y otra vez en diferentes momentos de la trama de *Locura y muerte de Nadie*. Un paisaje, una mujer, un frutero o una multitud son sucesivamente sometidos al análisis de una visión múltiple. La elección de cada uno de estos elementos por parte del autor no es arbitraria y nuevamente marca en un nivel más la estrecha conexión de las teorías narrativas de la vanguardia con las teorías artísticas del momento. Paisaje, mujer, frutero y multitud son los motivos representativos de cuatro momentos históricos y estilos artísticos distintos: el paisaje, motivo característico de los cuadros impresionistas que gustan de captar los matices de luz en la naturaleza; la mujer, típico motivo representativo de las novelas y el arte realista y psicológico; el bodegón, instrumento fundamental en los juegos y problemas aritméticos de los pintores cubistas; y la multitud, nuevo protagonista del arte proletario que empieza a cobrar relevancia a finales de la segunda década del siglo XX. La elección de estos cuatro motivos no sólo le sirve a Jarnés, como veremos, para ejemplificar en un nivel más su teoría poética de la multiplicidad de puntos de vista de la realidad, sino que también le es imprescindible para hacer de *Locura y muerte de Nadie* en su totalidad una novela poligráfica, la suma híbrida de todo el arte y literatura anteriores: impresionismo, realismo y naturalismo, los numerosos ismos y el realismo social y colectivista de nuevo cuño.

---

zo del sentimentalismo que este tipo de novela conlleva en ocasiones, tanto en la obra de Jarnés como en la de la vanguardia en general (como han mostrado Buckley y Crispin), esto no significa la renuncia a la novela realista en su totalidad o a sus derivados, como el folletín realista y epigonal de principios de siglo. Esto es obvio, por ejemplo, en el caso de *El novelista* de Ramón Gómez de la Serna o *Efectos navales* de Antonio de Obregón. La parodia, como ha demostrado Linda Hutcheon, es con frecuencia homenaje más que crítica y rechazo en el siglo XX.

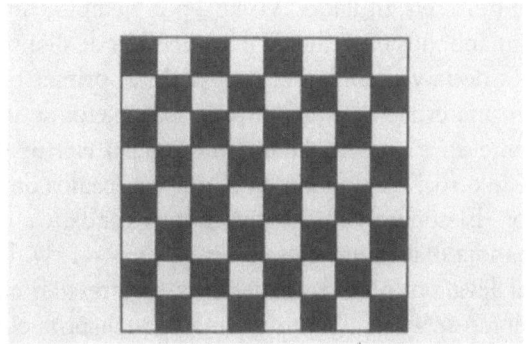

Fig. 13. Esquema de la novela ajedrez de Jarnés

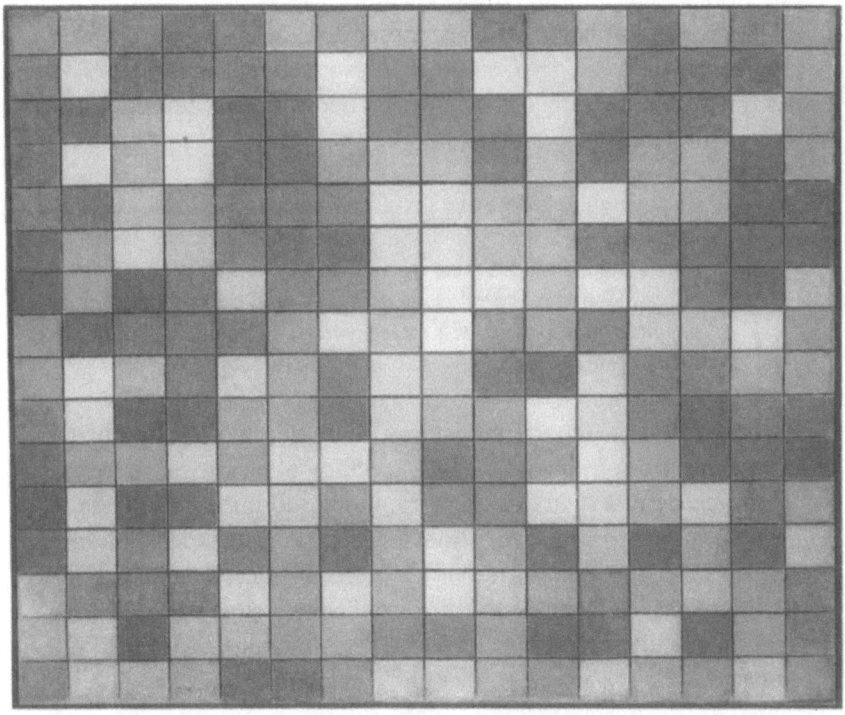

Fig. 14. Mondrian, *"Composición. Tablero de ajedrez, colores claros"*, La Haya,
Gemeentemuseum (Alijper)

En el capítulo seis, titulado "Viraje", por ejemplo, Arturo, el narrador orteguiano, nos describe en una sucesión de planos el paisaje visto a través de la ventanilla del coche. En el primer plano, el de máxima cercanía espacial, aquel en que los objetos se nos ofrecen principalmente en su materialidad, se destacan ciertos detalles en detrimento de otros. Es el plano en el que carecemos de una visión de conjunto: "El coche avanza entre chopos vendados, ceñidos los pies por una faja blanca: un paisaje ortopédico" (111). La descripción cercana lleva, por pérdida de perspectiva, a resaltar ciertos detalles. El resultado será una visión deformada que ignora el resto de la realidad: el narrador se sirve de la imagen del chopo vendado para expresar ese hiperrealismo que llega a la deformación y la caricatura, incluso humorística, de las cosas. Éstas, como el estilo deformante de la caricatura, inflige cambios en la misma identidad y naturaleza de los objetos, y el árbol es humanizado de la misma manera que un hombre podría animalizarse, proceso habitual en este tipo de pintura y literatura caricaturesca.

Un segundo plano, "el plano desnudo", ofrece cierta objetivación del paisaje real, pero lo único relevante ahora son las impresiones que la realidad provoca en la retina o los otros sentidos del sujeto contemplador:

> Laderas aún verdes, de olivos, de viñedos, de alfalfa; senos de ámbar, rayados por venillas ocres, o senderillos que abren las ovejas por donde resbalan los recentales hacia lo profundo de la curva. Montañas dormidas al sol. Bruscas y rojas vertientes: un gigantón ha rebanado la tierra. Sus tajos le duelen al campo, rezuman por él su esponjosa entraña. (111-12)

En esta visión lo importante es dar cuenta de todo lo que pueden captar nuestros sentidos. La configuración del paisaje de acuerdo a la imagen de una figura de mujer desnuda, dormida y mutilada, le permite a Arturo ofrecer una perspectiva de la realidad donde el color (la sangre de la tierra herrumbrosa, las ocres venillas de los senos-colinas, el verde de los olivos, viñedos y alfalfa), la línea (las profundas curvas, como caderas, de estas montañas), el olor (que sugiere la alfalfa) y el tacto (la configuración porosa, blanda y húmeda, de una tierra bruscamente abierta) nos sumerge en una experiencia profundamente sensual. No interesa ahora una descripción conceptual que represente la realidad de este paisaje de acuerdo a sus características esenciales y universales; tampoco interesa la arquitectura o estructura que la sustenta. El objetivo es ahora describir principalmente la realidad que perciben nuestros sentidos.

Las siguientes perspectivas constituyen un proceso de progresivo alejamiento de lo real. La descripción, en consonancia con esta visión cada vez menos particularizadora, se hace progresivamente más abstracta, con menos atención a los detalles materiales:

> Más lejos, grupos enormes de centauros, hombros de cíclopes que rozan las nubes. Montañas violetas, montañas azules, montañas de todos los colores inefables, de todas las curvas imprecisas. El horizonte, perfil último y borroso. (111-12)

Progresivamente, los rasgos singularizadores e individualizados desaparecen. Todo se difumina hasta llegar a una masa indefinida y borrosa, una especie de nebulosa que contiene todo pero es nada al mismo tiempo.

El frutero es sometido por Arturo a la misma disección meticulosa que el paisaje, la mujer o la muchedumbre. En este caso, la estructura de muñeca rusa se hace sin embargo explícitamente más complicada: no sólo se distinguen tres distancias –lejanía, distancia intermedia y cercanía máxima– sino que asimismo se establece una multiplicidad de planos dentro del nivel de máxima lejanía y cercanía. En la visión de cercanía espacial –o visión emocional– se abren tres substratos adicionales de acuerdo a una división de los sentidos: el del color, el del aroma y el del tacto, en una graduación de intensidad que va desde lo visual a lo puramente sensitivo, donde "el deseo naufraga", donde el individuo es poseído por la emoción del objeto (144). La visión de máxima distancia espacial o emotiva, como diría Ortega y Gasset, ofrece por su parte a Arturo una apreciación geométrica y triangular del azafate de frutas. La forma geométrica es símbolo de lo esencial, de la idea mental y universal que obtiene la mente en un proceso sucesivo de abstracción de la realidad. Ésta, dice Arturo, es la visión más precisa pero también la menos deleitable: más precisa por ser la más racional, la menos deleitable por suprimir todas las referencias sensoriales. Se presentan las formas del mundo visible físico, de acuerdo a las formas básicas sobre las que toda percepción táctil y visual se basa: el marco esquelético. La arquitectura pasa a ser el elemento privilegiado y pasan a un segundo plano los componentes de la luz y el color.

Pero de la misma manera que en la opción que ofrecía Antonio
Espina se abrían varias alternativas, se ofrecen dos opciones en la
descripción racional que propone el narrador de *Locura y muerte de
Nadie*:

> Mientras aguarda a Matilde se divierte en extraer del frutero
> su esencia cristalina: una pirámide.
>
> Este fugaz momento de esperar sólo puede llenarse con con-
> tenidos infantiles, de tránsito entre dos graves problemas: ahora
> aplica un método escolar a la percepción geométrica de la fruta.
> Si circunscribe al conjunto un poliedro cualquiera, el puñado de
> curvas perderá en deleite lo que gane en precisión: mientras que
> inscribiéndolo, conservará toda su delicia, aunque pierda en geo-
> metría.
>
> Bien está asignar su sostén a la fragante arquitectura; pero
> dejándolo bien oculto. No como andamio, sino como esqueleto.
> (143-44)

En una primera opción, como en el cubismo, la estructura geométrica se impone sobre el objeto, al modo de un andamio. En esta
opción, el objeto es la expresión estética que articula la idea; es
mero símbolo de lo universal que relega en cierto grado la forma
material: el triángulo se expresa en el objeto azafate de frutas. En
una segunda opción, al modo de la pintura de Cézanne, el andamio
queda subsumido en el objeto, estructurándolo y jerarquizándolo,
como un esqueleto: es decir, el concepto "triángulo" no anula al objeto natural sino que le da sostén, de la misma manera que el esqueleto permite al cuerpo mantener su integridad y unidad para que
dejando de ser una masa informe se convierta en un sistema estructurado. Ésta es la opción más adecuada por ser, para el narrador, la
más equilibrada; pero en cualquier caso, las dos opciones suponen
una vez más la conjunción de ambos elementos. La distinción resulta del grado de predominio de un elemento u otro.[5]

---

[5] En términos parecidos se expresa Fernando Vela en su mencionado ensayo
"El arte al cubo".

> Probablemente es un rasgo típico del arte actual presentar en áspera
> desnudez sus problemas. En toda obra última se descubre a primera vis-
> ta la obra y el problema sin recubrir, casi numérico. Como el andamiaje
> muestra que el edificio está en construcción, así el cuadro cubista deja
> ver el andamiaje puesto para obtener el volumen. Y en realidad, más que
> el volumen verdadero del objeto están dados los elementos para cons-

Apoyándose aún en el azafate, el narrador se sirve de la variedad de frutas que éste contiene, manzanas y melocotones, para establecer implícitamente la distinción entre dos opciones representativas: el arte puro, racional y moderno y el arte más vital, más sensualista, más apegado a la materialidad del objeto que podríamos asociar en general con los géneros representativos tradicionales y realistas. [6] La distinción entre los melocotones y la manzana le sir-

---

truirlo. Lo que desde luego no encontramos es la solución. Ésta es nuestra anormalidad: que sentimos fruición cuando la obra de arte nos presenta problemas y no soluciones. Nunca gozamos de ella ingenuamente; necesitamos agrios que nos descompongan la simplicidad propia de todo goce. De aquí la agresividad del arte nuevo contra el viejo, porque patentiza el problematismo que éste daba por resuelto; por tanto, su falsedad. El arte actual, sin duda, posee un valor substantivo, pero en buena parte existe como contragolpe de su antecesor, del que necesita como la pelota de la pared. Sin el impresionismo, el cubismo no bota. (84-85)

[6] Dada la extensión de la cita, no he considerado conveniente integrarla en el cuerpo central del ensayo sino incluirla en forma de nota:

En el azafate hay tres manzanas gemelas, tan tersas, tan bruñidas, que parecen de metal. Son verdes, de un verde provocativo, como los ojos de aquella hurí que empujaba a los donceles cristianos hacia un abismo cubierto de rosas donde se ocultaba Lucifer. Arturo conoce aquellos ojos por un cromo, y los anda siempre buscando en sus amigas. Ojos fascinadores, ojos duros, insolentes, de huraña malaquita.

Arturo acaricia las manzanas; resbalan sus dedos por la fría superficie, rechinando un poco, como en las bolas de bronce de la escalera. Al contacto se apaga toda gula, porque ya el helado roce es el máximo deleite que pudiese provocar la posesión. En la curva piel metálica parece terminar la irradiación de su belleza.

Se siente que aquellas lindas esferas, tan cercanas a la pura geometría, no tienen corazón, como otras frutas, sino una línea de cruce de infinitos planos. . . . Pero Arturo está cansado de esas otras frutas vivas y sigue contemplando estas tres, tan hurañas, que arrojan fuera de sí la imagen del mundo en torno.

Y hay otras dos manzanas: lindos orbes azucarados que tienen dibujado un mapa con sus diminutos continentes rojos sobre amarillo claro, con sus islotes rosas, carmesíes.

Hay tres melocotones aterciopelados, de línea perfecta, cerrada, aristocrática, de un dulce amarillo surcado por una faja granate. Ofrece el mayor la graciosa hendidura de una lozana grupa de adolescente. Arturo la toca, siente resbalar sus yemas por el fino terciopelo, que, a contraluz, se tiñe suavemente de plata, de un rocío blanquecino, como si la luz que retrocedía en las tersas manzanas quisiera ahora sumirse por cada poro, levantarlo al borde de los microscópicos abismos una leve espuma.

La luz se reparte amorosamente por toda la superficie del melocotón, se prende a cada brizna de pelusilla, muere allí, en un dulce ahogo, risueñamente.

ve de base al narrador de *Locura y muerte de Nadie* para establecer una distinción entre arte sensorial y vital y arte puro y racional. El arte vivo, que *preferiría* Arturo, es el arte en que el sujeto contemplador queda sometido a la tiranía del objeto, que expresa la corriente interna de la vida. Este arte enfatiza el sensualismo y la voluptuosidad, todo lo que juega con los sentidos y las emociones vivas como sugieren las líneas curvas y aterciopeladas y los zumos olorosos del melocotón. Es un arte impresionista, en que los efectos visuales y cromáticos provocados por la luz en contacto con la superficie aterciopelada del melocotón son de la máxima importancia, donde el color y las descripciones sensoriales de cualquier tipo que sean son primordiales. Es un arte que enajena al sujeto y le convierte en pura sensación.

Las manzanas verdes, por el contrario, son emblema de un arte rígido que no pone énfasis en lo sensorial, en lo que los sentidos perciben; un arte frío que repele al sujeto que lo contempla pero que es al mismo tiempo, en su propia dureza, un reto; un arte provocador como el arte de los ismos vanguardistas. No es un arte que llame a la vivencia, a la conexión del observador con el objeto artístico, sino que incita a la contemplación distanciada. Es un arte sin corazón, sin sentimentalidad, racional y geométrico como la pintura cubista que no es, como la manzana, sino el cruce de infinitos planos: que deja de ser un espejo mimético de la realidad, que la absorbe (como el melocotón absorbe la luz) para ser un espejo deformador y curvo que expele la luz y la realidad fuera de sí. El arte que representa la manzana no es un arte realista y aparencial sino esencial y geométrico, donde predomina la estructura, el esquema que pone orden a las sensaciones o impresiones. Éste es el

---

Arturo prefiere los frutos donde el misterio de la miel traspasa la epidermis; no corre al encuentro del sol, jugando con él como un balón de fuego, pero lo atrapa y lo derrota en la misma superficie, chupándole los colores más lindos. La manzana es una vanidosa que sólo persigue el infantil devaneo, y hace de su piel un curvo espejo deformador. . . . Ve a mano un cuchillo. Podría ir arrancando tiras de piel de esta grupa encantadora de chiquilla, hasta dejar los músculos palpitantes, con todos sus zumos destilando en plena madurez. "El melocotón –piensa– es como una pella de tierna carne virginal donde la gula pierde sus brutales acometidas y se convierte en tierna voluptuosidad."

Arturo prefiere hincar los dientes, súbitos, sañudos, en la piel insolente de una manzana. Y, al escoger una en el frutero, se queda con la mano en alto, en la actitud de un ladrón sorprendido. (146-48)

arte "frívolo" y esquelético que Arturo, *aunque no lo prefiere*, está tentado a elegir (por lo que tiene de reto), cuando es sorprendido como un ladrón en el acto de ir a tomar la manzana verde. Sin embargo, su gesto se queda inconcluso; su decisión de alcanzar la verde manzana es interrumpida por la llegada al salón de Juan Sánchez.

Aunque la opción de Arturo es el arte puro, representado por la manzana verde, la opción implícita final que abre la misma trama de la novela ante la imposibilidad de Arturo de coger la manzana por la llegada de Juan Sánchez, parece ser de hecho una diferente a las dos anteriores: ni las frías manzanas ni los sensuales melocotones, sino las variopintas, sabrosas y olorosas manzanas de colores amarillos, rosas, carmesíes y rojos. Éstas rompen, aunque sólo sea en parte, con la frialdad de sus congéneres las manzanas verdes, pero aún participan de su forma geométrica y dura. Es decir la opción implícita final es la que supone la mezcla de colorido y forma fría. La hipotética opción sería equiparable a la del capítulo final en que frente a la vidriera coloreada que proyecta su juego de luces sobre el público del banco en el primer capítulo se opta por una vidriera a medio abrir en la cúpula de la rotonda del banco. Por un lado, de la misma forma que la mente transforma y enriquece con sus emociones y juicios el mundo fuera de sí, la vidriera proyecta los colores de sus cristales variopintos, transformando y personalizando temporalmente la realidad. Este juego de luces de colores otorga a individuos como Juan Sánchez escorzos originales al idealizarlo y salvarlo así de su propia vulgaridad. Pero, por otro lado, la vidriera a medio abrir, proyecta también una luz blanca sobre la multitud y la muestra tal cual es en sus rasgos más reales. Esta luz blanca –luz "impura" dice el narrador–, que no deforma las cosas con la perspectiva interna del sujeto que las percibe, permite una visión directa y objetiva de las cosas (25-26; 231).

En resumen, la relación del arte con lo externo no es ni una relación puramente teórica, intelectual o científica, ni consume ni agota el objeto en su individualidad para satisfacerse sensorialmente con él (146-48). No es mimesis absoluta, es decir, sensación y caos; es en parte, también, producto de la inteligencia, de la que se derivan las cualidades de simetría, regularidad y armonía. Jarnés intenta, como propondría Hegel (aunque sin buscar la síntesis), la conjunción de ambos procesos: conocer el objeto en su universalidad y consumirlo en su sensorialidad, extraer una abstracción a partir de lo concreto, encontrar la esencia o ley interna; pero paralelamente, también busca entender el objeto como entidad particular (Simpson 212-13). La representación artística debe, una vez más, ser la combinación de estos dos elementos. La obra de arte debe ser el punto de cruce entre lo sensual inmediato y el pensamiento ideal.

La imagen es para Jarnés, como detectaba Ortega y Gasset en su ensayo sobre la nueva literatura, un modo de "escamoteo" y extrañamiento de la realidad (Pino, "Morosidad..." 409; Fuentes, *Benjamín* 28), una forma de desrealizar el espacio (Gracia 71) o alejarse de lo cotidiano y lo utilitario mediante un ejercicio de estilo brillante y poético (Martínez Latre 26-27). Pero la imagen es también para Jarnés, en mi opinión, el mejor instrumento poético para expresar un contenido artístico que se quiere representar como sensual e ideal al mismo tiempo. Así ocurre, por ejemplo, en la imagen en que el narrador describe a Rebeca, la venus vanguardista: "Curvada junto a una silla, construye el arco del placer. Su cuerpo es una rama en tensión de la que cuelgan los dos menudos conos, tan sabrosos" (57). Paul Ilie (y Bernstein), forzado por su comprensión de la novela de Jarnés como ejemplo de las teorías de Ortega sobre el hombre masa, ve en el lenguaje utilizado en la descripción de Rebeca el intento de deshumanizar su figura, "by ascribing, through the word "geometría", a completely logical system to the motion, and by transforming the body into a pattern of volumes and planes in tensile relationship with each other" (252). Ilie, que reconoce la tensión existente en la imagen entre planos y volúmenes, se decanta sin embargo por la deshumanización de la figura y otorga así mayor importancia al componente geométrico que a lo que el concepto "volumen" sugiere: una representación realista y clásica. Ilie y Bernstein –que aunque niega que el proceso de deshumanización mediante metáforas mecánicas sea algo constante en la obra de Jarnés acepta sin embargo la visión de Rebeca en esta escena como la de una figura exclusivamente deshumanizada que ha perdido toda individualidad (81)– no tienen en cuenta ni las connotaciones sensoriales y sensuales ni las referencias vegetales y orgánicas que la imagen entreteje con las referencias geométricas. En la imagen creada por el narrador para describir a Rebeca, el énfasis es doble: por un lado se subraya la sensualidad de la forma mediante la referencia vegetal a una rama en tensión, por otro lado, al otorgarle forma geométrica a su pecho describiéndolo como "menudos conos", la imagen racionaliza la impresión del observador reduciendo el grado de voluptuosidad y sensualidad despertada. Aunando lo sensorial y lo geométrico en una misma imagen, el autor pone en conexión los dos modos representativos opuestos que venimos señalando hasta ahora. La imagen se convierte, como Rebeca dentro de la novela, en punto de transición e intersección entre la razón y el instinto (en el caso de Rebeca entre el burgués y sensual Alfredo y el intelectual que es Arturo [115]).

Pero quizás, el mejor ejemplo para mostrar la idea de la imagen como punto de encuentro sea en el primer capítulo –"El banco agrícola"– la descripción de la espiga del mural que se ve en las paredes de dicha entidad comercial. La imagen por su capacidad de sugerencia le permite a Jarnés llegar a la visión integral, efectiva, emotiva e intelectual:

> Queda flotando en el aire una espiga. Una espiga enorme de trigo candeal, crujiente grumo de oro que amenaza desgranarse sobre la frente de Arturo, medio dormido. Enjambre vivo que defiende una guardia de finas lanzas amarillas, ceñidas en hostiles escalones. Cada grano destaca su centinela, en orden perfecto de batalla.
>
> Arturo ve iniciarse en la espiga un tránsito del símbolo a la geometría. Ve fracasar en ella toda muelle sensualidad. Fruto para goce de los ojos huraños al tacto, casi mineral, enjuto, soberbio de sus delgadas cápsulas, donde se esconce el alimento de los hombres y la substancia de los dioses.
>
> Confín de los sentidos. Detrás del racimo dorado se extiende la región de lo esquemático, la región innumerable de las místicas metáforas, hoy la lenta caravana de los números. Por él ondulan las largas columnas de cifras en las falsillas de los libros mayores. . . . Hiende el aire la espiga como un hosco insecto aprisionado en los mismos umbrales de las formas puras. (19-20)

La espiga es descrita, en primer lugar, de acuerdo a sus características materiales y a las sensaciones que estas características despiertan en el sujeto contemplador a nivel de los sentidos; es una espiga enorme, de granos dorados (sentido de la vista) que proyecta en Arturo la idea del pan crujiente (oído y paladar) y oloroso (olfato). En esta imagen todo se dirige, por una parte, a delinear por medio de la palabra no sólo la contextura sensorial de la espiga sino también, por otra parte, a sugerir las emociones que la visión de este objeto provocan en Arturo, su reacción emocional ante el amenazante espectáculo que se le ofrece en un estado de duermevela.

La espiga es también representada, sin embargo, de acuerdo a una visión más racional; esta visión atiende tanto a un concepto que permite ordenar y estructurar las emociones como a la forma geométrica y universal que subyace en el objeto representado. La espiga es ahora como el esquema de un ejército organizado en posición amenazante de batalla: "Enjambre vivo que defiende una guardia de finas lanzas amarillas, ceñidas en hostiles escalones. Cada grano destaca su centinela, en orden perfecto de batalla". De lo concreto nos abstrae hacia lo esquemático y de lo particular a lo general en un proceso continuado que culminaría en el número, en la idea, en la inefabilidad de una experiencia casi mística.

Si los románticos centraban exclusivamente su búsqueda en el místico mundo de las ideas, Jarnés muestra el peligro de ese mundo de puros conceptos. Hay que combinar ambos, hallar el estado de transición dinámica y continua, entre lo "simbólico" y lo "geométrico". La imagen, para Jarnés, es el instrumento perfecto para esta integración dinámica. Participa por una parte de los rasgos definidores de la realidad objetiva y participa también de las características de una realidad ordenada de acuerdo a la subjetividad; y esto es así porque todo proceso de recuerdo es un proceso de jerarquización y selección de la información (Francastel 295-98). La imagen le permite a Jarnés la integración final de los componentes resultantes de un proceso analítico previo que descompone el objeto en lo sensorial y en lo racional. Recompone la realidad al modo del cubismo que no olvida ningún elemento de la realidad sino que la ordena de forma personal. Es esta doble cualidad lo que la hace insustituible para articular la propuesta de Jarnés. La imagen de la espiga es el emblema no sólo del arte jarnesiano sino también de una gran parte del arte vanguardista: una zona limítrofe y de transición entre lo sensual y lo esquemático, lo individualizado y lo universal, la expresión intuitiva y la expresión conceptual lógica. Porque, como dice Antonio Machado, la imagen está siempre en el proceso de subjetivación: yendo de lo intuitivo a lo pensado y de lo concreto a lo abstracto ("Reflexiones").

En resumen, se desprende del análisis llevado a cabo en este capítulo, que Jarnés, como otros artistas españoles y europeos del momento, busca la creación de la obra total: de la obra que aprehenda todos los perfiles de la realidad mediante la creación de una estructura compuesta de un nivel objetivo y un nivel subjetivo. La imagen literaria de la red con que Jarnés describe la nueva novela subraya la naturaleza más que organicista y sintética, mecánica e híbrida de esta composición. La novela red, la novela poligráfica de Jarnés, es la novela que tomando como base de la escritura la imagen literaria describe la realidad y la agota en su faceta sensorial y racional. Pluralidad híbrida más que síntesis es el intento de Benjamín Jarnés, como lo es también de Gómez de la Serna, Antonio de Obregón, José de Almada Negreiros o Mauricio Amster. La novela y el arte dan cuenta de la necesidad de ambos componentes en la creación de una obra de arte que contenga la totalidad del mundo real, de la realidad tal cual es.

CAPÍTULO 3

CONSTRUCCIÓN DE LA "NUEVA MUJER" EN EL DISCURSO FEMENINO DE LA VANGUARDIA ARTÍSTICA Y LITERARIA ESPAÑOLA. ANÁLISIS DE *ESTACIÓN. IDA Y VUELTA* DE ROSA CHACEL Y *LA MUJER DE LA CABRA* DE MARUJA MALLO

E L objetivo de este capítulo es argumentar la existencia en el discurso femenino de la vanguardia histórica española de un idéntico paradigma: la integración o hibridación de categorías epistemológicas, éticas y socio/políticas tradicionalmente consideradas en conflicto. El capítulo se centrará esencialmente en el análisis de *Estación. Ida y vuelta* (1925-26) de Rosa Chacel, la obra pictórica de la artista de vanguardia Maruja Mallo y la ilustración de Manuel Reinoso para el libro de Carmen de Burgos, *Fígaro*. [1] El discurso vanguardista femenino –y en esto no es distinto del de sus compañeros de aventura vanguardista– marginaliza la creación de productos puros y favorece la de prácticas culturales híbridas. Busca la recuperación e integración de naturaleza y razón y escapa al dualismo epistemológico cartesiano mente/materia, al dualismo ético intuicionismo/utilitarismo y al dualismo ideológico liberalismo/socialismo. El resultado es la "vía media" que se manifiesta al menos en dos niveles de la producción literaria y artística femenina de la van-

---

[1] Dice Bonet que: Rosa Chacel nace en Valladolid en 1898 y muere en Madrid en 1994. Poetisa y novelista, en sus inicios estuvo cercana al ultraísmo. Está conectada con la revista *La Gaceta Literaria*. "Su primera novela, *Estación. Ida y vuelta* (Madrid, Ulises, 1930), con cubierta de Timoteo Pérez Rubio, inicialmente iba a aparecer en la colección *Nova Novorum* de *Revista de Occidente*, pero no pudo ser así debido a la desaparición de la misma. Su único otro libro anterior a la guerra fue de sonetos: *A la orilla de un pozo* (Madrid, Héroe, 1936); lo prologó Juan Ramón Jiménez con una semblanza, recogida luego en *Españoles de tres mundos*. Tras el estallido de la guerra civil, que la sorprendió en Madrid, fue una de las fundadores de la Alianza de Intelectuales Antifascistas para la Defensa de la Cultura. Colaboradora de *Hora de España* y de otras publicaciones republicanas, en 1937 marchó al exilio (. . .) durante el cual publicó el grueso de su obra (. . .) dentro de la cual destaca *La sinrazón* (Buenos Aires, Losada, 1960)." (Bonet, 157).

guardia: la construcción de la identidad femenina y la poética narrativa y pictórica.

La propuesta integradora de Rosa Chacel en *Estación. Ida y vuelta* pone de relieve el papel esencial de la razón como marco integrador y estructurador de lo vital tanto en lo referente a la identidad femenina como a su escritura. [2] La vida no sólo es puro esquema intelectual, piensa Chacel, sino también realización vital y responsable de dichos proyectos intelectuales en sociedad. La propuesta de *Estación. Ida y vuelta*, coherente con estos presupuestos, es la de una escritura "oblicua" que exprese esa doble naturaleza femenina: al mismo tiempo, escritura concéntrica y reflexión narcisista que muestre al ser en su aspecto más racional, y escritura excéntrica y objetiva que permita captar al individuo en su aspecto de ser viviente.

En la obra pictórica de Mallo, la movilidad de perspectivas en el trazado de la figura central y en los planos escénicos, que fuerzan al espectador a un cambio constante de puntos de vista, permite configurar también en el plano de la representación la imagen de la mujer integral, espiritual y vital a un mismo tiempo. En oposición a los artistas y escritores vanguardistas en la que lo femenino, como en el *Fígaro* de Reinoso, es siempre ausencia de totalidad, Chacel y Mallo se conciben como sujetos idealmente completos. Su obra, por tanto, reivindica la categoría de "individuo" como parte integrante de su personalidad femenina al identificar como propio el componente reflexivo y espiritual y romper con el estereotipo de la mujer mutilada y sentimental.

Rosa Chacel y Maruja Mallo muestran una clara coincidencia en lo referente a la configuración del ser femenino. Su concepto de la femineidad está históricamente construido y sigue el discurso liberal sobre la "nueva mujer" que alcanza predominio en Europa en los años veinte. Nace en este momento un discurso diferencial resultado por una parte de la crisis en el pensamiento igualitario, y coincidente, como se ve claramente en el caso español, con la crisis del pensamiento individualista liberal de la época de entreguerras que adopta algunos de los presupuestos socialistas. La nueva mujer, paradójicamente, se aparta de las demandas políticas del feminismo

---

[2] Mi interpretación de la novela difiere de la dada por Roberta Johnson, para quien *Estación. Ida y vuelta* expresa lo vital de la experiencia, la percepción, no revestida de reflexión. La novela de Chacel es, en este sentido, expresión de lo vital, manifestación de las teorías de Ortega. La novela de Chacel es, según Johnson, novela invertebrada, sin armazón cronológico, puros actos de atención, que no establecen relación causal con lo que viene antes o después (201).

más intransigente en favor de 'un feminismo más femenino', con
énfasis en la responsabilidad moral y en una educación más lógica,
como en el caso de Chacel, o con énfasis en la energía y actividad
controlada que incorpore a la mujer al mundo social y del trabajo,
del devenir histórico y vital, como en el caso de Maruja Mallo. Su
planteamiento por tanto de lo femenino debe entenderse como parte de un programa socio/ideológico más amplio de renovación de la
identidad nacional del que participan también sus compañeros
masculinos de aventura vanguardista, y en el que el arte juega, de
acuerdo con la misma Rosa Chacel, un papel relevante: "tratábamos
de someter trozos menudos, escorzos de la vida en nuestros relatos,
mientras íbamos modificando el modelo: la vida española en sus
usos y costumbres. No buscábamos un determinado aspecto de
la vida digno de ser perpetuado, sino que inventábamos una nueva
vida digna de ser vivida –casi nonata– . . . con todas sus transformaciones morales, religiosas, sociales, estéticas" ("Respuesta" 323).

ESTACIÓN. IDA Y VUELTA DE ROSA CHACEL

Pasando ya al análisis de la obra de Chacel, *Estación. Ida y vuelta* es, como la misma autora reconoce en el prólogo de la primera
edición, una novela de carácter autobiográfico, a pesar de que el joven artista, la voz narradora, sea un yo masculino y anónimo al que
nunca se identifica con un nombre concreto en todo el relato. Por
una parte, la novela de Rosa Chacel se nos ofrece, al igual que *Retrato del artista adolescente* de Joyce (uno de los grandes modelos
narrativos de la época y bajo cuya aura la misma autora admite escribir la novela), como el retrato del joven artista que nace ("Rosa"
26). Por otra parte, al igual que la novela de Proust, otro importantísimo modelo, se nos ofrece también como recuerdo de una realidad vivida y ya lejana para el narrador (Scarlet 53; Myers 80-81).[3] A

---

[3] Resumo a continuación, para mejor comprensión del comentario, el argumento de la novela de Chacel: la obra estructura el contenido –los recuerdos de la niñez
y juventud del Yo narrador– en tres partes. En la primera parte, el narrador describe la casa y la relación con "Ella", su armónico mundo de niños que queda roto, de
repente, por la visita simbólica de "la chica del velito", la nueva ella adolescente. Al
mismo tiempo, el Yo también traspasa la barrera de la niñez y va sintiendo poco a
poco la necesidad de huir del ámbito de la casa.
    Matrimonio, asumimos, y espera de un hijo. Progresivo distanciamiento del Yo
de la atmósfera de su vida familiar y laboral. Rechazo del destino mediocre de una
vida de funcionario civil y cuestionamiento de las opciones sociales: capitalismo, comunismo. El yo siente la necesidad de crear su propio destino.

este respecto, el anónimo narrador de la novela establece una tajante diferencia entre dos posibles modos de aprehender ese pasado:

> Yo escribiré algún día las memorias de mi pasado condicional, las memorias de todas mis potencias triunfantes o fallidas, según fueron de buen o mal modo condicionadas, y tendré que pegar hebra muchas veces en todas aquellas cosas que se soslayaron, que sólo dejaron una débil huella en el punto de partida desde donde hubieran podido ser. Lo que hace falta es saber si para conseguir esas memorias será necesaria una observación excéntrica o concéntrica. Porque enfrentando la reflexión de nuestros actos los inmovilizamos, los atravesamos con esa mirada fría que devuelve el espejo, por estar tan bien centrada con nuestros ojos. Todos ignoramos las posibilidades expresivas de nuestra mirada, porque su línea para nosotros es punto; en cambio, desde fuera es desde donde se la ve ondular, desde donde se puede apreciar su trazo como carácter inconfundible. (*Estación* 66-67)

El artista, que se propone bucear en la realidad de su propio ser, puede, por una parte, ofrecerse en el acto narcisista de mirarse directamente en el espejo de la escritura. El yo analiza, conceptualiza su persona hasta congelarla, liberarla de toda vida en la fría imagen del espejo de la razón. La visión concéntrica es la mirada autoconsciente, auto-reflexiva, que muestra al ser en su aspecto más racional, en lo que tradicionalmente ha definido al hombre en el mundo occidental. A la visión narcisista y concéntrica, esencial, el yo opone, por otra parte, la observación excéntrica. A diferencia de la anterior, el objeto de la mirada y el sujeto de la misma no coinciden. El objeto de la mirada es ahora algo externo al ser que observa. Esta visión excéntrica, dice el yo, es la mirada que permite captar al individuo, no ya como ser racional y analítico, sino como ser viviente: la que no atraviesa al sujeto como una línea fría, sino que muestra la vibración ondulante de su vida.

En la segunda parte, se forma el triángulo de relaciones. La casera del edificio donde viven cambia; la nueva casera y su sobrina Julia se trasladan a la casa. Será la sobrina la astilla que se entremete entre el Yo y Ella. El yo, en búsqueda de sí mismo, huye de una Ella que espera un hijo y de su "destinejo", retando así a la opinión general.

En la tercera parte, el narrador, el creador, se descubre como artista: expone su proyecto literario, alternando esta exposición con la narración de su propia historia: su decisión de regresar con Ella. La escritura y la vuelta a ella son dos opciones para crear un nuevo destino y empezar una nueva vida.

El narrador, temiendo correr el riesgo de excluir uno u otro de los modos perceptivos, no opta, sin embargo, exclusivamente por uno de estos dos modos de aprehensión del ser. La conciencia narradora del yo busca percibir al hombre en su totalidad, como ser racional y viviente. Ofrece, en función de ello, una observación que sea al mismo tiempo unión de una visión concéntrica y una visión excéntrica. A modo de experimento, el narrador se sirve de un sutil juego de espejos para intentar aprehender la total realidad de "Ella":

> ¡Mi maniobra del espejito fue una labor de chino! Fue la manía de ver las cosas como el objetivo del cine, que es como las verá el ojo de la Providencia –¡qué absurda estilización ese ojo desparejado! El triángulo de las Potencias debía estar centrado por un límpido, potentísimo objetivo de cerco metálico que destellase pestañas de luz. Mirada monocular, pero omnividente, perceptora de todos los planos, de todas las faces. . . . ¡Y tuve la paciencia de perseguirla en casa más de quince días, con el espejito convexo en el bolsillo. Fue una paciencia de naturalista. Acechar ese momento no visto, no disecado por ninguno. Pero del que todos hemos sentido el vuelo. ¿Cómo sería la mirada suya de aquel momento, esa mirada que, sin llegar a encontrarla, se siente tan profundamente? ¿Cómo serían su ojos mirando hacia adentro? . . . Me fue fácil llevarla a la consola y retenerla allí, apoyándome yo en el mármol. Podía enfocarla con asomar un poco el espejito, la veía perfectamente en el espejo grande. (63-65)

El narrador persigue la representación que ofrezca todas las facetas de ser, como el ojo ubicuo de Dios o el objetivo de una cámara cinematográfica. Para ello, elabora un artificio similar al de una conocida fotografía de 1932 de Gómez de la Serna en el café Pombo (Alfonso) en la que la imagen del escritor, reflejada en un espejo, es sorprendida por el fotógrafo en el momento mismo en que Gómez de la Serna levanta los ojos del papel en el que escribe.

En la fotografía, un objetivo externo capta al retratado en el acto mismo de mirarse en el espejo, de mirarse dentro de sí. Este acto de mirarse es el acto de la escritura reflexiva, como da a entender el que el gesto de sostener la pluma en el acto de escribir y de mirarse en el espejo sean unísonos. El enfoque externo del objetivo capta de esta manera al individuo, al artista, como ser transcendente, autoconsciente, mientras se mira fríamente en el espejo y en la escritura y congela su imagen en el marco transparente. Pero la fotografía no sólo ofrece la auto-conciencia del individuo; al mismo tiempo, el hecho de que exista un objetivo exterior permite captar la "ondulación" vital del ser: la imagen material, vital, realista, de la figura humana que es Ramón Gómez de la Serna, doble imagen como artista y como hombre. Esta representación dual, en la fotografía, sólo es posible dada la existencia de una segunda persona, el fotógrafo, el objetivo externo que desde una posición no frontal respecto al retratado, toma la instantánea. No es Gómez de la Serna, hipotético narciso de la época de la tecnología, quien con una cámara fotográfica recoge su propia imagen en el espejo (imagen que mostraría a Gómez de la Serna tomando una fotografía). Lo que tenemos, por una parte, es una visión externa, lo que determina el grado de ligera inclinación de la fotografía, inclinación necesaria para poder captar esta doble imagen; y por otra parte, una visión concéntrica, la mirada narcisista del artista contemplándose.

De manera similar al autor de la fotografía de Ramón Gómez de la Serna, el yo narrador de la obra de Rosa Chacel pone en juego un sutil artificio de espejos para atrapar la esencia del ser femenino, su mirada más íntima y real. No le interesa solamente la mirada directa y narcisista de Ella al contemplarse en el espejo, al que está de espaldas el narrador; le interesa, al mismo tiempo, ver esa mirada de una forma indirecta. Quiere atrapar la imagen de Ella mirándose en el espejo de la cómoda. Pero interpone a esta imagen el artificio de otro espejo convexo ligeramente desviado, para evitar, como en la fotografía de Gómez de la Serna, que la imagen de sí mismo, como la del fotógrafo, aparezca reflejada. Al mismo tiempo, este artilugio de espejos le ofrece una imagen de mayor profundidad, más objetiva. Este narrador "orteguiano" intenta así captar los diferentes planos de la realidad, de la identidad femenina, su visión total: un plano primero más cercano, de mayor interioridad (el narcisista), y un segundo plano más alejado, el que proporciona el espejo convexo, el objetivo externo.

La propuesta del narrador de *Estación. Ida y vuelta* se traduce en la última parte de la novela en el proyecto de una escritura oblicua, condicional, que recoja, de la misma manera que el juego de espejos, los fragmentos, las miradas que realmente definen el temperamento del ser, que alcance sus mil facetas vitales: los anhelos más íntimos y ocultos, los yoes posibles e imposibles. Esta escritura oblicua se actualiza en el recuerdo. Recordar no es simplemente re-

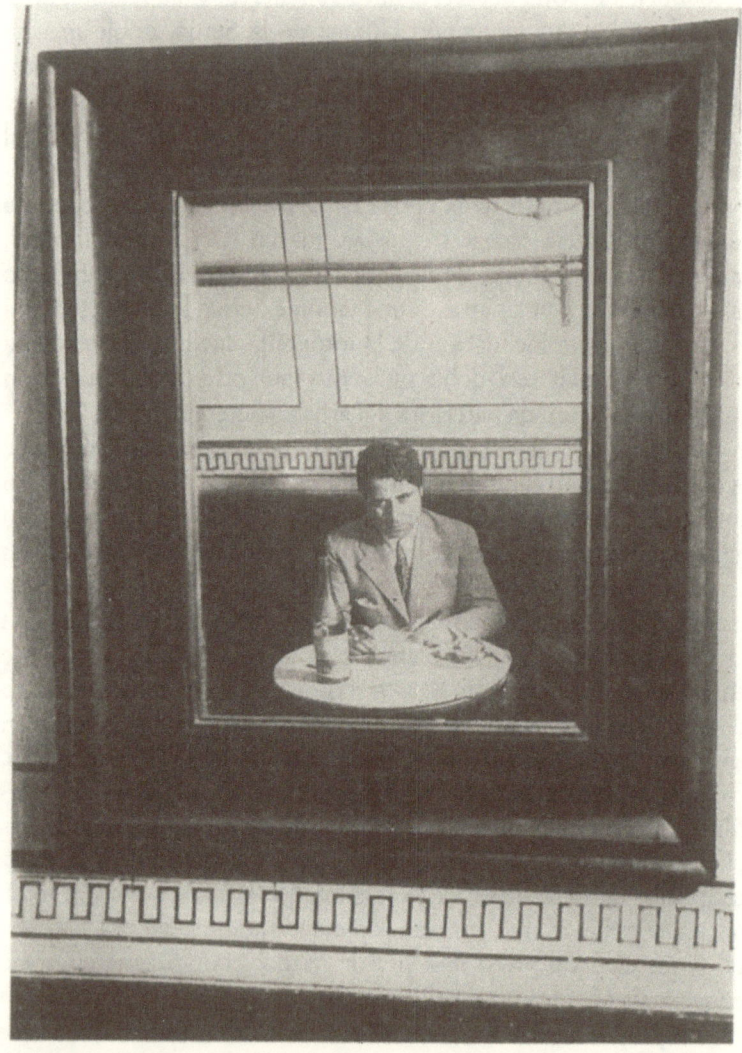

Fig. 15. Alfonso. Fotografía de Ramón Gómez de la Serna en el café Pombo

leer los hechos de la experiencia pasada; implica, al mismo tiempo, autoanálisis y cauterización del dolor que conllevó la experiencia primera. Al imponer una estructura racional se toma conciencia de la continuidad del Yo. El recuerdo no es simple reconstrucción de los múltiples yoes, sino reinterpretación, es decir imposición de una estructura reflexiva sobre una experiencia vital para darle coherencia y jerarquía. La memoria es la estrategia que escoge la conciencia narradora del yo para escapar a la mutilación de la pura y simple experiencia vital. El acto deja de ser por sí solo proyección fiel de la personalidad. Para hallar la vida profunda de los seres hay que multiplicar los puntos de vista sobre su vida. Se descubre así la esencia oculta, lo humano y universal, la unidad orgánica y la complejidad del personaje. El verdadero temperamento del ser se forma en el acto reflexivo de la memoria escrita, no exclusivamente en la vivencia del hecho o en el acto racional. La escritura como recuerdo permite al narrador, como a Proust, acceder a través de la multiplicidad de lo vital, a la realidad esencial y permanente. El yo viviente que reconstruye la memoria, la escritura, es un yo "polimorfo"; vegetal como un árbol infinitamente ramificable y complejo (98): es el yo que se expresa en las mil facetas de la vitalidad ciega, cumplidas e incumplidas, y que sólo el acto reflexivo de la escritura puede estructurar y dar orden.

Acaso esto mismo es cínico, este interpretar, este descargar la conciencia en la creación. Pero no, este interpretar es lo único puro. La más áspera, la más intransigente disciplina mental, ahondar en la investigación con apasionada templanza, hasta encontrar la interpretación de más luminosa complejidad.

Me es preciso sentirlo así para seguir viviendo. O no creer más que en mi brutalidad ciega, o dominar las mil facetas, las cien mil sorpresas de lo fatal. Sólo en esto hay satisfacción profunda, ¡dominar su matemática! El futuro, así, adquiere un interés de apetecible, de sustanciosa trascendencia, y se puede seguir rumiando el inagotable retoñecer del pasado. La cuestión es ir alerta en la corriente, ver pasar las mil vertientes por donde creemos ir a derivar y ser capaz de enfocarlas de pasada, de sentir su orientación, sorprender el quid de sus normas para después, cuando ya estemos lejos de resbalar por ellas, reconstruirlas.

Una raicilla que apuntando en mí mismo divergió de mi centro efectivo bastará para animar mi creación literaria. Indudablemente un temperamento como el mío, polimorfo como un vegetal, indefinidamente ramificable, será útil para la tarea literaria, si no olvida en qué cuello conserva la cabeza. (98)

En la experiencia estética y racional de la escritura, a través del artilugio de espejos que ésta constituye, es posible aprehender el yo total. El resultado, como la personalidad misma, es una estructura orgánica, una entidad vegetal, múltiple y ramificable, en la que, sin embargo, hay una estructura racional superior que da orden y control a la multiplicidad de sus aspectos. Siempre existe una cabeza, como dice el narrador, que controla, que permite la continuidad de la identidad del yo: no se debe olvidar, dice, en qué cuello se conserva ésta. Es, pues, la escritura racional –autoconsciente– la que hace posible al sujeto tomar conciencia de sí mismo como ser vital.

Estación. Ida y vuelta articula, mediante el recuerdo, la creación de una conciencia, la de la voz narradora del Yo: el proceso de búsqueda de sí mismo y de crecimiento espiritual como hombre y como artista. *Estación. Ida y vuelta*, al mismo tiempo *Bildungsroman* y novela del artista–, más que presentar una trama, ofrece el crecimiento psicológico y espiritual del Yo. Como es característico del *Bildungsroman*, el Yo atraviesa diversas etapas –madurez, separación, autonomía y nueva acomodación al grupo social. Este proceso, a través del cual obtiene una nueva filosofía de vivir, le facilita la autorrealización y desenvolvimiento de su personalidad. Se trata siempre de un proceso de crecimiento total. [4]

---

[4] Al entender la novela como una vía conjunta de *Bildungsroman* y novela de artista matizo la opinión de Eunice Myers que ha dedicado su artículo "*Estación. Ida y vuelta*: Rosa Chacel's Apprenticeship Novel" a analizar este aspecto de la obra de Chacel. Myers se hace eco, como este trabajo, de la ambigüedad genérica del texto de Chacel, y señala que es una especie de *Bildungsroman*. No explica, sin embargo, dicha ambigüedad dentro de un esquema más amplio que conecte la naturaleza genérica de la novela con una postura personal, generacional e ideológica.

Para Myers, *Estación. Ida y vuelta* es una novela de aprendizaje en un doble sentido: en cuanto que describe la acción previa al acto, y en cuanto que pertenece al subgénero del *Bildungsroman* denominado *Küntslerromane* (novela del artista):

> The general term *Bildungsroman* connotes "a novel of all-around development of self-culture . . . with a more or less conscious attempt on the part of the hero to integrate his powers, to cultivate himself by his experience." The novels by Chacel, Joyce and Proust are specifically novels about the creation of a novel and a novelist, exploring the creative process and the problems of a budding young writer. Therefore, these novels are really *Küntslerromane,* concerned specifically with the development of the artist. This subdivision of the *Bildungsroman,* popular in the German Romantic period, involves a hero who finally becomes an artist

El protagonista de *Estación. Ida y vuelta* es un yo egoísta que evita lo emocional y que intenta escapar del entorno familiar y social en que se inserta. Volcado en sí mismo, intenta controlar a Ella, al otro femenino. Tiende a desarrollar su personalidad en detrimento de la personalidad de Ella, de la personalidad del Otro:

> ¡Deseo y hartura! Sentirse morir de soledad, de necesidad, aniquilarse en consumir el propio jugo. ¡Absorber, trasegar otra esencia en nosotros, robusteciendo, corroborando nuestro ser! ¡Delicia incomparable! ¡Abominemos de los inapetentes! Y aún es posible, a más de desear, desearse; querer probar las cosas y su repercusión en nosotros, sentirse en la soledad mutilado ante la vida, necesitar el choque de nuestro tacto con su cuerpo. (*Estación* 114)

En lo que es una separación característica de la Modernidad, el Yo establece la división entre conciencia y mundo. El ser reflexivo, individualidad autoconsciente y atómica, trata de absorber al Otro y hacerle parte de sí mismo. La negación del Otro, que es expresada mediante la imagen de la mutilación, tiene como irremediable consecuencia la soledad. El yo intenta transformar a Ella, apoderarse de Ella, anular su personalidad para alimentar su propia individualidad, y convertirla meramente en un instrumento en el viaje hacia sí mismo. Ella será, de esta manera, sólo calco y repetición del Yo; su capacidad intelectual y analítica, se nos da a entender, sólo será el resultado de la fermentación de las ideas implantadas por el Yo en su cabeza. El yo masculino del narrador es el yo creativo y Ella la maestra de las emociones, del conocimiento intuitivo.

El yo que absorbe al otro tiene miedo de perder su individualidad y que el otro le asimile a su propia realidad. En un acto de egoísmo individualista y racional (porque a la sombra de la razón, llevada a límites extremos, es como crece la idea de individuo como ser atómico), en lo que él cree un intento por salvar su ser autónomo, el Yo rehúye todo acto de responsabilidad para con Ella, su mujer, su futuro hijo y la sociedad. Huye a Francia para salvarse de un desti-

---

or poet . . . In *Estación, ida y vuelta*, the protagonist is typically supersensitive and world-weary, a characteristic of the later novel of development, and the tone of the novel is confessional. Chacel's also ends on a typical note of uncertainty. The reader is not certain what the character's final choices will be. (81-82)

no ministerial en Madrid, para construirse como un Yo individual, al margen de las responsabilidades como individuo perteneciente a una comunidad. Persigue la ilusión de un individualismo, que apoyándose en la idea del sujeto racional, autorresponsable, autocontrolador, ve expresarse la verdadera libertad en el acto de ser fiel a sí mismo. La suya, como la del yo que ha caracterizado a la Modernidad, es una visión "concéntrica" y narcisista del ser, donde el Yo es el único centro y eje de la libertad: el yo que pone el ideal de la autorrealización individual por encima de cualquier preocupación o compromiso con la sociedad.[5] El Otro, sea Ella, la familia o la comunidad, quedan marginados en la escala de prioridades del Yo. Su actitud, proscrita por carecer de un fin social, se percibe como una agresión abierta a los valores de la mayoría. La individualidad se convierte, de esta manera, en una forma de heroicidad. Al contrario que el burgués, el protagonista del relato va a contracorriente e intenta crear su propia norma personal.

Es en Francia y en sus sueños, donde se produce el momento de crisis epifánico propio de todo *Bildungsroman*. El narrador se descubre viviendo una vida mutilada. Sus sueños son repetición, una vez más, de su propia historia, de la aniquilación del Otro en función del propio individualismo:

> La imagen de la mujer acabó por desaparecer. No por irse sino por confundirse con la de él, como una cosa que se traga, como una idea que se olvida. Entonces me parece que volví a empezar, que volví a caer en la contemplación de él solo. Pero no solo, como si le viese a él solo por primera vez, sino suponiéndola dentro, o no, fue más bien que terminé por suponerles a los dos

---

[5] Para Charles Taylor el individualismo en la Modernidad se apoya en la idea de que los seres humanos están dotados de sentido moral, de un saber intuitivo de lo que es certero o equivocado en términos morales. Esto apoya la idea de un ser moral ideal que es autoresponsable, autocontrolador y racional. El Yo es un ser capaz de decidir por sí mismo qué es lo que le interesa, sin tener que contar con el otro.
En la Modernidad, se produce un fenómeno de subjetivación en el que las cosas se centran más y más en torno al sujeto. La libertad y la autonomía modernas, dice Taylor, se centran en nosotros mismos, el ideal de autenticidad requiere que sepamos descubrir y articular nuestra propia identidad. El individualismo se convierte en el principio moral: ser fiel a mí mismo; la gente se centra en su vida individual y abandona progresivamente toda preocupación por los otros o por la sociedad. Todo lo que nos rodea pierde el significado que poseía en el mundo sagrado pre-moderno. El individualismo lleva al atomismo del ser, el individuo absorto en sí mismo. Se ha llegado, así, a una cultura contemporánea que alcanza modos de narcisismo y relativismo inaceptables para el hombre crítico actual (81; 46; 35).

dentro de mí; y por contemplarme como antes a ellos. Igual de solo, igual de olvidado me estuve viendo mucho tiempo. (90)

Apoderarse de los demás es, paradójicamente, "ir perdiéndose terreno a uno mismo". En el sueño, de hecho, el Yo está a punto de ser literalmente mutilado, de morir: la muerte como expresión máxima de mutilación, como la ausencia absoluta de realidad vital; la muerte como falta de carne, de cuerpo. En el mutilado, alma y cuerpo no encajan, no hay unidad, no hay integridad: el cuerpo es la materia conductora del alma; el alma, se dice, "cuelga", se deja ver por donde estaba el cuerpo. En los sueños del Yo, el problema de la integridad del ser se plantea como escisión entre alma y cuerpo, y en el discurso consciente, como separación del mundo de Ella y de la comunidad.

En otro de los sueños (*Estación* 99-100), el yo bucea en el agua, simbólicamente en el inconsciente, y encuentra en el líquido los restos de una toquilla, de una prenda femenina, esa parte de su identidad que le falta para completarse, para recobrar una unidad primera que en su caso se remonta a la vida de niño enamorado en la casa y a las conversaciones con Ella en la escalera. El amor se articula así como la principal fórmula simbólica de autoexploración y descubrimiento de un ser integral.

Esta integridad se expresa en la primera parte, momento de unidad primera, en la contaminación de rasgos femeninos de la figura del Yo y de rasgos masculinos de la figura femenina. El Yo es al principio una figura, por una parte femeninamente pasiva, defensiva, retraída, temerosa del exterior y protectoramente maternal para con Ella. Pero, por otra parte, en algunas ocasiones, es también masculinamente erotizado, activo y controlador. Esta identidad integral se manifiesta en la primera parte de la historia en el uso estilístico repetido no sólo de la forma "nosotros" sino también de ciertas metáforas que, al ser parte del discurso narrativo del Yo, marcan el talante "hermafrodita" y total de la naturaleza de éste en la primera parte. Las metáforas e imágenes utilizadas por el Yo se desarrollan dentro del marco de referencia semántico de lo que denominaríamos un mundo femenino: en referencia a la casa, la economía, la religión y elementos poéticos tradicionalmente asociados con la escritura femenina, como árboles y frutas. Así, dice el narrador, el Él del relato: "la luz y el silencio tenían una huella misteriosa, arropadamente erótica, como un rincón de iglesia; y mi novia me parecía que acabara de sacar su frente del confesionario de aquel velito, de haber recibido debajo de él encapuchadas confidencias" (*Estación* 33); o cuando un poco más adelante los sucesos trágicos son comparados en su frecuencia a la "regularidad de fruta del tiempo" (*Estación* 38). Lo que tenemos en este primer momento es la conciencia mixta que intenta recuperar el Yo a través del recuerdo; Él más Ella: una subjetividad hermafrodita.

En sus sueños y en su viaje a Francia, necesaria etapa de autonomía y alejamiento de la comunidad en el descubrimiento de todo protagonista de *Bildungsroman*, el narrador descubre la necesidad de ser también un organismo vivo, no un mero ente racional, individualista y egoísta. La vida es algo más que puro esquema intelectual; la reducción abstracta de la vida es siempre algo decepcionante, frío si se la compara con la vida real. Sí, reconoce el Yo, hay que crear proyectos de vida personal, totalidades abstractas, pero también hay que realizarlos, vivirlos dentro de un grupo. La integridad es el resultado de un acto racional del sujeto, reflexivo, que confronta la realidad vital. Tras el momento de anagnórisis, el narrador toma la decisión de regresar a Madrid. Es el regreso hacia esa parte del Yo carente, anulada: el regreso a Ella. El Yo sólo puede ser integral en el acto de confrontar al Otro. Llegar al ser total no consiste en mirarse en el otro, apoderarse de él, evitar responsabilidades para con él; llegar al ser completo exige ser confrontado por el Otro, reconocerle y simultáneamente, reconocerse en él. Consiste en contemplarse en el otro y el otro en mí y, de esta manera, completarse mutuamente.[6] Al regresar a Ella, el Yo narrador entra sim-

---

[6] En su ensayo "Esquema de los problemas prácticos y actuales del amor", Chacel explícitamente menciona este aspecto unitario del amor para lo que se apoya en las ideas de Scheler:

> En ese su último reducto, es donde el hombre acrecienta su "sentido interno", donde se llena de la evidencia de sí mismo y de donde sólo puede querer salir hacia otro distinto pero categóricamente idéntico. Mediante la posesión y reconocimiento de su yo íntimo, el hombre concibe la identidad y diferencia de otros orbes externos. . . . cada uno de estos orbes cerrados erraría en la soledad si el acto de amor no consistiese en "comprender lo suficiente a otra individualidad modalmente diferente de la mía para poder ponerme en su lugar, aun concibiéndola como otro que no soy yo, como diferente de mí mismo, afirmando al mismo tiempo con calor emocional y sin reserva alguna su realidad, su modo de ser". Afirmar con calor emocional la realidad de otro, compartir con él nuestro propio aliento, es el quid difícilmente alcanzable, porque sólo se puede remontar contra la corriente de fuertes oposiciones también sustanciales del espíritu. (163-64)

bólicamente en el mundo de lo vital y de lo social, de la naturaleza y de la historia, que le ponen en contacto con el Otro, con lo Otro, que representa lo femenino. La verdadera autenticidad exige auto-definición en el diálogo con lo que está fuera de él, apertura a diferentes horizontes de significación. Tiene que establecer los ideales en nuevos términos. Sólo podrá definir su identidad como algo que no es trivial e incompleto si existe en un mundo en el que importen las necesidades de los otros seres humanos, de Ella, y en el que cobren relevancia sus deberes como miembro de una familia y de una comunidad.

Estación. Ida y vuelta propone al lector, con la trayectoria del yo, una ética en parte utilitaria, en la que el sujeto "sacrifica" en función del bien común su interés propio. Se asume implícitamente que de forma gradual se limarán las tensiones entre el individuo y la comunidad. Al final se procurará, como en todo *Bildungsroman,* llegar a un compromiso entre los fines de la sociedad y los fines perseguidos por el individuo. A la libertad individual se añade la idea de comunidad. Libertad envuelve ahora la idea de responsabilidad para con los otros, realización en el grupo social. Se trata de un comunismo cristiano, utópico, indeterminado, que se expresa simbólicamente como un repartirse y darse a todos (episodio de la chica comunista y su hija en el parque). El ideal es ahora un heroísmo entendido como entrega de un poco del yo al otro por puro placer de colaboración y vida responsable. Como había venido sucediendo tradicionalmente desde el siglo XVIII, la fórmula narrativa del *Bildungsroman* le sirve a Rosa Chacel para desarrollar la personalidad de un héroe que entiende finalmente la libertad como expresión de un acto responsable en sociedad. El Yo no puede quedarse aislado. En París deja de tener importancia absoluta la autonomía de la vida interior. Se produce un proceso de crecimiento moral del Yo, en el que el objetivo final es abolir el conflicto entre una posición ética en la que el hombre pone la libertad del individuo por encima de todo y otra posición en la que su comportamiento moral responde a la imposición prescriptiva externa. La libertad sólo es posible en un acto de responsabilidad moral. El Yo pasará a identificar el bien personal con el bien social. Tiene en cuenta su voluntad y las consecuencias de sus actos para con los otros. Se continúa así con el mito burgués de que el interés individual está en parte unido al interés de la humanidad como un todo. La obra de Chacel, en este sentido, se sitúa claramente en las amplias coordenadas del nuevo liberalis-

mo patrocinado por Ortega y por los que serán más adelante los
hombres de la República. Su obra se inserta dentro de la propuesta
generacional de creación de un nuevo héroe moral. Buscan la reconciliación del individuo con la sociedad; modelan la figura de un
nuevo héroe hermafrodita, ente que es al mismo tiempo racional y
vital, transcendental e inserto en la historia. [7]

No existe, sin embargo, en la obra de Rosa Chacel el convencimiento incondicional, presente por lo general en el *Bildungsroman*,
de que el Yo y la sociedad se puedan integrar con éxito. [8] Aunque el
Yo intenta la reconciliación entre el proyecto ideal y la vida, se reconoce sin embargo la discrepancia. La novela examina el problema
ético a través de la tensión que se genera en el yo situado en la intersección de dos conceptos distintos de moral: moral individual y
moral como acción responsable. Actualiza la tensión entre la preocupación por la complejidad de la potencialidad individual y el reconocimiento de la realidad práctica que es dimensión necesaria en
la realización del héroe y problema central de todo *Bildungsroman*.
Tras una búsqueda dolorosa, el Yo narrador, el protagonista, llega a
una especie de acomodación al mundo, entra en la madurez, en el
mundo de la familia y del matrimonio. Como es inherente al *Bildungsroman* se persigue un modelo de totalidad orgánica de integración del individuo en la sociedad. Y el argumento culmina con
la acomodación del héroe a la sociedad, aunque esta acomodación
sea parcial. El Yo narrador encuentra satisfacción en cooperar sin
tener necesariamente que modificar todas sus directrices personales. El protagonista de *Estación. Ida y vuelta* halla una opción intermedia: el doble desarrollo del Yo ético y estético, y por tanto la in-

---

[7] Para el partido liberal, dice Ortega y Gasset, la verdadera cuestión en la resolución del problema nacional no era tanto una cuestión de cambio de gobierno
como de creación de una nueva moral en el país (Tusell 111).

[8] Patricia Alden resume esta idea muy acertadamente en su libro *Social Mobility
in the English 'Bildungsroman'*:

> The genre focuses on the development of a single individual within a
> particular social world; it may be in part autobiographical; it is likely to
> give the history of this individual from childhood up to a point at which
> the development or unfolding of his or her character is achieved; in
> other words it is the story of apprenticeship rather than a life history.
> Central to the genre is the notion of individual selfhood achieved
> through growth and of social experience as an education which forms,
> and sometimes deforms, that self. The projected resolution of this pro-
> cess is some kind of adjustment to society. (1)

tegración armoniosa de ambos, el individuo –plano estético– y la sociedad –plano ético. No se trata de abolir lo individual en la comunidad sino de armonizar ambos: obligación social e interés propio. El Yo que regresa a Madrid, pero que también descubre en su viaje a Francia el mundo de la escritura, se realiza en el acto de integración en una comunidad que, sin embargo, reconoce sus derechos de individuo, de expresarse en la escritura, que es el acto máximo de libertad dentro del contexto de la novela.

En cierta manera, *Estación. Ida y vuelta* se halla a mitad de camino entre la novela del artista y el *Bildungsroman*, si es que aceptamos una distinción teórica entre estos dos modelos o géneros narrativos (Shaffner 13). En el *Bildungsroman*, como se ha señalado, la tensión entre individuo y sociedad tiende a resolverse en integración; en la novela del artista, la búsqueda del ideal estético lleva al protagonista al continuo análisis e introspección y a intentar, en lucha contra una sociedad materialista, alcanzar el ideal estético. El Yo de *Estación. Ida y vuelta* no elige el retirarse a una torre de marfil y seguir una vida contemplativa e incontaminada. Regresa, por el contrario, a la sociedad y asume ciertas responsabilidades, sin abandonar, sin embargo, el ideal estético de la escritura. Al contrario que en la novela del artista, sí hay reconciliación entre vida e ideal; al contrario que en el *Bildungsroman* no hay abandono de la propuesta personal y estética. En este sentido, pues, la obra de Chacel es una opción intermedia, a medio camino entre ambos subgéneros. Paralelamente a la decisión de regresar a Madrid, a Ella, el narrador nace como artista; busca una escritura que le permita recuperar su naturaleza dual de ser inserto en las circunstancias vitales y ser reflexivo y racional.

En lo que es un rasgo característico de la escritura vanguardista, como es su naturaleza metaficticia, la voz narradora ofrece en la tercera parte de la novela la propuesta teórica de lo que sería su escritura. En la propuesta, como en la obra misma de Chacel, se alternan episodios narrativos y fragmentos teóricos sobre la novela y sobre el acto mismo de la creación. El narrador propone la escritura de su novela como un acto que conscientemente busca completar su propia identidad: el protagonista de la hipotética narración sería un "Él" que se sitúa, respecto a su creador, en una relación doble: al mismo tiempo de identificación y de alejamiento. El objetivo es salvaguardar su ser y completarse a un mismo tiempo. Literariamente "púdico", no quiere mostrarse abiertamente en la escritura.

No pretende, dice, teñir a sus personajes con características enteramente propias; pero sí busca, sin embargo, mostrar la simetría de
sus nexos, creando así un equilibrio. "Él", a diferencia del narrador,
se define como un hombre de "hosca virilidad", "anacrónico", de
identidad fija, en el que predomina el impacto de lo sensorial y lo
objetivo. Frente a la intelectualidad del narrador, el protagonista de
su novela es ante todo un ser emocional en el que se enfatizan los
aspectos vitales sobre los racionales e introspectivos. La escritura se
convierte así para el protagonista de *Estación. Ida y vuelta* en un
cauce paralelo de autodefinición y asunción del ser integral, en la
posibilidad de aunar armónicamente el mundo y las necesidades internas y en la posibilidad también de recuperar la unidad primera y
simbólica con lo femenino y lo vital.

En *Estación. Ida y vuelta*, Rosa Chacel, la autora, ejerce como su
protagonista la prerrogativa de una escritura también "ritual" que
le permite recuperar, mediante la memoria, los yoes imposibles y
posibles, los yoes cumplidos e incumplidos. Al situar una conciencia masculina, como conciencia protagonista de su narración, la voz
autorial femenina está, por este proceso oblicuo e indirecto, ejerciendo el acto de recuperación de una identidad completa. [9] A la

---

[9] En este sentido, Chacel, que sigue en parte las ideas de C.G. Jung, señala en
su ensayo "Esquema de los problemas prácticos y actuales del amor" cómo el ser
humano es un compuesto de dos principios: el eros, considerado un principio femenino por los psicoanalistas del momento, y el logos, principio masculino (147-48).
Aunque Chacel admite ambos componentes, niega sin embargo, que ninguno de
ellos pueda definir la esencia del hombre o la mujer, ni que sea la meta de ninguno
de ellos la búsqueda de uno de estos componentes exclusivamente, hasta alcanzar
un estado de pureza inexistente:

> Sin duda, está demostrado hasta la evidencia que ningún principio cuyo
> fundamento sea la esencialidad de lo masculino o lo femenino puede
> realizarse con pureza en el hombre ni en la mujer. Jung atribuye este
> proceder impuro a la influencia que ejerce en el individuo su propio últi-
> mo término, explicando esto así: "Mas como la persona humana reúne
> en su naturaleza lo masculino y lo femenino, un varón puede vivir lo fe-
> menino y una mujer lo masculino. Sin embargo, para el varón lo femeni-
> no queda en último término, como para la mujer lo masculino. Así, pues,
> el que vive lo sexualmente opuesto, vive en su propio último término y
> pierde lo sustancial y peculiar. El varón debiera vivir como varón y la
> mujer como mujer" . . . Es innegable que abundan los casos de mujeres
> cuya feminidad aparece relegada y disminuida por una varonidad inte-
> lectual que no pasa de pretensión informe . . . Cuando en la mujer la fe-
> minidad es disminuida por derivación de la energía hacia el intelecto, la
> verdadera causa es que aquella feminidad se era a sí misma insuficiente,
> y necesitaba el refuerzo de energías intelectuales –recursos inteligentes–,

belleza viva y prototípica de lo femenino –la Ella indirectamente vista por el Yo narrador– se aúna la inteligencia pura, la conciencia intelectual y reflexiva del Yo masculino. La escritura, la experiencia estética de la creación artística, le permite a la autora concebirse como un sujeto idealmente completo. El campo estético es al modo de un artificio de espejos que, como el artificio utilizado por el narrador para captar la verdadera esencia de Ella, le permite a la autora contemplar el potencial de su personalidad total, no mutilada. Rosa Chacel, como el narrador, o como el autor de la fotografía de Gómez de la Serna, utiliza simultáneamente en su aprehensión de la subjetividad femenina un método al mismo tiempo excéntrico y concéntrico. Excéntrico en cuanto que un Yo exterior –la voz autorial femenina, la voz "autobiográfica" y oculta de Rosa Chacel, fuera de la visión del lector– observa a un otro Yo –la voz narradora– contemplarse narcisistamente en el espejo de su memoria escrita. [10]

---

esto es, el adiestramiento de las facultades conscientes para lograr una apariencia de vitalidad en su parte miserable, mediante la simulación o copia de un módulo femenino ya establecido, objetivado. Es inocente suponer que ese encanto del ser femenino es extensivo a todo el sexo, en ese caso dejaría de ser gracia para ser mera aptitud. La lucha verdaderamente vital se libra en la mujer que posee esa gracia, en la que conoce su índole inalienable y no teme perderla, sino que la considera ya, como principio, jerárquicamente perdida. (147-54)

[10] Elizabeth Scarlet, en una línea de interpretación similar a la de este ensayo, entiende la obra de Chacel como escritura que parte del modelo literario de la vanguardia (que ella considera esencialmente orteguiano), para superarlo en función de la expresión de la identidad femenina. Scarlet explica el carácter subversivo de la confusión frecuente entre la voz narradora masculina y la voz autorial del prólogo, originada por la continua interrupción de digresiones metaliterarias. Y el hecho, aparentemente contradictorio, de que Chacel escoja un protagonista masculino para una narración autobiográfica, Scarlet lo justifica por la influencia de una generación marcadamente masculina como la vanguardista a la que parece imposible escapar; aunque admite que ello provoca un efecto interesante de *mise en abyme* que refuerza la confusión genérica que pretende Chacel:

The selection of a male voice is not without a certain irony, intentional or not, since we know that the narrator's consciousness is constantly permeated by those of his *novias* and by the author, resulting in a complex series of *Doppelgänger* effects. In addition, the fact that a male is represented as writing this in the first place leads to an interesting mise en abyme that reinforces the playful gender-crossing subtext: the female author creates a male character with a firm sense of self, who in turn fantasizes about creating a male character with a firm sense of self, who in turn . . . One is reminded of the sisters described elsewhere in the novel as "Chinese boxes," the eldest being distinct only in that all the others are contained inside her. The firm, supposedly masculine "I" is conspicuous in its absence throughout, as if to question the very possibility of its

Rosa Chacel, a través de la creación de una escritura racional, contenedora de lo vital, de esa otra cara de lo femenino, parcial siempre, escapa a los parámetros tradicionalmente marcados no sólo a la identidad femenina sino también a la escritura femenina. Por una parte, al reconocer su propio mundo y explorarlo Rosa Chacel sigue la línea sugerida por los escritores de su generación para quienes la mujer, como repetidamente manifiestan en revistas y periódicos, "debe escribir como mujer", es decir, aportando al modo literario una nueva sensibilidad (Salazar Chapela 4); por otra parte, sin embargo, la identidad femenina que produce Chacel en *Estación. Ida y vuelta* no es el mundo literario tradicionalmente asumido como femenino: el de la ternura, la gracia, los conflictos sentimentales típicamente femeninos, la delicadeza, el matiz, la espiritualidad y la espontaneidad. La obra de Chacel no es la confesión "entrañable" que descubra al lector masculino "el misterioso secreto de la mujer". Rosa Chacel retoma el concepto, tan en boga en la época, de escritura como forma legítima de emancipación femenina (en oposición a manifestaciones externas de feminismo), de afirmación de la personalidad, de expresión de la cultura femenina propia, pero rompe con el estereotipo tradicional, al generar una escritura que identifica como propio lo racional tanto como lo vital, lo reflexivo tanto como lo espiritual y sentimental. La racionalidad se convierte en el soporte básico, en la estructura mantenedora de la pulpa más vital, de lo más tradicionalmente femenino.

La escritura de Chacel, en lo que parece una respuesta a los requerimientos de Victoria Ocampo o Luisa Navarro, permite crear un espacio donde la mujer y la escritora pueden, en continua tensión y conflicto con la imagen que el artista tiene de la mujer (la "Ella" del relato), construir una nueva imagen de sí; puede reinven-

---

achievement. In this sense the Father's law, in the form of masculine mastery over the narrative, is rejected and denied in favor of permeable character boundaries. (59)

Para Shirley Mangini, sin embargo, la elección de un protagonista narrador masculino no responde sólo al ascendente de sus compañeros de generación sino que también responde a la necesidad de Chacel de ser coherente con sus propias declaraciones de que no existe una literatura femenina. Para Mangini, tanto como para Myers o Scarlet, la voz femenina y confesional se oye, sin embargo, claramente a través del discurso del narrador masculino, a través de la máscara viril. Mediante la escritura confesional y la novela como auto-descubrimiento puede Chacel trascender, de acuerdo con Mangini, la literatura deshumanizada y el puro juego de sus compañeros de generación (23-25).

tarse en la ficción y vivir íntegramente y sin mutilaciones (Ocampo, "Carta" 175; Navarro, "Boon" 5). Lo femenino no se plantea como lugar o espacio de confusión o anulación, sino de conjunción de distintas facetas de la identidad, de armonía de diferentes aspectos del ser. La escritura, tanto como la identidad femenina, posee una naturaleza hermafrodita: personalidad y ficción que explota, como diría Virginia Woolf, todas sus facultades.

No se puede generalizar, como se ha hecho con la obra de Virginia Woolf, sobre la naturaleza subversiva o reaccionaria de tal falta de feminización. [11] Por el contrario, este rasgo deja de tener un valor universal, unívoco para todo tiempo, obra o lugar, y adquiere su significado a partir del contexto concreto, la España de los 20, en el que nace la obra. El planteamiento de lo femenino que lleva a cabo Chacel, no es una cuestión que pueda ni deba entenderse en términos meramente feministas sino como parte de un programa más amplio de renovación nacional a todos los niveles. La cuestión de la identidad femenina, tal como se plantea en la obra vanguardista de Rosa Chacel, hay que comprenderla en el contexto histórico específico en el que surge, dentro de los parámetros sociales e ideológicos marcados por el nuevo liberalismo español de carácter progresista y la búsqueda de una nueva identidad femenina.

Enfatizar la naturaleza no sólo emocional, sino también racional de la mujer no es un acto gratuito. Le permite a la escritora argüir en favor de los derechos de la mujer a participar en diferentes esferas públicas. En el caso del feminismo de la vanguardia histórica, en consonancia con las ideas del feminismo conservador (para el que lo sensible y sensual refuerza el papel subordinado de las mujeres [Kaplan, 865]), lo femenino no es ya exclusivamente lo sensible, ni lo sensual sino también lo racional. El hecho adquiere la trascendencia de reivindicar para la mujer la categoría de "individuo", de sujeto trascendente e inmanente, que el liberalismo tradicional y el

---

[11] Lo andrógino, dice Toril Moi, es considerado en general una tendencia o posición no feminista (así, por ejemplo, lo considera, según Moi, Elaine Showalter, para quien lo andrógino es el mito que permite a Woolf evadir la confrontación con su feminidad y trascender el conflicto feminista. Woolf, al decir de Showalter, se niega a afrontar el punto de vista femenino, único, su experiencia como mujer y como ente social. Woolf no intenta entender lo que significa ser una mujer (8).

Para Moi, sin embargo, en Woolf, lo andrógino es el reconocimiento de la falsedad de divisiones de lo masculino o femenino. En su escritura desconstruye la oposición binaria masculino/femenino (8). En su interpretación, por tanto, la posición de Woolf es una posición feminista.

liberalismo español había negado a la mujer (Warhol 859). Marañón es quizás el que mejor expresa esta postura de liberalismo re-
tardatario respecto a la mujer. Ésta, señala Marañón, sólo es apta
para los estímulos sensitivos y emocionales, no para la labor mental
abstracta y creadora; a excepción, claro está, de las mujeres superio-
res que están, afirma Marañón, alejadas de esta definición general
de feminidad. El cumplimiento de la función sexual primaria, la
maternidad, lo absorbe todo en ella. Las funciones secundarias –actuación social, elucubración mental y artística– ocupan en ella un
lugar muy limitado ("Sexo" 315).

Al proponer Chacel en *Estación. Ida y vuelta* como ideal femenino una subjetividad, es decir, una conciencia pensante, está plan-
teando una posición en abierto conflicto con lo que en su momento
histórico era la postura más generalizada dentro de los círculos liberales más conservadores; postura que tenía como base fundamental
las ideas de Simmel y a las cuales se opone Rosa Chacel en un conocido ensayo, "Esquema de los problemas prácticos y actuales del
amor", incluido en *Revista de Occidente*. [12] La situación de la mujer,

---

[12] Apoyándose esencialmente en el concepto de persona de Scheler, Chacel argumenta en contra de la teoría de Simmel de que la cultura actual sea una cultura
masculina. El hombre es el ser cuya singularidad esencial sólo se puede definir con
una palabra, "que comprende el concepto de la razón, pero que, junto al pensar
ideas, comprende también una determinada especie de intuición, la intuición de los
fenómenos primarios o esencias". Esa palabra es espíritu. Y denominaremos persona al centro activo en que el espíritu se manifiesta dentro de las esferas del ser fini-
to, a rigurosa diferencia de todos los centros funcionales "de vida" que, considerados por dentro, se llaman también centros "anímicos" (Scheler). Hombre es, por lo
tanto, un concepto que abarca íntegra la esencialidad del ser humano en toda su extensión y fundamento, en todo por cuanto se puede llamarle persona. . . . la cultura
proviene, esencialmente, de esa intuición de los fenómenos primarios o esencias,
que al hombre le es dado objetivar.
¿Cómo decir que la naturaleza esencial de la mujer es unitaria e indiferenciada?
[como dice Simmel] . . . No existe, pues, una oposición efectiva entre la esencia general de la mujer y la forma general de nuestra cultura", como Simmel cree. ¿Cómo
negar que lo que ha hecho poco estimable en general la obra de la mujer no ha sido
nunca la forma torpe, mala encauzadora de grandes caudales de espiritualidad,
sino, por el contrario, la forma hábil, delatora de un bien logrado adiestramiento y
de una desoladora pobreza íntima? . . . En resumen y estrictamente [dice Chacel],
esta teoría que analizamos da por cierto que la existencia de la mujer radica en una
base moral distinta de la que viene manteniendo la vida espiritual del mundo. Simmel juzga que, al pretender la mujer escribir –entendamos pensar– como un hombre, demuestra una "ambición servil". Pero, en verdad, nunca demostró la mujer
mayor vileza que al aceptar este doble postulado que encierra una intención de so-
borno y un fondo de desprecio como hoy no se encuentra en ninguna de las tendencias sociales que consideramos no corrompidas. . . . Hay, como antes dije, en
esta teoría una intención de distanciar a la mujer del mundo espiritual, de crueldad
realmente desusada. (133-46)

como señala Durán, se ve en España como una clara contradicción dentro del Estado liberal, como un residuo del Antiguo Régimen (106). La postura de Chacel se sitúa dentro de la línea del discurso krausista que, al contrario que los grupos feministas y políticos más avanzados de izquierda, señala el papel de la pasión como una estrategia retardataria en la lucha por la reivindicación de la mujer y enfatiza en su lugar el componente racional. En este sentido, Rosa Chacel participa de lleno en la búsqueda de la "nueva mujer" y en la postura feminista que defenderán el liberalismo de nuevo cuño español y mujeres como Margarita Nelken (frecuentemente mencionada en los órganos de difusión vanguardista de *La Gaceta Literaria* y *Revista de Occidente*).

No es este discurso liberal un discurso igualitarista, pero sí un compromiso de libertad y dignificación de la mujer que trata de ennoblecer la misión social de ésta. No se reivindica, al contrario que el feminismo socialista, la emancipación e igualdad política sino, como hace Nelken, la igualdad en la instrucción, el trabajo y el derecho civil. El rechazo de la inferioridad intelectual –relegada al papel de reproductora de la raza– constituye uno de los puntos más destacados del discurso liberal feminista en el siglo XIX y XX. Se enfatiza que una educación lógica conducirá a reforzar el componente racional en la mujer y a incorporarla progresivamente al mundo laboral y político, pero sin poner en peligro el matrimonio, la maternidad, la educación de los hijos o el orden social. Cuanto más instruida sea la mujer, más amante de la familia y del hogar será.

Así, por ejemplo, Margarita Nelken, para quien la libertad proviene del pensamiento, opina que el primer paso en la liberación de la mujer es una educación más lógica y basada en la razón. Este tipo de educación no sólo enseñará a la mujer a ser una mejor compañera del marido y una mejor educadora de los hijos, sino que también facilitará su emancipación moral a través del trabajo y, en consecuencia, el ulterior desarrollo de su sentido social. Mientras que los argumentos antifeministas defendían la debilidad moral de la mujer apoyándose en su supuesta inferioridad cerebral y en su exclusiva capacidad de imitación y terminaban por marginarla del orden social, para Nelken, el ejercitamiento de la razón desarrollará en la mujer tanto una moral como un sentido social fuerte (122).

El énfasis en la educación racional de la mujer hay que ponerlo en relación, sin embargo, con los frecuentes ataques políticos de que ésta era objeto en relación a la naturaleza retardataria de su condición (Marañón, *Meditaciones* 27). La mujer, piensan Margarita Nelken, Díaz Fernández o Marañón, es una fuerza contraria al avance social. Es necesario educar a la mujer en la razón para que adquiera un mayor sentido moral y social. Díaz Fernández señala cómo la mujer española carece de sentido social y es una fuerza reaccionaria en la sociedad (importancia del cristianismo mal entendido en este sentido). Rechaza la emancipación que representa la mujer deportiva y masculina que impulsó el feminismo político y propone que la emancipación femenina sea, por el momento, una reivindicación de colaboración tan sólo social e intelectual. Para ello, la pasión amorosa, dice, será sometida a la disciplina y el equilibrio de la educación racional (45).

En consonancia con estas ideas, Rosa Chacel construye dentro de su novela la propuesta de una nueva identidad femenina. La imagen del árbol –lo vegetal, el organismo unitivo, lo sintético– no expresa síntesis sino que expresa la multiplicación de lo vital: la múltiple ramificación del ser en la historia. A esta multiplicidad hay que superponer una estructura ordenadora. Como en los cuadros de Picasso, la estructura racional funciona como un esqueleto de lo vital. El modelo, sin embargo, incluye, a pesar de la naturaleza organizadora de la razón, ambas facetas: vida y reflexión. A través de este modelo, Chacel está renegociando la definición y construcción de la feminidad, que no es algo fijo sino variable y dependiente del proceso social en el que, como en el caso de Chacel, lo femenino adquiere especiales cualidades y características. En este sentido, la propuesta de Chacel de una mujer "hermafrodita" es una propuesta perfectamente enmarcada dentro del programa de renovación del nuevo liberalismo español. La nueva mujer, mujer racional y vital a un mismo tiempo (siendo la novedad lo primero), forma parte de una propuesta más amplia de renovación y modernización de España. Dentro de esta propuesta la mujer ha de ser una nueva fuerza moral y social en el impulso hacia el progreso, adecuada a las nuevas responsabilidades de la vida urbana moderna.

REPRESENTACIÓN DE LA NUEVA HEROÍNA EN EL DISCURSO ARTÍSTICO
DE LA MODERNIDAD Y LA VANGUARDIA ESPAÑOLA: MANUEL
REINOSO Y MARUJA MALLO

El carácter renovador y hasta revolucionario de esta nueva imagen de mujer y de escritura que ofrece la vanguardia femenina se
aprecia claramente si lo comparamos con la imagen femenina y la
concepción de la escritura que articulan en sus obras algunos de los
artistas asociados al modernismo y la vanguardia española. Es el
caso, por ejemplo, de un dibujo de Manuel Reinoso, artista e ilustrador difícil de ubicar en el panorama artístico en los años anteriores a 1920, pero que a partir de 1925, como señala Juan Manuel Bonet, queda asociado claramente a las vanguardias pictóricas. La
ilustración de Reinoso que aquí se considera sirvió de portada para
Fígaro (1919), libro escrito por Carmen de Burgos y que contiene
asimismo un epílogo de Ramón Gómez de la Serna. [13] Esta ilustración es un ejemplo interesante, desde mi punto de vista, para explorar esta concepción de la identidad y la escritura de la mujer en
comparación con la que el artista ofrece de sí mismo y su escritura
en la modernidad peninsular. Y esto es así, porque Reinoso, al crear
una ilustración que reflexiona, como veremos, sobre el concepto de
mujer y de escritura femenina, pareciera tener en mente –dadas las
coincidencias de motivo y forma en que se estructura el dibujo de
Larra mirándose al espejo– no sólo los retratos existentes de Larra
(incluidos en el mismo libro de *Colombine*) sino asimismo la fotografía de Ramón anteriormente estudiada en la que el escritor se
mira al espejo de la romántica botillería de Pombo; cuya luna patinada, decía Solana, a veces sugería ideas antiguas y transportaba a
los tertulianos del café a la época de Larra (cit. en Gómez de la
Serna, *La sagrada* 296). (Aunque en realidad podría ser que Alfonso hubiera tenido en cuenta la ilustración de Reinoso datada en
1932.) La admiración que sentían Ramón y *Colombine* por la figura
de Fígaro se hizo además evidente en el banquete que en su honor

---

[13] Dice Bonet de Manuel Reinoso en su *Diccionario:* (Madrid ¿-?). Pintor, ilustrador y escenógrafo de la Escuela de París. Su estudio estaba junto al de José de
Creeft. En 1925 colaboró en la fiesta española de Builhier, organizada por Vicente
Escudero. Trabajó con Barradas y con Burmann. Rosa Chacel lo menciona en su libro sobre Timoteo Pérez Rubio. También lo trató González-Ruano, que dice que
"empezó haciendo dibujos publicitarios".

le dedicaron en esta misma botillería de Pombo, y sobre el cual el libro de *Colombine* contiene una sección en la parte XXIII, "Exhumaciones y homenajes póstumos". Una lectura dialógica de la ilustración respecto a la fotografía de Alfonso y los otros retratos conservados del escritor es por tanto legítima porque la ilustración de Reinoso es un caso evidente "de trasparencias superpuestas, de disfraz sobre disfraz, de triple personalidad", como diría más tarde Fernando Vela en "El arte al cubo" –aunque refiriéndose a la actuación de una bailarina rusa en la que se percibían ecos del charlestón de Loïe y el *dancing* de Josefina Baker (80). La ilustración de Reinoso es una "filigrana" estética, un palimpsesto donde confluyen las referencias culturales a las personalidades literarias de Larra, Ramón y la misteriosa "Ella" descubierta (probablemente *Colombine*). Esta confluencia, junto con el juego de espejos e imágenes evidente en el dibujo –como en el caso de la fotografía de Alfonso o el fragmento transcrito de *Estación. Ida y vuelta*– le permiten a Reinoso, entre otras cosas, reflexionar no sólo sobre la identidad de Larra sino sobre todo, como veremos, reflexionar sobre la naturaleza de la identidad y la escritura femenina.

En la portada del libro, el título, *Fígaro* (en rojo), junto con el nombre de la autora, aparece en grandes caracteres en la cabecera de la página. El libro, sin embargo, tiene un extenso e intrigante subtítulo: "Revelaciones, 'Ella' descubierta. Epistolario inédito. Numerosos grabados". Entre el título y el subtítulo de la autora se inserta la ilustración propiamente dicha: un complicado juego de espejos en el que destaca la figura ambigua y perturbadora de Larra. La feminización de Fígaro –y en especial de su rostro– es evidente cuando se le compara con otros dos retratos de Larra incluidos en el mismo libro de *Colombine* (Figs. 17 y 18). Al contrario que estos retratos, la imagen de Larra en la ilustración de Reinoso es la de un dandy muy *fin-de-siecle*. (En este sentido, afirma Lisa Davis, hay que recordar que la figura del dandy alcanza popularidad en la península entre los años de la Primera Guerra mundial y tiene como uno de sus más conocidos propagadores a Gómez de la Serna [en Fernández Cifuentes 99 y 103].) Los retratos, al contrario que la ilustración de *Fígaro*, no plantean ninguna duda sobre la masculinidad del escritor (y de su escritura, podríamos inferir). La ilustración de Reinoso, por el contrario, connota una ligera ambigüedad. La feminidad de este Larra es obvia sobre todo en la sensualidad de unos labios artificialmente pintados de rojo. No es éste, sin embar-

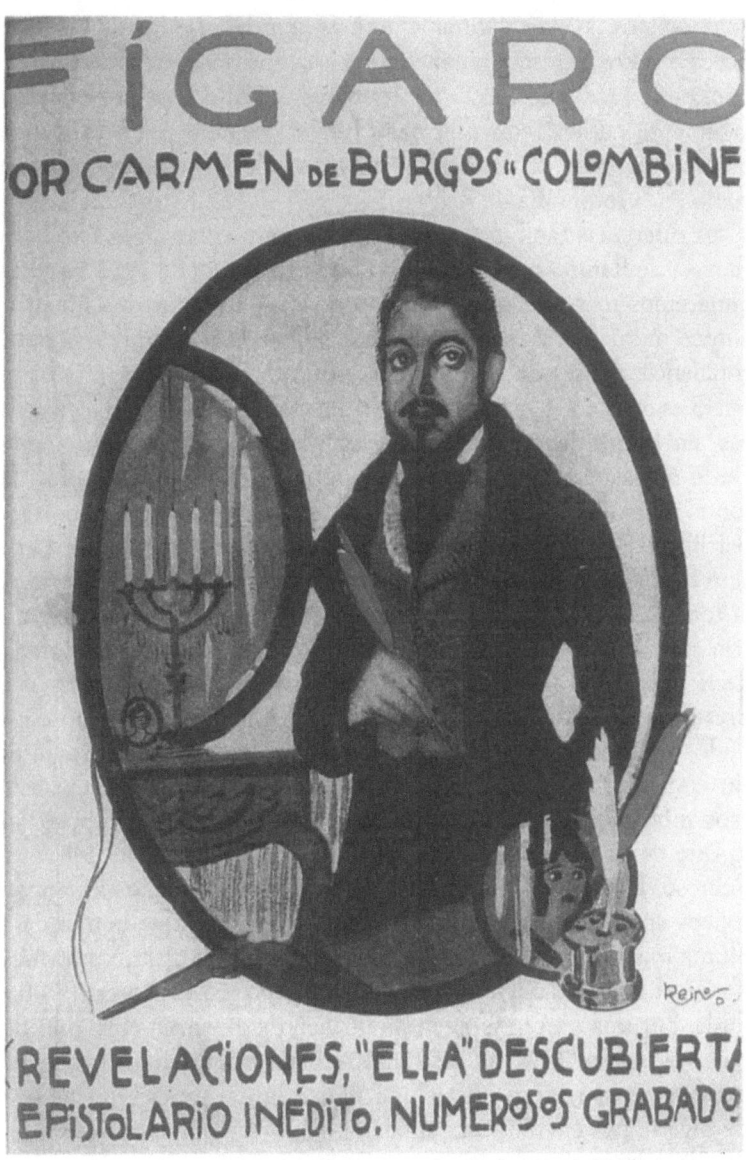

Fig. 16. Reinoso. Cubierta de *Fígaro* (1919)

go, el único rasgo que marca la naturaleza femenina de este Fígaro: la blandura del rostro y la languidez de una mirada menos incisiva y de unos ojos también ligeramente más grandes que los de los anteriores retratos le restan igualmente masculinidad al escritor. La ilustración de *Fígaro* de 1919 muestra además a un Larra en pose afectadamente natural con una mano en el pantalón y en la otra la pluma; esta pose de dandy está ausente tanto en los otros retratos como en la fotografía de Ramón.

A diferencia también de los retratos, pero como en la fotografía ya vista de Ramón o en el cuadro de Diego Rivera de 1915 que examinaremos más adelante, Larra sostiene una pluma roja mientras parece mirarse al espejo en un acto reflexivo que implica la autoconciencia del ser en el acto de la escritura. Y si en los retratos de Larra es obvio que se trata de reproducciones pictóricas o fotográficas, en la ilustración de Reinoso este hecho es más cuestionable. Dado quizás el grosor del marco y la palidez en tono del color del fondo de la ilustración, la impresión del lector es que en la portada del libro de *Colombine* lo que tenemos no es el retrato de Larra sino la imagen reflejada de Larra en el espejo (como hace Ramón en la fotografía de Alfonso). Esto no se puede, sin embargo, afirmar con rotundidad. La ambigüedad respecto a la naturaleza especular de la imagen de Larra en la ilustración de Reinoso se origina en la presencia de varios motivos que están significativamente ausentes de los retratos anteriores (aunque algunos de ellos estén presentes, sin embargo, en el cuadro de Rivera de 1915). Es la presencia de esos motivos, de esos otros retratos y espejos de la composición, lo que empaña la naturaleza especular de la figura del Larra de Reinoso. La figura de la imagen de la mujer de cabellos levemente rojizos en el margen inferior derecho –a la que dirige la mirada la pluma roja que sostiene Larra– nos permite, entre otras cosas, cuestionar el mismo carácter especular de la imagen de Larra. No hay duda, por una parte, de que esta imagen de mujer en el ángulo derecho es especular ya que las sombras blancas indican los reflejos de luz que se proyectan en la luna patinada del espejo. La imagen de Fígaro, por el contrario, al yuxtaponerla a esta imagen especular de ella, parece ahora más que reflejo en el espejo, fotografía enmarcada. La figura de mujer es por tanto la de la espectadora, el sujeto de la mirada que, como nosotros, se sitúa fuera del espacio compositivo y observa una escena en la que está incluida ella misma reflejándose en el espejo.

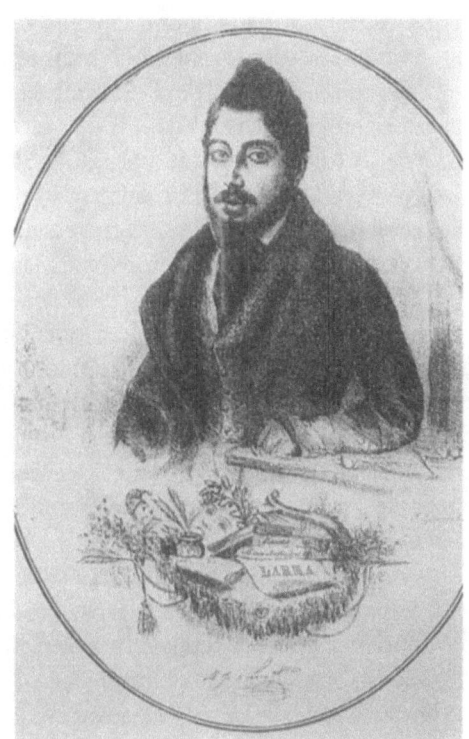

Fig. 17. Retrato de Larra en *Fígaro*

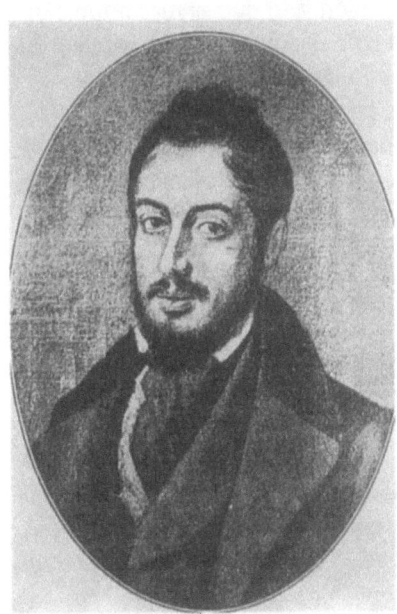

Fig. 18. Retrato de Larra en *Fígaro*

Es cierto que dada la ambigüedad de la ilustración ésta puede tener varias lecturas. Frente a la interpretación más obvia que hace de la figura del escritor, del Larra-dandy y de su escritura, los motivos de la reflexión visual del dibujo de Reinoso, opto sin embargo por una lectura igualmente posible en la que se argumenta que el motivo central de esta ilustración es la reflexión sobre la identidad y la escritura femenina. Esta interpretación queda reforzada por la misma organización de los motivos de la composición. El color rojo lleva la mirada del espectador desde los labios rojos y sensuales de la figura de "Fígaro" a la pluma que éste sostiene en la mano, y de ésta a una segunda pluma, también roja, que parece emerger del rostro femenino en el espejo del margen derecho de la composición. El dibujo se organiza de tal manera que los ojos del espectador recorren un triángulo que va del rostro femenino de Larra a la figura de mujer en el espejo y de esta imagen a otra figura de mujer más diminuta y enmarcada en lo que parece un pequeño retrato. Este retrato, paralelo al anterior, se sitúa encima de una mesa, junto a un candelabro de cinco brazos, y enfrente de otro espejo ovalado donde no aparece reflejada imagen humana alguna. La reiteración de la forma ovalada de los espejos y retratos refuerza, frente a la figura central de Larra, la presencia de la imagen de la figura femenina. La disposición de los elementos del dibujo le permite así a Reinoso otorgar unidad a la composición y, lo que es más importante, problematizar la cuestión de cuál es realmente el motivo central de este dibujo: el Fígaro levemente afeminado y perturbador que parece buscar su Otro femenino, el fantasmal Ramón del cuadro de Rivera, o la "Ella" enigmática y "descubierta" del subtítulo que se puede asociar con esa anónima figura del espejo al mismo tiempo que, quizás, con la "autora" del libro, *Colombine*, conocida en la época como la "dama roja".

La acumulación de todos estos elementos presentes en la composición del dibujo –disposición de los motivos, afeminamiento de la figura de Larra, reiteración de la imagen de mujer en su doble vertiente especular y fotográfica, feminización del sujeto de la mirada que exterior a la composición misma la contempla y, finalmente, la sugerencia del mismo subtítulo "Ella descubierta"– apuntan a lo que podría ser considerado el verdadero motivo de la composición de Reinoso: "Ella". Una Ella que sugiere una doble identidad: por un lado, Dolores, la musa inspiradora del epistolario de Larra y que en la interpretación de Reinoso, como sugiere el motivo de la pistola, fue causa de la desesperación y pasión del suicida romántico; por otro lado, la figura de la mujer escritora, sea ésta *la dama roja* (como insinúa la pluma), la anónima figura del retrato –la musa epistolar de Larra– o, lo que es más probable, una imagen sincrética de ambas.

Como en el caso de las figuras de Ramón y Fígaro, la "Ella" del espejo parece ser consciente de que es el acto reflexivo de la escritura (la pluma y el tintero frente a la imagen que se refleja en el espejo) el medio que permite articular y reflexionar sobre la verdadera identidad de su ser femenino; es decir, su imagen reflejada en el espejo. La verdadera naturaleza de esta "Ella", parece desprenderse de todo esto, sólo es posible como en el fragmento transcrito de la novela de Chacel mediante un complicado juego de representaciones múltiples y mediante un artificio estético en forma de palimpsesto donde para mostrar la complejidad de la identidad femenina se yuxtaponen diferentes transparencias o identidades: la identidad de Fígaro, la de Ella o el Otro femenino (la de *Colombine* o la de la anónima receptora de las cartas de Fígaro) y probablemente la del mismo Ramón Gómez de la Serna. Ambos recursos estéticos –el juego de espejos y el palimpsesto humano que es Fígaro– facilitan una mirada oblicua, la única capaz de aprehender la identidad femenina de una 'Ella' finalmente descubierta. Pero al contrario que la imagen del hombre vanguardista, que se emblematiza como veremos en Ramón, o la imagen de sí mismas o de su escritura que ofrecen en sus obras Chacel o Mallo, la identidad femenina que se configura en las obras de los artistas españoles de la época es, como en el caso de Reinoso, la de un ser y una escritura donde el énfasis en las emociones frente a lo racional sigue siendo el componente de mayor fuerza. La identidad de "Ella" sólo es posible definirla de forma oblicua –mediante unos labios carnales y rojos– a través de la figura romántica y suicida de Larra o, si escuchamos los ecos que la evocación de Fígaro mirándose al espejo nos susurran, superponiéndola también a un Ramón asimismo ambiguo y "larrizado".

Es por esta razón por la que a pesar del inicio de feminización de la perturbadora figura de Larra, sin embargo, el proceso de "travestismo" no se completa abiertamente. Y no se completa porque los indicadores iconográficos del "exceso" sexual se limitan a los labios pintados y a la pose de dandy y se evita la transgresión en la indumentaria. No se sobrepasan así sino muy levemente, como diría Marjorie Garber, los márgenes de la adscripción genérica y el decorum sexual. Continuamos leyendo la imagen como la de una figura masculina ligeramente lánguida y femenina y no como el retrato de un homosexual, un transexual, un travestí, o un hermafrodita. Y sobre todo, se evita la posibilidad de una lectura de la figura de Fígaro como la de un andrógino. Un mayor grado de transgresión de la figura de Fígaro en cualquiera de las opciones mencionadas hubiera implicado, como dice Marjorie Garber a propósito del travestí (Garber 16), la re-estructuración de las oposiciones binarias tradicionales, la creación de un espacio de posibilidad genérico y literario que se articulara de acuerdo a paradigmas de representación diferentes a los asumidos para la mujer, el hombre, la escritura femenina y la masculina del modernismo español de principios de los años veinte. El amago de travestismo –o androginismo– presente en la figura de Fígaro/Ella no es suficiente a principios de los años veinte para hacer entrar en crisis las categorías de lo masculino y femenino (al contrario que el androginismo, por ejemplo, que, según Charnon-Deutsch, permitió a la mujer durante el siglo XIX borrar poco a poco las nociones de diferencia sexual y crear así en el ámbito de la literatura y el arte ambivalencia, subversión y cierto grado de negociación (3-4). En la ilustración de Reinoso, tales categorías, a pesar del conato de ambigüedad, se mantienen. Fígaro, a pesar de la feminización y la centralidad del motivo de la identidad femenina, no es un travestí. Fígaro es todavía Larra y no abiertamente "Ella".

La ambigüedad sexual de Larra, por el contrario, junto con el juego de espejos y motivos del dibujo no hace en el caso de la ilustración de Reinoso sino reforzar la noción misma de diferencia al marcar la emoción y la sensualidad como lo "verdaderamente" característico de la identidad y la escritura femenina. La identidad femenina, a los ojos del ilustrador Manuel Reinoso, seguirá dependiendo fuertemente del concepto romántico de emoción y sentimiento (aunque la identidad y escritura masculina amague un conato de "feminización" al sensualizarse como ocurre en el modernismo, y como bien expresa el dandismo de este Larra descontextualizado). La escritura femenina (la escritura que representa *Colombine*), aunque sea autoconsciente como muestra la mirada en el espejo, deberá para Reinoso tener como modelo la literatura romántica y habrá de ser por tanto confesional y emotiva, cauce de expresión y de desahogo de sentimientos y emociones considerados propiamente femeninos. El modernismo peninsular resiste tanto la irrupción de una imagen transgresora de mujer (favoreciendo lo femenino sólo como complemento de lo masculino) como de una escritura "varonil". La mujer debe ser femenina y debe escribir como una mujer. Reinoso propone así una escritura de carácter decimonónico en la que, como ha señalado Susan Kirkpatrick, se reserva para la mujer el espacio de las emociones y sentimientos tiernos, la sensibilidad ante la belleza natural o el padecimiento humano. La identidad y la escritura femenina será pues para el modernismo masculino tan sólo un vehículo de descubrimiento –como dice el subtítulo– de una "Ella" incompleta: la Ella exclusivamente emocional (Introducción).

Frente a esta imagen disminuida de la mujer y de la escritura femenina la pintora Maruja Mallo propone, como Rosa Chacel, una imagen más entera y completa de la mujer, que aúne no sólo la faceta vital sino también otros componentes del ser humano como la racionalidad o espiritualidad que tradicionalmente habían sido asociados a la identidad del ser masculino. Maruja Mallo, también en la constelación del grupo de Ortega y la *Revista de Occidente*, para la que trabaja como dibujante y en cuya sala de exposiciones presenta sus primeros trabajos en 1926, intenta crear y controlar a través de su obra vanguardista la identidad femenina. [14] Como se observa en una de sus composiciones, aparecida en *La Gaceta*

---

[14] Dice Bonet en su *Diccionario* sobre Maruja Mallo o María, seudónimo de Ana María Gómez González Mallo (Vivero, Lugo, 1902-Madrid, 1995). Pintora. . . . A comienzos de los años veinte trasladó su residencia a Madrid para estudiar en San Fernando, donde hizo amistad con Dalí, y a través de él con García Lorca y otros poetas. . . . Su primera individual tuvo lugar en 1928 en los salones de *Revista de Occidente*, y constituyó un acontecimiento, saludado por Manuel Abril en las páginas de dicha publicación, y de *Revista de las Españas*. En 1930 participó en la Exposición de Arquitectura y de Pintura Modernas de San Sebastián. Su obra de aquel entonces, muy "nueva objetividad", consistía en lienzos sobre el tema de la verbena –recordemos también su *Elementos de deporte*– y en estampas en las que recreaba motivos urbanos (rascacielos, escaparates, máquinas, maniquíes) y cinematográficos. De la fascinación que Maruja Mallo ejerció sobre la "nueva literatura" nos dan una idea los artículos que sobre ella escribieron Antonio Espina en *La Gaceta Literaria*, Fernández Almagro en *Verso y Prosa*, Gasch en *L'Amic de les Arts*, Giménez Caballero en *Papel de Aleluyas* . . . [y otros] [La serie de *Cloacas y Campanario*] es uno de los grandes momentos de la obra de la pintora, entonces cercana a los planteamientos "vallecanos" –. . . En 1932 fue a París con una beca de la Junta de Ampliación de Estudios, celebrando una individual en la Galerie Pierre; ahí trató a los surrealistas . . . Participó en las exposiciones de la SAI de Copenhague (1932), Berlín (1933) y París (1936). . . . En 1933 . . . Su tercera individual, y última antes de la guerra civil, la organizó ADLAN en 1936, y tuvo por marco el Centro de Estudios e Información de la Construcción de Madrid, con catálogo prologado por Azcoaga; en ella presentó algunos de los cuadros de la mencionada serie *Cloacas y campanarios*, sus constructivas *Arquitecturas minerales y vegetales*, los dibujos de la serie *Construcciones rurales* y sus bocetos para el ballet *Clavileño* . . . Marchó al exilio en 1937, Buenos Aires (Bonet 392-93).

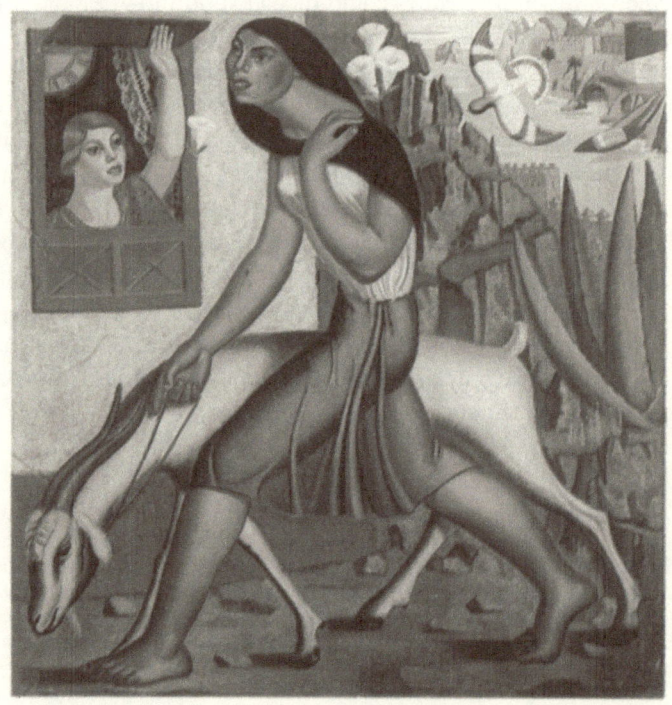

Fig. 19. Maruja Mallo, *La mujer de la cabra*, aparecida en *La Gaceta Literaria*

Literaria en 1927 (Fig. 19), Mallo trata de encontrar, al igual que Rosa Chacel en la escritura, un nuevo lenguaje pictórico con el que construir la imagen femenina de la "nueva mujer", una naciente subjetividad que tradicionalmente había sido excluida del mundo de la representación artística masculina. [15] En este sentido, Mallo "descoloniza", como diría Lisa Tickner, "el territorio" que constituye la imagen femenina en el arte modernista y vanguardista masculino dotándolo ahora de diferentes valores y significados (Betterton 4; 204).

En *La mujer de la cabra* (1927), pintura que pertenece probablemente a la serie "Elementos del campo", el motivo central es la figura de una joven pastora. La composición, que en principio se interpreta como la de una campesina dirigiéndose a trabajar, connota sin embargo otros significados que es necesario tener en cuenta. La decidida actitud de la joven expresa no tanto un gesto de actividad laboral como un gesto de huida y alejamiento de ese mundo rural. La idea se pone aún más de relevancia si se trae a la mente –lo cual el mismo cuadro sugiere– el motivo de la mujer caída, característico de la pintura del siglo XIX, en el que la joven campesina abandona el mundo familiar y rural para dirigirse a la ciudad y consecuentemente caer, de acuerdo a la simbología decimonónica, en el pecado, la corrupción y la pérdida de la inocencia rural.

Si analizamos el espacio pictórico, observamos en primer lugar la yuxtaposición de dos sistemas espaciales distintos dentro de la tela, separados por el artificio, tradicional en la pintura femenina del XIX, de la ventana con la baranda. La separación marca la típica división, característica de la cultura burguesa, entre el espacio privado y el espacio público, el espacio del hogar asignado a la mujer (la figura de la ventana, al fondo del cuadro) y el espacio de la calle asignado al hombre (el espacio donde se inserta la figura de la joven trabajadora). Esta división no es tan sólo una separación espacial sino también, como es bien sabido, una división ideológica. La mujer tradicional es concebida como detentadora de los valores de la

---

[15] Maruja Mallo no es, como han querido ver algunos críticos, una pintora exclusivamente surrealista. Su pintura, como ha señalado García de Carpi, más que surrealismo, es "actitud vital 'surrealista'", y esto a partir de 1932 (García Carpi 163-172). La misma Maruja Mallo ha sido por otra parte reacia a proclamarse surrealista. Su obra, muy personal, se localiza dentro de ese vanguardismo ecléctico, que toma elementos de todas las nuevas tendencias, tan característico de la vanguardia española, como ha señalado Calvo Serraller (6-7).

pureza y la virtud, como piedra angular de la estabilidad familiar y social; es también guardiana sacrificada del hogar, la familia, buena madre y la figura que preserva los valores tradicionales. La separación temática, sin embargo, está marcada, al mismo tiempo, por una diferencia en la perspectiva. Mientras que el espacio pictórico en el realismo clásico (verosímil) funciona como una caja en la que los objetos se distribuyen de acuerdo a una relación abstracta y de orden racional, en el realismo "fenomenológico", como el que observamos en la pintura de Mallo, los objetos se distribuyen de acuerdo a jerarquías de valor subjetivas establecidas por la pintora. Esta distribución del espacio le permite a Mallo establecer una jerarquía o distancia psíquica respecto a los objetos y las figuras que se distribuyen en los dos espacios de la tela. Las figuras y los objetos son presentados en relación a cómo son experimentados por el observador. La dislocación que produce la ruptura con la perspectiva geométrica clásica entre el primer plano donde se sitúa la muchacha y el plano donde se sitúa la casa y la mujer de la ventana pone de manifiesto la distancia psíquica y rechazo del espacio privado de la casa y los valores que esto conlleva. El espectador es, por una parte, alejado bruscamente del segundo plano; las figuras y los objetos quedan comprimidos en el fondo del cuadro ofreciendo la impresión de un espacio estrecho y opresivo; por otra parte, el espectador es forzado a enfrentarse al motivo central del cuadro, la muchacha del centro, que se extiende casi por la totalidad del espacio pictórico.

La figura del espacio privado –que carece de la movilidad de la figura central, y cuyo aspecto físico o el mismo estilo del peinado hablan de cierto conformismo tradicionalista– crea con su mirada y el gesto de saludo a la joven pastora un espacio transicional entre el espacio privado e interior y el espacio público y externo donde se desenvuelve la joven. La misma actitud de movimiento de la figura central, que parece dirigirse a un lugar indeterminado, sugiere la idea de un personaje que no se instala férreamente en el espacio público, sino que está en tránsito, suspendido a mitad de camino. La idea de movimiento y tránsito se refuerza con el juego de miradas: la mirada de la mujer del fondo dirigida a la pastora no es devuelta por ésta. Los ojos de la joven, por el contrario, miran hacia el frente y un poco hacia lo alto y abren, de esta manera, el espacio. Esta apertura espacial subraya la idea de que la joven sale del entorno del hogar y enfatiza aún más la diferencia de los espacios en que se desenvuelven ambas figuras.

Si se centra la atención en el trazado de la figura central, la técnica compositiva recuerda bastante a la utilizada en la perspectiva egipcia. En oposición a la pintura clásica donde se distingue, como en los seres vivientes, una ley central o fuerza interna, en la pintura y escultura egipcias los elementos, dice Mallo, se yuxtaponen sucediéndose unos a otros "como se extienden los seres inorgánicos, por aglutinación" (Gómez de la Serna, *Maruja* 29). La técnica de la yuxtaposición le permite a Mallo configurar una imagen femenina por aglutinación de rasgos si no contradictorios, sí tradicionalmente contrapuestos.

La composición de la figura podría subdividirse en tres planos o niveles paralelos: el plano superior de la cabeza que incluiría el cuello y los componentes adyacentes en este espacio (el lirio y la paloma); el plano medio del tronco; y el plano inferior de las piernas y la cabra. En el plano superior, el lirio y la paloma funcionan como símbolos icónicos que conectan la figura de la joven con la tradición de la representación pictórica mariana; en este contexto, el lirio y la paloma connotan espiritualidad, pureza (lirio) y castidad de cuerpo y alma (paloma). Esta idea queda reforzada por el largo cuello de virgen gótica de la joven y la pudibunda y espiritual cabeza cubierta por la toquilla. La mirada de la muchacha es, al contrario que la de ciertas figuraciones masculinas de la época (*La Chiquita Piconera* de Julio Romero de Torres, por ejemplo) levemente lánguida. La joven, a diferencia de *La Chiquita* (fig. 20), no mira ni demanda sensualmente al observador. La suya no es la mirada de mujer un tanto fatal, que observa al espectador, insinuándosele. La mirada de la joven del cuadro de Mallo es una mirada levemente espiritualizada. Todo el plano superior configura, pues, la figura de la pastora al modo de una casta Inmaculada, figura que durante todo el siglo XIX revestía las virtudes y cualidades más importantes para el modelo normativo femenino (Kirkpatrick).

El plano intermedio del tronco, a diferencia del nivel superior e inferior laterales –como en el caso de las configuraciones pictóricas egipcias–, parece girar hacia el frente. Como respondiendo a este cambio de perspectiva, la espiritualidad de la cabeza abre paso a una configuración menos frágil y más corpórea. Las formas femeninas del tronco se marcan ahora de manera más rotunda, aunque sin erotizar sin embargo la figura (como sí se hace, por ejemplo, en el caso de *La Chiquita* de Romero de Torres que deja percibir al observador el hombro y brazo desnudos en un amago de desnudo

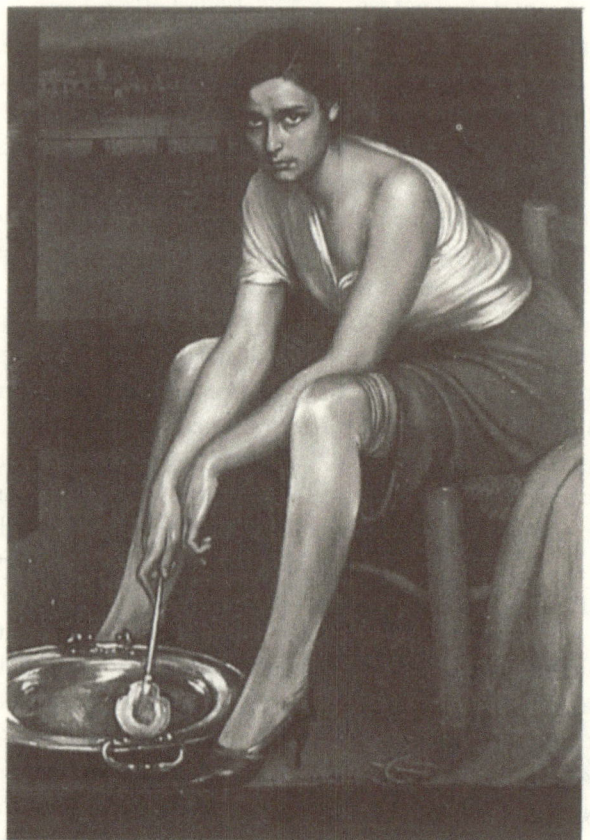

Fig. 20. Julio Romero de Torres, *La Chiquita Piconera*

también del pecho). La corporeidad, más que sensualizar "materializa" a la joven. Mallo, aunque renuncia a la configuración de una mujer sensual sometida a la pasión desatada y sin límite, no descarta sin embargo la naturaleza humana y corporal de la figura. La naturaleza material de la imagen no queda excluida pero tampoco es puesta de relieve. No es ni la madona pura ni la mujer de sentidos desatados. Es una figura a medio camino entre la espiritualidad y la sensualidad.

La espiritualización inicial del primer plano termina por desvanecerse completamente en la sección inferior del dibujo, la que ocupa el trazado de las piernas. Una vez más, la perspectiva ha cambiado. Al contrario que en la impúdica representación –para la época– de *La Chiquita*, que, desinhibida, muestra la liga y unas largas piernas satinadas y ligeramente abiertas, las robustas y dinámicas piernas de la joven de Mallo no arrastran trazo alguno de sensualismo. Al contrario también que los pintores vanguardistas (Broude 293-311; Betterton 217-33), donde la imagen de la mujer queda casi siempre en un plano inferior a la del pintor (en Matisse, por ejemplo), la pintora se sitúa en una posición inferior a la del motivo poniendo de relieve de esta manera la potente configuración de las piernas de la joven y la seguridad de su gesto dinámico (perspectiva que también encontramos en el cuadro de Romero de Torres, aunque en este caso con intención totalmente contraria, la de destacar la sensualidad y morbosidad de la larga pierna, no su dinamismo). En la composición de Mallo, la mujer no se deja dominar por una mirada masculina degradante y agresiva. Deja de ser el objeto de la mirada masculina, para ser sujeto, que como en la obra de Chacel, también mira. Toda esta sección expresa actividad, impulso y energía, como indica no sólo el gesto de las piernas sino también las líneas dinámicas de los pliegues de la falda. Todos estos rasgos son poco frecuentes en la configuración de la imagen femenina del arte occidental donde impera la quietud, el estatismo, la falta de voluntariedad y energía vital e incluso, en las pinturas vanguardistas o modernistas, el abandono de las figuras femeninas. En estas últimas, como ha señalado Carol Duncan, la mujer, sensual, morosa, grácil, quebradiza, desmayada, melancólica, se ofrece en espectáculo (en Broude 293-311). La joven de la composición de Maruja Mallo no es la mujer mutilada, de mirada de sueño y sonambulismo; no es la mujer pasiva y victimizada del vanguardismo europeo. Es, por el contrario, la mujer de la energía controlada, el impulso dirigido y armónico, no del instinto libre y sin control. A su lado, la cabra, símbolo de los impulsos más naturales y desatados, está sujeta firmemente por la mano de la campesina. La mujer de Mallo es la mujer de acción controlada que en el trabajo diario, no en la pasión desatada, se realiza en un acto de libertad. Es la nueva juventud que rebosa fuerza, seguridad, salud, actividad y que "avanza... como una tromba" (Gómez de la Serna, "Estudio" 9). Es la imagen de un ser independiente y una confirmación de la vida.

La técnica de la yuxtaposición de diferentes perspectivas le permite a Mallo crear una identidad femenina que escapa a la tradicional dualidad del ángel frágil o el monstruo de los sentidos: de la mujer dulcemente pasiva, dócil o de la Salomé (esfinge, medusa, Circe o Dalila) agresiva que se niega a ser sumisa y adoptar el papel que la sociedad le ha reservado. La movilidad de la perspectiva, tanto en el trazado de la figura central como en el de los diferentes planos escénicos, que fuerza al espectador a un cambio constante de puntos de vista (movilidad que algunos críticos como Mulvey identifican como rasgo característico de la mirada femenina), le permite a Mallo configurar la imagen de una mujer integral y heterogénea. Ni la composición ni la identidad femenina son la expresión de una fantasía de unidad sintética porque reconocemos dentro de la totalidad los diferentes componentes y las diferentes perspectivas. La pintora produce en su dibujo la representación ideal de un sujeto femenino múltiple, un conglomerado de cualidades diversas, una imagen global y enteriza donde se integran armónicamente aspectos diferentes de la feminidad: lo espiritual y lo vital. La joven de Mallo coordina las imágenes opuestas (no necesariamente contradictorias) de la mujer del espíritu, que nada dice a los sentidos, y la mujer inserta en la naturaleza humana, en el transcurso histórico y en el mundo del trabajo.

La comprensión de la mujer que se configura en la obra de Maruja Mallo es la de una Eva que, como diría Antonio Espina, deja de estar material y espiritualmente cautiva, que se ha hecho moderadamente libre en las ideas y en el cuerpo, en las emociones y en la economía; es la mujer que ha hecho conquistas esenciales aunque limitadas en el camino de la libertad (*Nuevo* 71). Es la mujer que aunque se incorpora socialmente al mundo de las relaciones y las actividades sociales y laborales, al espacio abierto y público, y gana así en individualidad y emancipación, no se identifica sin embargo con el hombre y se ejercita, como diría Guillermo de Torre ("Margarita"), en un "feminismo femenino". Es la imagen de la emancipación a través del trabajo, no del erotismo y la liberación de los sentidos como habían propuesto, entre otros, Felipe Trigo o las juventudes socialistas.[16] Ni es el ángel del hogar, ni las delicuescentes y espirituales mujeres del modernismo, ni la mujer deportiva y masculina que impulsó el feminismo político, ni la mujer agresiva de la

---

[16] Para Hildergart Rodríguez, feminista en la línea del socialismo, la mujer española de principio de siglo es la víctima de la presión moral de la religión. La sexualidad se convierte en un baluarte esencial para la revolución social de la España de entonces. Es vista como un hecho gozoso, saludable y responsable de libertad entre los jóvenes (en Durán 152).

vanguardia más extrema que expresa su deseo de libertad absoluta y de confirmación de la vida, al contrario que la joven de la composición de Mallo, tanto en formas agresivas y perversas como en rebeldía política y social. La mujer de Mallo es la mujer de la disciplina y el equilibrio. Es atlética, con ambición, encantadora, brava, fuerte, saludable, casta y gentil. La nueva mujer que, como pedían los intelectuales del momento (Corpus Barga 232), sabe desempeñar bien su papel en una sociedad occidental culta y que, como la misma Maruja Mallo, en la opinión de Giménez Caballero, respeta el pasado y avanza hacia adelante (*Julepe de menta*).

Al orden nuevo, al nuevo universo, a la nueva humanidad, corresponde una nueva concepción plástica de la mujer. Para Mallo, que ve la naturaleza de los hechos históricos y el arte como fenómenos incesantemente unidos y que, inconscientemente, entiende el arte como propaganda (en Gómez de la Serna, *Maruja* 32), la pintura se transforma en lugar donde se construye la nueva idea de feminidad nacional, donde el significado es producido y negociado, no sólo reflejado, en el espacio pictórico. De igual manera que la mujer de Rosa Chacel, la trabajadora de Mallo –que considera lo popular "la afirmación permanente de lo nacional" (Gómez de la Serna, *Maruja* 39)– es la imagen propuesta como la nueva identidad ideal de la mujer española: la mujer que aúna polos opuestos y que está en plena consonancia, como la misma Maruja Mallo, con el *heterogéneo* espíritu y genio español (Gómez de la Serna, *Maruja* 7).

La vanguardia le permite tanto a Rosa Chacel como a Maruja Mallo construirse como sujetos a través de la obra de arte. Muestran una clara conciencia sobre lo que es o debería ser el ser femenino en el nuevo orden liberal que empieza a tomar forma y que se terminará de delinear en la Segunda República. Cuestionan el antiguo ideal de feminidad y escritura femenina (que ejemplifica bien la ilustración de Reinoso) y producen en su obra unos nuevos, en consonancia con lo que esta generación considera el genio español: la heterogeneidad. En ambos casos, la idea de integridad o hibridación es la clave. Integridad de diferentes aspectos antes polarizados y contrapuestos: lo racional y lo vital en Rosa Chacel, lo espiritual y lo dinámico en Maruja Mallo. Ambas artistas hacen uso de formas artísticas e ideológicas comunes a otros intelectuales asociados a la vanguardia para adaptarlas a su propia visión y concepto de la feminidad, pero al mismo tiempo participan de un programa cultural, político, ideológico y social común a todos ellos. Su concepto de feminidad está históricamente construido y sigue, como dijimos, el discurso liberal sobre la "nueva mujer" que alcanza predominio en Europa por los años veinte (Todd 3-38). Nace en este momento un discurso diferencial resultado de la crisis del pensamiento igualitario y coincidente, como se ve claramente en el caso español, con la crisis del pensamiento individualista liberal de la época de entreguerras. La nueva mujer se aparta de las demandas políticas del feminismo más intransigente en favor de "un feminismo más femenino". El énfasis en la responsabilidad moral y en una educación más lógica, como en el caso de Chacel, o el énfasis en una energía y actividad controlada que incorpore a la mujer al mundo social y del trabajo, al mundo del devenir histórico y vital, expresan un programa de renovación del individuo en general, y de la mujer en particular, como un nuevo ser individual y social al mismo tiempo. En la realización de estos presupuestos la mujer vanguardista llega hasta límites a los que el hombre vanguardista –como ha mostrado Susan Suleiman, para la que la vanguardia, en complicidad con la ideología dominante, no ataca el patriarcado (*Subversive* 14-24)– no llegó en la definición de la mujer en el arte aunque sí en la definición de la identidad masculina.

CAPÍTULO 4

LA VANGUARDIA REHUMANIZADA: REPRESENTACIÓN DEL NUEVO HÉROE EN EL DISCURSO ARTÍSTICO Y LITERARIO DE LA VANGUARDIA ESPAÑOLA

L A imagen de la mujer completa e integral que ofrecen las escritoras y artistas de la vanguardia tiene su correspondiente paralelo en el perfil del nuevo modelo de hombre ético y político propuesto en muchas de las obras de la vanguardia española. No hay discrepancias, por tanto, en este sentido en cuanto al proyecto ético y sociopolítico defendido por gran número de estos intelectuales. La conceptualización humana e ideológica articulada en el nuevo arte y la nueva literatura necesita, sin embargo, crear un punto de contraste donde poder confrontar la imagen del hombre nuevo. Como en el caso de la ilustración de Reinoso, los artistas y escritores de la vanguardia hacen de la figura femenina, de su imagen incompleta y disminuida, el elemento de comparación que posibilita apreciar la relativa radicalidad del modelo de subjetividad masculina por ellos propuesto. En un momento en que la emancipación femenina, como nos recuerda Catherine Davies (136-37), había conducido, en opinión generalizada entre los intelectuales de principios de siglo, a una crisis del concepto de masculinidad, el nuevo héroe vanguardista nace enfrentado no sólo a la imagen literaria y artística dominante a principios de siglo del bohemio, del dandy o incluso del hombre predominantemente racional del novecentismo, sino sobre todo nace enfrentado a la imagen de la mujer. La respuesta del artista de vanguardia es con frecuencia la disminución física y personal de las imágenes femeninas que para cumplir apropiadamente su función de ser término de comparación, han de emblematizar al ser incompleto y mutilado. La imagen femenina que se articula en las novelas y el arte de los artistas y escritores de la vanguardia es, al contrario de la que ofrecen las propias artistas y escritoras, la de una mujer cuya identidad, en función casi siempre de la identidad masculina, se define por el rasgo emocional frente al carácter más marcadamente racional del hombre. En este sentido, como señala Fuentes Mollá, la influencia de las teorías de Ortega (y de Simmel en último término, diría yo) sobre las funciones masculina y femenina se deja sentir sobre la novela y el arte de vanguardia. La mujer suele tener características irracionales, imaginativas y vitales. Las protagonistas de las novelas vanguardistas constituyen prototipos de lo femenino entendido, en palabras de Ortega, como un "poder irracional". Con frecuencia, simboliza la naturaleza tradicionalmente "más humana" del ser, sus impulsos, sus instintos y emociones. Su psicología contrasta con el temperamento racional del hombre. Fuentes Mollá ve la figura del hombre como "una mente intelectual", puramente racional, que descubre repentinamente el mundo de *vitalidad primaria* en la mujer. La conquista de la mujer por el hombre, "el encuentro, o los sucesivos encuentros, entre un hombre lógico y el 'mar de la vitalidad primaria' representado por la figura femenina" responde a la necesidad del "alma masculina" de corregir su tendencia hacia la desarticulación y dispersión. La mujer, lo femenino, le brinda "estabilidad, concentricidad, unidad y con ello, el hombre encuentra el equilibrio" (38-40).

El cuadro de Diego Rivera de Ramón Gómez de la Serna (Fig. 21) –epítome aún hoy día del artista de vanguardia–, cuyo análisis se aborda al inicio de este capítulo, es en este sentido ejemplo inmejorable de la retórica de construcción del nuevo modelo ético propuesto por la vanguardia. Este cuadro, tanto como *Locura y muerte de Nadie* (1929) de Benjamín Jarnés, *Sin velas, desvelada* (1927) de Juan Chabás –otra de las novelas representativas de esta nueva narrativa– y la obra de pintores, escultores y diseñadores gráficos de la época –José de Almada Negreiros, Mauricio Amster y Victorio Macho– se analizan a manera de ejemplos modélicos que permiten argumentar lo que es la propuesta central de este capítulo: la *vía media* que se manifiesta en la conceptualización humana del personaje masculino (frente al femenino) y en la ideología sociopolítica que esta misma conceptualización implica. Un grupo importante de los novelistas y artistas de la vanguardia española se embarcan en la reconciliación de concepciones humanas opuestas y en la búsqueda de una definición del ser humano más completa e integral (y en oposición a otro grupo de artistas y escritores, como por ejemplo los surrealistas, que muestran en sus obras una mayor radicalidad).

La implicación, como veremos, resulta clara: la falsedad del problema de la primacía del individuo sobre la sociedad o viceversa. Al hacerse eco del pensamiento de Ortega y Gasset, este grupo de intelectuales de la vanguardia considera que el verdadero comportamiento ético del individuo supone la integración entre el yo normativo, *el deber ser*, y el yo de la vocación personal, *el tener que ser*; es decir, asumen el continuo refinamiento del deseo de tal manera que los impulsos personales se adecúen a las necesidades sociales. La filosofía sobre el ser y el hombre de este grupo de vanguardistas españoles se mantiene así dentro de las coordenadas del pensamiento humanista burgués al hacerse eco de la creencia liberal progresista de integrar con éxito individuo y sociedad. Una parte importante de la literatura "deshumanizada" no está orientada exclusivamente al juego estético. Y aunque en ellas no se hace en ocasiones una política proselitista explícita en favor de una ideología social y política concreta, no son sin embargo un mero o simple intento de procurar la restauración de valores humanistas permanentes. Mi apreciación de la obra de Jarnés y Chabás discrepa así de la dada por Zuleta, María Pilar Martínez Latre, Víctor Fuentes o Pérez Bazo. Aunque es cierto –como dice Víctor Fuentes de la narrativa de vanguardia– que las novelas de Chabás y Jarnés no responden a una misión de urgencia ni son abierta propaganda proselitista de las ideas de un partido político concreto, su valor social tampoco se reduce exclusivamente a lograr la perfección humana, como al referirse a la obra de Benjamín Jarnés señala Zuleta, o, como indica Fuentes, a divulgar valores centrados exclusivamente en el individuo o en la educación estética. [1]

---

[1] La obra de Jarnés es para Zuleta "una continuada proposición de un mundo reconstruible sobre las pautas de un humanismo remozado por la interacción de lo ideal y de lo real. En él, Jarnés integra el deber social, el cual, dentro de su programa consiste en lograr la perfección humana definida por la eliminación de todo lo falso y lo estéril que desnaturaliza la vida del hombre" (45). Despertar la emoción artística y restaurar los valores permanentes es la función social del poeta. El poder del escritor, que renuncia a un compromiso circunstancial, es fundamentalmente el poder espiritual que supera lo inmediato. Lo social conserva así en Jarnés toda la amplitud semántica de lo relativo a la sociedad, con lo cual renuncia a un concepto de lo social que se asocie a las propuestas marxistas y a la lucha de clases (44-50).

Martínez Latre, continuadora de la interpretación humanista de Zuleta, argumenta también que la naturaleza "intelectual" de la novela de Jarnés no es equivalente al concepto de deshumanización. Jarnés defiende en todo momento un arte integral, no un arte deshumanizado. Su preocupación por la vida y por llegar al público, dice Martínez Latre, sitúa a Jarnés al lado de los escritores sociales. No obstante, continúa Martínez Latre, "las diferencias son también muy grandes, ya que

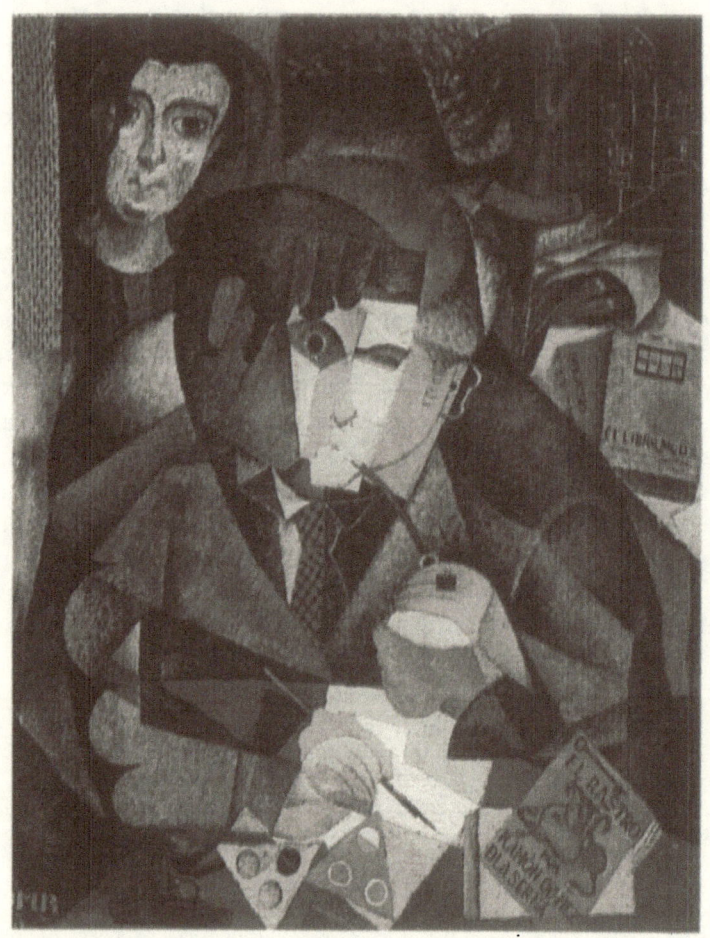

Fig. 21. Diego Rivera, *Retrato de Ramón Gómez de la Serna*

Dando paso ya al análisis del nuevo héroe de la vanguardia, resulta interesante, a pesar de la nacionalidad mejicana del artista, el estudio del retrato hecho por Diego Rivera de Ramón Gómez de la Serna (Fig. 21). En mi argumentación, la importancia del análisis de este cuadro no reside en el estudio del artista o de su técnica sino en el motivo del cuadro, el mismo Gómez de la Serna, cuya personalidad se trata de reflejar. La nacionalidad no española del pintor (matizada además por el cosmopolitismo y el europeísmo de los artistas hispanoamericanos de aquella época) pasa por tanto a ser en este momento algo secundario. El hombre-artista que es Gómez de la Serna, vanguardista avezado, adelantado a su tiempo, era en los círculos vanguardistas de los años veinte, y aún hoy en día, exponente y representación máxima de lo que se entendía por hombre y artista de la vanguardia. El retrato de Ramón, por tanto, puede considerarse como el retrato robot del héroe de la vanguardia española y de ahí su relevancia en este estudio. El cuadro, como es común en las pinturas cubistas para facilitar su interpretación, ofrece la combinación de tema figurativo y construcción esquemática (aunque aquí, al contrario que el cubismo más clásico, el tema figurativo está excesivamente marcado). Por un lado, se nos da la visión analítica, estereométrica, del escritor: los diferentes planos en que puede ser descompuesto; por otro lado, se introducen en el cuadro objetos y motivos que evocan formas naturales no sometidas a la descomposición de planos: los libros, la famosa pistola de madera del suicida romántico, y principalmente, por el mayor espacio que ocupa dentro de la totalidad de la tela y por su posición en la parte superior, la cabeza de mujer, la muñeca. La figura femenina –en claro contraste con la imagen femenina de la ilustración de Reinoso– está situada de tal manera que los ojos del espectador van alternativamente del

en estos escritores hay posturas partidistas, cargadas de un compromiso político que incluso les lleva a veces a una despreocupación de la forma. Jarnés nunca se despreocupará de la forma pues cree que para lograr una obra válida, imperecedera, es preciso inmortalizarla por medio de la palabra, en una aspiración constante hacia la perfección expresiva" (71).

Para Víctor Fuentes, Jarnés intenta actualizar el modelo schilleriano de educación estética, y añade que, para el novelista, la responsabilidad del escritor, a pesar de su compromiso político con el grupo renovador de Ortega y de apoyo a la República a fines de los años veinte, es con su arte y no con el compromiso político-social; admite sin embargo Fuentes que "ambas preocupaciones tienen una última finalidad política". Y aunque Fuentes subraya en la obra de Jarnés, como se hace en este ensayo, la armonización de lo vital y lo racional (siguiendo el modelo de Schiller), no deduce de este hecho una interpretación ideológica de carácter social o político, como aquí se intenta mostrar (*Benjamín* 101-07).

motivo central, Gómez de la Serna, al motivo secundario, la cabeza de muñeca, y así sucesivamente. Se establece, de manera inconsciente, en la visión del espectador un ritmo alterno que le fuerza a la comparación de ambos. Podemos argumentar, por tanto, que el artificio que combina dentro de la misma tela dos técnicas representativas –estereométrica y "realista"– no sólo facilita el reconocimiento, la interpretación del motivo, sino que también le permite al autor poner en contraste, construir *artísticamente,* una vieja dicotomía entre la identidad masculina y la femenina. Esta oposición sirve como marco de referencia con el que determinar la visión que del hombre tiene la vanguardia.

La imagen femenina en este cuadro de Diego Rivera es la representación más característica de la mujer en el arte vanguardista: disminución física y espiritual e, incluso, insinuación de victimización. El cuadro despertó gran polémica en su momento, entre otras razones puramente artísticas, por la asociación que se estableció entre el arma encima de la mesa y la cabeza mutilada de la mujer. Aunque de hecho el retrato no hace sino mostrar a Gómez de la Serna en su estudio y una cabeza que pertenece a la famosa muñeca que en este mismo estudio de la calle de Velázquez tenía Ramón. Como los maniquíes y muñecas, la figura femenina carece de conciencia, de subjetividad. La parte racional y consciente de su personalidad ha sido cercenada; incluso la parte vital misma, los elementos sensuales o simplemente humanos, han sido también suprimidos en este caso; la morbosidad encerada de la tez en comparación con lo abigarrado de la representación de la figura masculina hacen del rostro femenino una imagen más cercana a lo fantasmagórico que a lo humano, que es, tradicionalmente, lo femenino.

Al contrario que la figura femenina –la cabeza de la muñeca del cuadro de Rivera– la figura del escritor posee una gran complejidad representativa. Como ya se insinuaba en el Fígaro afeminado de Reinoso que parece querer completarse con su Otro femenino, en el cuadro de Rivera, la visión unívoca del ser de Ella se transforma en la multiplicidad de planos y facetas del ser de Ramón. A la carencia que ejemplifica la mutilación de la cabeza femenina se opone la multiplicación que representa el motivo central del escritor. La mirada adormilada y la falta de conciencia de ella contrasta con la expresión consciente y alerta de Gómez de la Serna. Con el ojo casi cerrado –que perfila al ser pensante, racional, vuelta la mirada hacia el mundo interior, mental– y con el gran ojo abierto –que deslumbrado ante la realidad del mundo externo se ofrece a la sorpresa continua de la vida–, la mirada del escritor es la de un ser complejo y total, sujeto pensante y ser viviente al mismo tiempo, inmerso tanto en el mundo de la reflexión como en el de la naturaleza. Esta dualidad queda reforzada por la diversidad de los objetos que le rodean: la estilográfica, que apunta al mundo de la cultura y la razón y la pistola, símbolo del romántico y suicida Larra, que apunta al de las pasiones e impulsos desatados. [2] La subjetividad del hombre se asegura en el proceso de negar la de la mujer: el narcisismo masculino es incapaz de representar a la mujer como no sea en la forma de reflejo negativo de su propia imagen. La mujer es el "Otro", el lado siempre negativo de una cadena de polaridades, ausencia o negación (Moi 132). Esta musa, vieja inspiradora del artista desde tiempos remotos, sólo sirve ahora, en el cuadro de Diego Rivera, de punto de referencia y contraste con el que definir la identidad masculina, con el que hacer énfasis en su multiplicidad y complejidad.

Tal es el caso también de Rebeca, personaje de *Locura y muerte de Nadie* de Benjamín Jarnés. Rebeca es, como todas las mujeres de Jarnés, la hembra mítica, *la mujer* que pasa ante los ojos de un contemplador que la observa y mide su resonancia erótica. O como señala Pérez Gracia, "la expresión del mito de la Venus o Afrodita sensual" por el que queda fascinado el autor. Esta fascinación y sensualidad, sin embargo, no tiene por qué ser expresión necesariamente de una concepción feminista e igualitaria del hombre y de la mujer sino todo lo contrario. Rebeca llega incluso a ser definida en la novela como mujer sexual y devoradora de hombres, al modo de la mujer *mantis* surrealista (73). [3] Nuevamente, como en el caso de

---

[2] Como quedaría bien demostrado en el incidente que años después tendría lugar en el mismo Café Pombo y que tuvo como protagonistas a Antonio Espina, Ledesma Ramos y dos pistolas: esta pistola de madera esgrimida por Espina y otra real por Ledesma Ramos (Guillén Salaya 85-87).

[3] Creo que es necesario revisar y matizar un lugar común dentro de la crítica jarnesiana: el del feminismo y admiración que por la mujer dejan traslucir sus novelas. Comentarios como los de J. S. Bernstein (139), para el que en la obra de Jarnés "both sexes meet and live in harmony" o como los de Víctor Fuentes (*Benjamín* 45), para el que frente "a la tradicional represión de la mujer, Jarnés contrapone una relación entre los sexos basada en la relación dialógica y la mutua comprensión" necesitan, creo, ser objeto de cierta matización. Reivindicar una imagen más positiva de la mujer por el hecho de que esté cargada de connotaciones sexuales y eróticas, y sin tener en cuenta el contexto literario –el marco de la misma novela– y el contexto sociohistórico y cultural en que se inserta –el feminismo en España– puede conducir a distorsiones interpretativas. Frente a la compleja imagen de la mujer que ofrecen las artistas de la vanguardia –Rosa Chacel o Maruja Mallo, por ejemplo– para quienes el factor vitalidad es sólo un componente más junto con la

la cabeza de maniquí del cuadro de Diego Rivera, la carencia, identidad disminuida e incompleta, se manifiesta recurriendo a imágenes que expresan bien mutilación o bien reducción. No hay de

racionalidad o espiritualidad del modelo ideal de la "nueva mujer", reducirla a que sea tan sólo componente erótico, como se hace en *Locura y muerte*, no es sino una simplificación negativa. Esta simplificación, que posee valor emblemático y funcional dentro de la novela, le permite a Jarnés articular el verdadero objetivo de la obra: configurar la identidad del nuevo hombre, del nuevo héroe liberal.

La interpretación de la mujer jarnesiana, la Rebeca de *Locura y muerte de Nadie*, que se ofrece en este trabajo se aparta por tanto de las dadas por críticos como Fuentes, María Pilar Martínez Latre (212), Rafael Conde (53) o César Pérez Gracia. El trabajo que más profundiza en la figura de la mujer jarnesiana es, no obstante, el libro de Pérez Gracia. Para Pérez Gracia, los personajes femeninos de Jarnés son técnicamente figuras de una gran complejidad (implicándose, quizá, de esta complejidad técnica en su construcción, la complejidad psicológica de la mujer). Esta complejidad nace, según el crítico, de la confluencia en el personaje de planos míticos y literarios. Para Pérez Gracia, Rebeca, la venus jánica, resume en ella las mejores facetas del autor: erudición clásica, estética vanguardista, sentido especial para captar la voluptuosidad femenina, tono intimista entre irónico y humorístico, desdén de los tópicos literarios de la novela realista y voluntad firme de plasmar la vida en su contradictoria fugacidad. La Matilde/Rebeca del relato de *Locura y muerte de Nadie* es la venus jánica de rostro dual que nos remite, según Pérez Gracia, a la figura bíblica homónima, que como se recoge en el *Libro del Génesis* hace pasar ante Isaac como primogénito a su hijo Jacob (8). Rebeca es una Venus de doble cara: una mujer gris que mediante el engaño adúltero con Arturo y Alfredo supera sus propias limitaciones íntimas y sociales. Su vida gris requiere su propia noción de equilibrio perdido, su propia búsqueda de la armonía rota. Así Rebeca, en lo que se refiere a la alternancia de dos amantes, no hace sino elaborar su propia síntesis de sexo y cerebro (11-20).

Coincido con Pérez Gracia en considerar a Rebeca una diosa del amor, frente al otro modelo también jarnesiano, aunque secundario, de la virgen de la tradición hebrea y cristiana (100-01). Pero admitir la complejidad en la configuración literaria del personaje no implica necesariamente que se ofrezca una visión compleja de la mujer. El análisis de Pérez Gracia no nos deja además percibir, en el caso de Rebeca, esa complejidad que se menciona en la introducción de su libro: no se desarrollan las implicaciones bíblicas que sugiere el nombre de la protagonista a pesar de ser, según el autor, la confluencia del plano mítico y literario una de las principales bases de esa complejidad del personaje femenino; no se profundiza tampoco en la mencionada estilización de la figura femenina realista que supone Rebeca en su versión de Matilde, la esposa frustrada e infiel de Juan Sánchez. Las mismas palabras de Arturo refiriéndose a la imagen de Rebeca/Matilde en el cuadro de Juan Sánchez ("una cabeza velada sobre un cuerpo totalmente desnudo") expresan para Pérez Gracia –que difiere de la opinión expresada por el personaje mismo– la incomprensión y ceguera de Arturo hacia la personalidad de Matilde, que, según el mismo crítico, sólo a partir del capítulo VIII y del epílogo empieza a ser vista como algo más que un cuerpo (98).

En esta misma línea interpretativa de ver a la mujer jarnesiana como un ser complejo y completo, que aúna razón y vida, aunque esta vez en relación a la protagonista de *Viviana y Merlín*, se encuentra Víctor Fuentes (*Benjamín* 97-98). Tanto Pérez Gracia como Víctor Fuentes se apartan de la interpretación de Matilde-Rebeca que se ofrece en este ensayo, es decir, la mujer como receptáculo vacío o mero símbolo de lo más vital del hombre.

Rebeca un retrato psicológico o un retrato físico completo. De ella sólo tenemos, como señala Zuleta, la imagen fugaz de unos senos, unos brazos o un gesto en claroscuro (*Arte y vida* 15 y 22). La primera ocasión en que Rebeca aparece en la obra, dice Víctor Fuentes, Arturo, al modo de una cámara cinematográfica sinestésica y táctil, la contempla desaparecer y *desvanecerse* entre las columnas del pórtico de la plaza (*Benjamín* 45). Rebeca deja de ser objeto de su punto de mira hasta perder, simbólicamente, cualquier resto de individualidad o existencia. Más adelante, Rebeca –metáfora también de la belleza y el placer estético, como viene siendo tradicional desde el romanticismo en el que belleza, mujer y arte se identifican– será definida nuevamente por Arturo como "copa emocional bebida en progresión aritmética descendente", lo que tiene, por tanto, una doble lectura: la referencia estética y la referencia indirecta a la configuración mutilada de la mujer que es en esta ocasión reducida a la misma nada (44-47). En contraste con Arturo, héroe del relato de Jarnés, Rebeca es la mujer que se desgasta en la sensualidad. La imagen más potente en este sentido, por la reiteración de que es objeto en la obra, es la imagen de la Rebeca decapitada del hotel o del cuadro pintado por Juan Sánchez. En el hotel, desnuda pero con las manos alzadas sobre el rostro, en gesto falsamente púdico, Rebeca es "una cabeza velada sobre un cuerpo totalmente desnudo" (57). Venus mutilada, Rebeca es la mujer abandonada a los impulsos, carente de cabeza –emblema de las facultades reflexivas– y carente, por tanto, del componente que le asegura su pertenencia a la categoría de individuo y de ser racional. La ubica así Jarnés en los márgenes de lo vital, lo que sólo en parte reivindica esta vanguardia española.

En otras ocasiones, como en el cuadro de Diego Rivera, Rebeca pierde incluso el componente vital para transformarse en metáfora del vacío, de la ausencia tanto de vitalidad como de pensamiento. Casada con Juan Sánchez, el hombre masa, Rebeca (emblema, en realidad, de los deseos de Arturo) busca poseer al hombre integral. Recurre para ello, como le indica el mismo Juan Sánchez a Arturo, a la alternancia de amantes:

> Ahí le queda, con todos sus amigos. Distribúyansela equitativamente, puesto que ella aspira a un perfecto equilibrio de valores humanos. Busca a cierto hombre integral, que yo no puedo llegar a ser. Como no lo halló, va buscando las características de su

hombre tipo entre una porción de ciudadanos. Del hombre que
anhela poseer, tiene usted una porción muy aceptable. En Usted
ama el cerebro. No le importe el que luego complete su tipo
ideal con órganos tomados de otros cuerpos. Matilde es resignada, y comprende que poseer una síntesis humana es aspirar demasiado. Resígnese usted también Arturo. Yo no puedo serlo, y,
por eso, me suicido. (222-23)

Rebeca, que alterna como amantes a Alfredo y Arturo, no se completa a sí misma, como implican las afirmaciones de Pérez Gracia,
sino que busca el hombre ideal, el hombre completo. Contrariamente a la opinión expresada por Pérez Gracia, Rebeca-Matilde no
es una "síntesis de sexo y cerebro" (12). El reconocimiento de la
misma Rebeca-Matilde, que "es resignada, y comprende que poseer
una síntesis humana es aspirar demasiado" y la alternancia misma
entre los dos amantes impiden, en mi opinión, cualquier posibilidad
de síntesis. Rebeca-Matilde es, por el contrario, el punto de intersección donde se reúnen sin encontrarse nunca los distintos planos
o personalidades del individuo (92-93; 189), lo vital y lo racional, el
ser impulsivo y el ser reflexivo, el hombre de acción y el hombre de
pensamiento. Ella, sin embargo, queda siempre vacía a lo largo de
la novela (simbólicamente desnuda y abandonada en el sueño final
de Arturo): sin identidad propia, *distribuida equitativamente* entre
amantes y eternamente incompleta.

En contraste con la figura femenina, el héroe vanguardista –que
para mí como para María Pilar Martínez Latre es Arturo y no Juan
Sánchez porque entre otras razones la estructura de la novela no es
sino su evolución sentimental y el desarrollo de sus reflexiones– se
articula siempre como el ser que se sabe expresión del hombre racional tanto como del hombre vital. [4] Arturo es, como todos los hé-

---

[4] Apoyándose en el título de la novela, la crítica ha considerado tradicionalmente a Juan Sánchez –"Nadie"– protagonista de la obra de Jarnés, marginando a Arturo en el papel de mero observador de la agonía de Juan Sánchez. Así lo han hecho,
por ejemplo, Paul Ilie (247-53), Ildefonso-Manuel Gil, Joaquín Entrambasaguas,
Eugenio de Nora o Robert Spires. Para Paul Ilie, por ejemplo, que ve en *Locura y
muerte de Nadie* la expresión de las teorías de Ortega sobre la novela deshumanizada, Jarnés "wrote a novel ... stripped of its vital core: action, passion, and senti-
ment", donde Juan Sánchez es el protagonista sin personalidad, el individuo sin
características diferenciadas y ejemplo del hombre masa (247-48). Arturo es, por
el contrario, el antagonista y filósofo al que, sufriendo un exceso de personalidad, el
erotismo le sirve para inhibirse de ésta y adquirir múltiples y nuevas identidades.
Ahora bien, esta interpretación que ve a Juan Sánchez como "héroe" de la novela de Jarnés no ha dejado de ser parcial o totalmente cuestionada. Dos son, para

roes jarnesianos, síntesis de vida y razón, de inteligencia y erotismo (Zuleta, *Arte* 129). Es el ser que alternativamente se inserta en la naturaleza, en su faceta de amante de Rebeca, o que estimulado por la obsesión de Juan Sánchez es crítico agudo del mundo que le rodea. [5] En ocasiones, impera en él la facultad racional frente a la per-

---

Emilia de Zuleta, los protagonistas de la obra de Jarnés. Aunque señala a Juan Sánchez como figura central, no deja de reconocer a Arturo como "coprotagonista" de la misma (177; 181). En esta misma línea de interpretación están Jordi Gracia García y Gustavo Pérez Firmat. Gracia, en *La pasión fría. Lirismo e ironía en la novela de Benjamín Jarnés*, subraya la necesidad de "ampliar el diafragma crítico hasta iluminar también la pareja Arturo-Matilde" (98). Gustavo Pérez Firmat, por su parte, cree observar cómo el protagonismo se desplaza a lo largo de la novela: "*Locura y muerte* is the process by which Arturo and Juan exchange places, the process by which Arturo assumes the role of which Juan is bereft. At first an outsider, a 'puro contemplador', Arturo eventually comes to occupy centerstage; while Juan, the original protagonist, becomes the spectator of a fiction in which he would like to, but cannot, participate" (77).

Es Martínez Latre, sin embargo, quien abiertamente manifiesta la necesidad de reconsiderar el asunto del protagonismo de Juan Sánchez y ver en el proceso sentimental de Arturo el sentido último de la novela (199). Creo, como Martínez Latre, que el centro de atención de la novela es Arturo. En apoyo de la argumentación de Martínez Latre habría que apuntar la necesidad de no confundir, como parece que se ha hecho, el ser protagonista de la anécdota novelesca y el ser la figura central de la novela misma. La novela es bastante más que la agonía de Juan Sánchez. Es, sobre todo, los diálogos de éste y Arturo, la historia de Rebeca-Matilde y Arturo, las descripciones de lugares públicos o privados, las reflexiones sobre arte o el individuo, aspectos todos en los que Arturo está siempre involucrado como elemento privilegiado por su misma naturaleza de observador distante y superior. Como otros héroes jarnesianos, a Arturo le cabe el papel de ser observador, contemplador irónico de la realidad, y emblema de la lucha por la unidad de inteligencia y vida. Tiene sentido que, una vez muerto Juan Sánchez, la novela no concluya dado que la historia de Arturo y de Matilde aún no ha terminado y, por tanto, el problema de la reconciliación entre naturaleza y razón, entre individuo y sociedad, aún no se ha resuelto.

[5] El intento jarnesiano de armonizar razón y vida, en pos de la teoría racio-vitalista de Ortega, ha sido estudiado principalmente por Emilia Zuleta y J. B. Bernstein. Ha sido también mencionado por otros conocedores de la obra de Jarnés como Alfredo Saldaña Sagredo y Jordi Gracia García. Emilia Zuleta, la primera en iniciar esta línea de interpretación "integrista" de razón y vida en la obra de Jarnés, no profundiza sin embargo en las implicaciones éticas, sociales y políticas de esta integración, como es el objetivo de este ensayo.

Para Bernstein, que sí tiene en cuenta la dimensión sociopolítica de este intento de integración, esta característica se desarrolla sobre todo a partir de los años 1931 y 32 y en una obra, *Teoría del zumbel*. Al respecto, Bernstein comienza señalando cómo en la obra de Jarnés el modelo humano que se persigue es el *romanticus faber*. El *romanticus faber* intenta armonizar diferentes planos, equivalentes, más o menos, a la división tripartida freudiana del id, ego y super-ego. En las novelas de Jarnés, a pesar de todo, dice Bernstein, se echan en falta sugerencias concretas de cómo armonizar estos diferentes planos. Se subraya además el componente del *ego* en detrimento de los otros planos de la personalidad; lo que se traduce, según Bernstein, en el rechazo de lo tradicional frente al presente (121-23).

sonalidad romántica y emocional; se hace énfasis en su naturaleza consciente frente a los instintos desatados o los paroxismos del amor y el odio característicos del héroe romántico. Intenta dotar de un orden racional a la experiencia viva; busca aprehender la realidad externa analizándola, convirtiendo todo en unidad de conocimiento, transformando los fenómenos dados en el tiempo en leyes intemporales. Sólo el espíritu crítico y racional del sabio parece ser el motor del cambio profundo al cuestionar el mundo de las ideas recibidas:

> la docilidad en el hombre apunta en razón inversa de su excelencia personal. Por eso el sabio obedece como un niño a los signos del agente, mientras se obstina en rebelarse contra un principio de Euclides. A un sabio podrá vestirlo cualquier sastre, pero sólo le provee de ideas un genio. . . . En cambio, un pobre diablo acata las ideas del más humilde teorizante de café, mientras opone su libre, lo que él cree libre personalidad, a la blanca mano de un guardia. El orden exterior de la calle –y del mundo– no suelen conservarlo íntegramente sino el sabio y el discreto, sumisos al polizonte, aunque discutan a Platón. (36-37)

La razón, como ha mostrado Weber, procura a las instituciones modernas una nueva orientación más positiva, ya que amplía las oportunidades de legitimación del individuo, permite mayor justicia económica y abre el camino a sistemas sociales más eficientes. El concepto de hombre racional posibilita, al principio de la Modernidad, una nueva sociedad de individuos iguales e individuales, libres para hacer contactos de asociación, representarse en el plano político y participar en sistemas de mercado libre (Habermas 223-24). El hombre racional es el hombre capaz de tomar decisiones por sí mismo y crear sus propias reglas. Sin embargo, parece haberse llegado a un punto en que la razón ha perdido parte de su componente crítico; más bien lo ha limitado, parece insinuar Jarnés, en términos no

---

La idea de que al final es el fracaso lo que Jarnés encuentra en este intento integrador la comparten, con matices diversos, no sólo Bernstein sino también los otros dos autores mencionados arriba, Jordi Gracia García y Alfredo Saldaña Sagredo. Para Jordi Gracia García, por ejemplo, "el tema de *Locura y muerte de Nadie* es... una formulación . . . compleja del vitalismo al apuntar a la identidad entendida como asunción de sí mismo del hombre, eclipsando o reduciendo a valor temático secundario el sensualismo vitalista para acentuar el aspecto intelectual" (37). Alfredo Saldaña Sagredo (221-30) concluye así mismo que ese intento integrador de Jarnés, desarrollado a partir de *Teoría del zumbel* se sabe en el fondo abocado al fracaso.

totalmente negativos. El sabio se ha hecho dócil al mundo de la razón y el orden externos, al mundo jerarquizado y burgués característico de la Modernidad. La razón puede terminar por mantener un orden inmovilizado, aunque la razón en sí misma –como han intentado probar filósofos como Habermas– no haya perdido el carácter crítico que poseía al principio. Por un lado, Arturo es consciente de que la razón permite la continuidad del orden dado y lo ejemplifica al poner como ejemplo el del sabio que no se rebela contra los hechos externos y facilita así el mantenimiento del orden social (me pregunto si no estará Jarnés justificando la actitud en principio complaciente con el régimen de Primo de Riviera de los intelectuales en torno a Ortega). Por otro lado, sin embargo, Arturo no duda en cuestionar el peso parcialmente muerto en que la razón puede convertirse al quedar sujeto el individuo al orden social dado. Cuando Arturo se deja caer en el mundo de los sentidos:

> se siente resbalar por la deliciosa pendiente que le empuja a ser un ente colectivo, un número de masa, un Nadie que desmenuza lentamente su gozosa postura de hombre sin ramificaciones sociales, sin tentáculos domésticos, sin opiniones, sin prejuicios, sin pasado y sin futuro, con un fugaz y encantador presente. (58)

Someterse al mundo de la razón implica para Arturo el control del comportamiento propio de acuerdo a leyes sociales y morales generalizables en el orden público y privado, social y familiar. Este someterse permite una relativa paz en el mundo de las relaciones sociales. Arturo, el hombre de la razón, es el hombre inserto en el mundo burgués y racional, en el mundo del orden social y familiar, de las costumbres y de la historia. En función de este orden reprime los aspectos más instintivos e irracionales, los aspectos más vitales de la naturaleza humana que necesariamente llevan a la ruptura de ese orden. El hombre sometido a la disciplina del control racional no sólo cercena parte de la naturaleza humana sino que pone en juego la aserción misma de individualidad al convertir al ser en un ente alienado. La razón termina por legitimar una práctica cada vez más normativa y limitar los fines correctores que le fueron asociados al principio de la Modernidad. La actitud de Arturo es así ambivalente: consciente del valor de la razón como detentadora del orden social recela sin embargo de su poderío absoluto.

El hombre, afirma Jarnés, no es solamente aspiración a lo trascendente, a lo crítico y objetivo. Es también voluntad y afán de dominar y absorber lo sensible; es también un ser empírico. Está inmerso en el mundo del cambio, la naturaleza y la historia. El hombre es la multitud de facetas que se asocian a los valores, a los deseos y a la voluntad: todos los aspectos cambiantes del hombre. Es un haz de reflejos descentrado, un yo plural, múltiple y cambiante. Su vida está hecha de momentos discontinuos, cada uno armónico con los otros. Para Jarnés, sin embargo, esta parte del hombre, la puramente existencial y vital, no es tampoco satisfactoria pues no refleja, por sí sola, la verdadera naturaleza del ser humano:

> Ha llegado para Arturo el feliz momento de perder su personalidad. Placer soberano de ser un hombre u otro, de ver hundirse el individuo en un golfo de vibraciones tumultuosas. Rebeca le borra todo rasgo personal, y se contenta con vagos caracteres específicos, apenas clasificables en sociedad, a los que puede ser aplicado un nombre cualquiera. (58)

Si los aspectos menos racionales liberan, por un lado, al individuo de la coerción social y lo reinserta en las coordenadas de la vida (es el hombre perdido en la circunstancia vital, el hombre sin "ramificaciones sociales, sin espíritu crítico" que se desnuda de su traje de sociedad), por otro lado, pueden llegar como la pura razón a anular su personalidad y singularidad. En el momento de perderse en los sentidos, la personalidad de Arturo se abre a infinitos yoes, pierde cualquier individualidad o dignificación. El resultado es el hombre masa, el hombre que se nutre del fondo colectivo, y desprecia cualquier singularidad.

Arturo intenta encontrar fórmulas válidas que le permitan alternar, transitar, entre un aspecto y otro aspecto del ser sin tener que renunciar a ninguno de ellos (60-61). Todos estos proyectos utópicos no tratan de ser mero eclecticismo ni compromisos de carácter sintético, idealista. Es decir, no se busca una fórmula final que recoja trozos de ideas o reduzca incompatibilidades. El hombre, como dice Jarnés en su ensayo *Teoría del zumbel*, es una "gavilla de ímpetus", siendo imposible tanto el equilibrio absoluto y permanente como la fusión o soldadura, la síntesis.[6] De lo que se trata es de en-

---

[6] El ser humano, observa Simmel, necesita de la mezcla y proporción que se ofrece en los diferentes procesos y relaciones de la vida individual: mezcla de lo que Simmel denomina lo masculino —todo lo que sea entrega al tiempo, evolución, diferencia, ruptura de todo límite y contención, evolución, diferenciación, mutación, particularismo, la vida, lo natural— y de lo femenino —permanencia, condensación, evasión del tiempo en lo ideal, lo permanente y unitario (85-120).

contrar una mezcla o proporción dualista que contenga ambos componentes, intentar la cooperación de los dos principios sin dejar que se destruya la unidad del ser. El hombre hay que entenderlo como un ser integral, como un ente compuesto de diferentes estratos; no como una mezcla sino como un ser total (30).

A diferencia de personajes que son síntesis ideales de lo empírico y lo espiritual –para describir a los cuales, Jarnés utiliza una imagen orgánica: "espíritus que arrancan de la tierra y beben su zumo vegetal destilándolos" (*Rúbricas* 172)–, los personajes de *Locura y muerte de Nadie*, incapaces de esta síntesis ideal, son seres estratificados. A la imagen vegetal la sustituye la imagen por estratos, a la síntesis, la yuxtaposición. Arturo, analizando a Juan Sánchez en el café, explorando sus diferentes aspectos vitales, dice sentirse como un minero de espíritus, alguien que socava, "estrato por estrato las entrañas de un nuevo continente" (32-33). [7] La teoría del sujeto "estratificado" de Jarnés –Freud y Jung son parte de este modelo– intenta ser una expresión más compleja del ser que las interpretaciones reduccionistas anteriores aunando ser racional y ser empírico (Connolly 71). Es una formación compleja que contiene mecanismos que permiten al hombre perseguir intereses, ejercer virtudes y realizarse como ser animal. La opción de Arturo terminará por ser la alternancia, el salto de un estrato a otro. Arturo no se petrifica, sino que cambiante, oscila del mundo del instinto y los sentidos, de su relación con Rebeca, al mundo de la conciencia racional, al análisis del mundo que le rodea, a la introspección.

Para Jarnés, "cada momento de nuestra vida es el vértice único de muchos ángulos que tienen un lado común, nuestro propio aliento. El tipo supremo será el hombre robusto que sepa fundir todos los ímpetus externos en uno solo": Napoleón o Leonardo (*Rúbricas* 56-57). El héroe propuesto por Jarnés se diferencia tanto del héroe tradicional como del héroe romántico –que vuelve a cobrar fuerza con la recuperación del romanticismo que tiene lugar entre 1900 y

---

[7] En el individuo, dice Jarnés en *Teoría del zumbel*, pueden explorarse tres niveles: uno, lo consciente, lo fugaz; otro, lo inconsciente, lo personal (pasadas sensaciones y recuerdos hasta la infancia); y por último, lo inconsciente colectivo: recuerdos ancestrales hasta los orígenes de la especie (11).

Y un poco más adelante, vuelve a utilizar la misma metáfora para expresar cómo el hombre equivale a un mundo pequeño con regiones alta, media e inferior: 1) lo heroico, el superhombre; 2) el ser diario, familiar; 3) las corrientes más subterráneas del hombre, el subhombre del surrealismo (28).

1910 según Ortega y Gasset– o el bohemio de principios de siglo. No es el héroe tradicional, el hombre virtuoso, representación exacta de la norma, que mantiene el orden social manteniéndose fiel a una serie de valores, reglas y códigos preestablecidos. No es tampoco –y en esto difiero, al menos en terminología, de la interpretación de J.B. Bernstein– un hombre romántico o bohemio, débil de juicio, que desborda las leyes del reposo, expresión de locura personal y de formas convulsas; no es el hombre dionisíaco, agresivo, rebelde, apasionado y enérgico. El héroe romántico, como diría Antonio Espina en consonancia con el antirromanticismo de Leon Daudet u Ortega, es un tipo moralmente inferior por cultivar la droga de la tristeza, el escepticismo, la melancolía y la desesperación (*El nuevo diantre* 17). El héroe que propone Jarnés es un héroe moral situado en el punto de intersección donde se encuentran el héroe tradicional, el héroe romántico y el hombre masa. Es el hombre que consigue juntar todos los ímpetus externos en uno solo sin que se petrifique ni se pierda en la infinidad de yoes, en la multiplicidad de la circunstancia. Hombre, dice Jarnés en *Rúbricas*, que como Leonardo o Napoleón, es al mismo tiempo hombre de acción y de conocimiento, hombre de ciencia y estratega militar; que existe pero que al mismo tiempo posee conciencia de sí, sometido a la razón tanto como a la experiencia. Aún estamos, dice Arturo, en una época de transición [liberal, añado yo] donde son posibles los héroes que huyen del equilibrio absoluto para no caer en la inquietud paralítica.

El problema de la escisión entre razón y vitalidad en la novela de Jarnés es, de hecho, el problema de la separación entre individuo y sociedad. Al alternar el hombre racional y el hombre vital se intenta resolver lo que se considera el falso problema de la primacía del individuo sobre la sociedad o viceversa. Ambos son aspectos del hombre. Porque el hombre es un ser al mismo tiempo –o de forma alterna– individual y social. El hombre no se refugia en el fondo de su personalidad individual ni busca la libertad en un acto de individualismo absoluto. Se realiza como individuo en sociedad. La propuesta ético-social de Jarnés (y de otro grupo importante de autores vanguardistas) supone una alternativa al individualismo radical del liberalismo clásico tanto como al organicismo social, al colectivismo radical que ignora al individuo en favor de la sociedad de las nuevas teorías socialistas. El ser ético y superior que propone Jarnés, y en general un grupo importante de este núcleo de escritores vanguardistas, es el hombre que se atiene al imperativo ético de la razón, al orden, y a la individualidad, que sabe al fin mantener en armonía autoridad y libertad.

Es interesante comparar el nuevo héroe y la nueva sociedad en transición implícitos en *Locura y muerte de Nadie* con el héroe propuesto por el grupo de escritores modernistas en torno a Ortega y Gasset y la revista *España*. La tríada Ortega-Ramón Pérez de Ayala-Marañón hereda de los intelectuales de principios de siglo el problema de la regeneración nacional –no resuelto en estos escritores noventayochistas sino en términos individuales, como ha mostrado Donald Shaw. Estos intelectuales replantearán el problema a partir de una nueva definición del yo frente a la realidad y a partir de la disociación de lo intelectual y lo emocional. La necesaria transformación moral del individuo es ahora el paso primero e insoslayable, la misma expresión incluso, de la anhelada transformación política (que asocia a este grupo de intelectuales con el liberalismo y el grupo de Melquíades Álvarez). Tal transformación moral/política la persiguen estos intelectuales en parte mediante la creación de una literatura que genere una nueva actitud ética y una nueva estructura sociopolítica. Es mi opinión, que este objetivo lo heredará parte de la vanguardia española: el cambio moral del individuo entendido como paso primero en la transformación política.

Frente al héroe, aunque humano y vital, primariamente racional y ético del grupo de Ortega, el modelo de héroe propuesto por esta vanguardia busca una mayor armonía entre razón y vitalidad. En este sentido, resulta ilustrativo el análisis de *El Cristo del Otero* de Victorio Macho, escultor asociado a estos intelectuales –como queda demostrado, entre otros hechos, por el enorme apoyo que desde la revista *España*, órgano de expresión ideológica de estos intelectuales, se le proporciona (Fig. 22). En la figura de este Cristo asceta de 250 m que se alza (significativamente desde 1930) sobre el cerro presidiendo la llanura desolada castellana está implícito el ideal ético de este sector intelectual modernista: ascetismo moral en un paisaje de adustez máxima. El Cristo humano, sin auras divinas, se yergue sobre la tierra, pero en contacto con ella; arranca de la tierra, del otero, y es parte de ella; está simbólicamente en contacto con el hombre y el paisaje. Este Cristo es emblema de una minoría selecta que desde una perspectiva espiritual y moral superior contempla al pueblo y la tierra castellana, amparándola, aleccionándola, y *supervisándola* con un gesto al mismo tiempo cálido y frío, de absoluto equilibrio. Como se entrevé en la disposición precisa de los pliegues

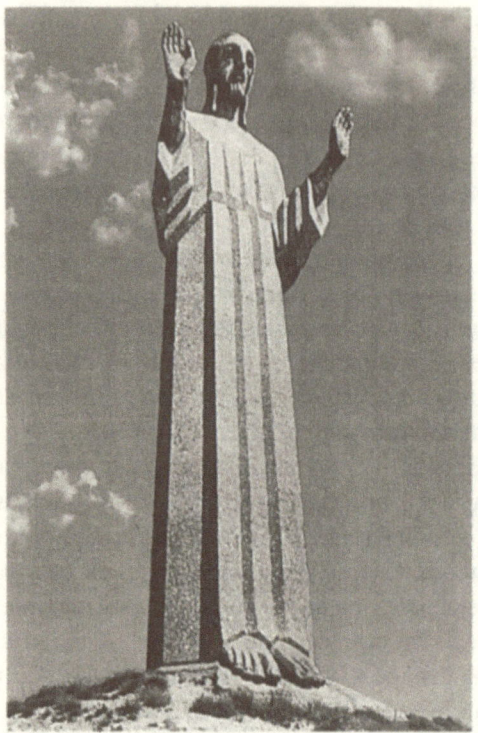

Fig. 22. Victorio Macho, *El Cristo del Otero*

de la túnica –tres pliegues en cada una de las mangas– y en el gesto
–el equilibrio de manos y pies, la serenidad del rostro y del continente–, el Cristo del Otero es expresión del imperativo ético racional. Como un obelisco racional y espiritual en medio de la naturaleza (todo el impulso de la figura hacia lo alto), éste es el hombre
superior y racional. Éste es el modelo que desde las páginas de la
revista *España* piden los intelectuales para la renovación de nuestro
país. El hombre selecto de Ortega es el ser exigente que busca el
perfeccionamiento continuo, en el que impera la jerarquía y la norma sobre lo humano. Es, como diría Marañón, el líder de inteligencia ordenadora, de ideas, de conducta abnegada y moral que necesita España. Es el hombre refrenado por la responsabilidad, el
hombre representativo de la civilización humanista y cristiana (*Meditaciones* 142).

Contrariamente a este modelo ético, el hombre articulado por José de Almada Negreiros en su *Autorretrato* mantiene en equilibrio razón y vitalidad (Fig. 4). En este autorretrato, aparecido con frecuencia en *La Gaceta Literaria*, José de Almada propone la identidad del artista, del hombre selecto, como la identidad integral. Como en *Locura y muerte de Nadie*, el artista, el nuevo héroe, se configura como la conjunción de los aspectos racionales y los aspectos naturales del hombre, como la dualidad de cerebro y músculo. Por un lado, la figura de José de Almada Negreiros se ofrece como una imagen representativa de juventud y fortaleza, de trazos carnales y hasta sensuales (el torneado de los músculos de los hombros y el torso). Es la figura del atleta en tensión captado en un gesto de movimiento contenido. Asimismo, la expresión de negritud, reminiscencia de las estatuillas africanas, apunta en la época del jazz de los veinte y de Josefina Baker a los aspectos menos racionales del individuo, a lo más instintivo y sensual. Es pues, por estas dos razones, una configuración en la que se pone de relevancia la naturaleza vital. Por otro lado, sin embargo, la actitud total de la figura, que recuerda un poco al *Pensador* de Rodin, el gesto ensimismado, la enorme cabeza, en comparación con la parte inferior del cuerpo (conseguido mediante el uso de la perspectiva fenomenológica que pone de relieve desde arriba y lateralmente la parte superior del torso y la cabeza) crea un efecto de contención y reflexión, y subraya la naturaleza trascendental, racional y consciente de sí misma del ser. El mismo significado se subraya en la mirada reflexiva e interiorizada del pensante. Es la mirada consciente de sí misma más que la mirada deslumbrada por la realidad, como en el gesto de Ramón del cuadro de Rivera. Nada en el entorno distrae a la figura de su ensimismamiento; el hombre está inserto en el espacio abstracto, no en el devenir de las circunstancias. Toda la figura expresa lo que señalaba Espina en *La Gaceta Literaria* al referirse a esta figura: un cierto primitivismo inocentón con rostro civilizado ("Exposición" 5). Primitivismo, se puede argumentar, por la presencia de los elementos más marcadamente corporales; civilizado por la naturaleza racional que tampoco queda desatendida. Ninguno de ellos predomina sobre el otro: espiritualización del cuerpo, capacidad de expresar mediante el gesto expresivo el mundo interior.

Se desprende del análisis llevado a cabo hasta ahora en este capítulo, la existencia en el discurso literario y artístico de la vanguardia española de un paradigma común. Este paradigma, paralelo al hibridismo formal objeto de estudio de los capítulos anteriores, podría definirse como el intento de integración de teorías éticas e ideológicas tradicionalmente en conflicto. El nuevo héroe que se postula en estas novelas y obras de arte es también un ser híbrido, un monstruo heterogéneo y múltiple, donde lo racional y lo vital, lo individual y lo social, son partes componentes y necesarias de su naturaleza. La obtención de una vida humana completa requiere la expresión de la personalidad a través de un modelo de vida en la que el individuo se realiza en parte integrado en la comunidad.

SIN VELAS, DESVELADA DE JUAN CHABÁS [8]

Escrita entre 1924 y 1925, tras una fructífera trayectoria de Chabás como poeta ultraísta ya a sus espaldas desde principios de los veinte, y caracterizada por idénticos presupuestos a los vistos en otras obras también vanguardistas, *Sin velas, desvelada* no puede ser considerada como hacen José Manuel del Pino y Javier Pérez Bazo simplemente como un ejemplo poco auténtico o maduro de novela vanguardista –al menos en comparación con otras obras posteriores suyas– porque tienda, como afirma Pérez Bazo, "hacia la articulación orgánica de la novela de tradición continuadora de los supues-

---

[8] Juan Chabás (Denia 1900-La Habana 1954). Dice Bonet que Chabás es poeta, y uno de los prosistas más significativos del 27 y que "sus primeros pasos los dio como poeta post-modernista . . . pronto contagiado de ultraísmo". Su primer y único libro de versos es *Espejos* (Madrid, Galatea, 1921). En 1924 publicó en *Revista de Occidente* su relato "Peregrino sentado". Entre 1924 y 1926 fue lector de español en Génova, reflejando su experiencia en el libro *Italia fascista (Política y cultura)* (Barcelona, Mentora, 1928). "En 1927 participó en el acto gongorino de Sevilla, sobre el que publicó una crónica en *La Libertad*. Publicó varias novelas en las que está muy presente el paisaje de su Levante natal y en que una cierta herencia de Gabriel Miró . . . se combina con las fórmulas al uso en la prosa vanguardista del 27: *Sin velas desvelada* (Barcelona, Gustavo Gili, 1927), *Puerto de sombras* (Madrid, Caro Raggio, 1928) y *Agor sin fin* (Madrid, Ulises, 1930), con cubierta de Puyol. Su obra de preguerra se completa con el volumen de crítica *Vuelo y estilo* (Madrid, Sociedad General Española de Librería, 1934) –primero de una serie que no encontró continuidad–, dos manuales de historia literaria, un libro de divulgación sobre Madrid, una biografía de Joan Maragall para la colección «Vidas españolas del siglo XIX», otra de Santa Teresa, y varias traducciones. A partir de 1929 codirigió junto con Tomás Garcés las páginas «Gaceta Catalana» de *La Gaceta Literaria*. . . . Militante radicalsocialista desde 1930, durante la guerra civil fue uno de los fundadores de la Alianza de Intelectuales Antifascistas para la Defensa de la Cultura, se afilió al PCE, luchó en el ejército republicano, en el que alcanzó el grado de capitán, colaboró en *El Mono Azul*".

tos lingüísticos-poéticos modernistas" ("La narrativa" 89; "Introducción" 12-13). [9] Es en la novela de Juan Chabás, en mi opinión, donde más claramente se ponen en evidencia las implicaciones ideológicas (sociales y políticas) que la configuración del nuevo héroe de la vanguardia conlleva; estas implicaciones apuntan directamente al conjunto de postulados defendidos por el liberalismo progresivo. La fórmula narrativa del *Bildungsroman*, utilizada por Juan Chabás –y otros narradores vanguardistas– y modificada de acuerdo a las nuevas necesidades literarias e ideológicas de parte de la generación vanguardista española, se convierte en la más adecuada para la construcción literaria del nuevo sujeto narrativo. El *Bildungsroman* se constituye en el género ideal para articular una visión *media* de lo humano y un concepto innovador de lo heroico. En este concepto de lo heroico está presente, una vez más, el pensamiento maestro de Ortega.

La anécdota de *Sin velas, desvelada* narra la crisis personal de Teresa, la protagonista, y su descubrimiento de un nuevo proyecto vital. En este sentido, *Sin velas, desvelada* es, como ha afirmado Pérez Bazo, una "novela poético-intimista" más que un relato meramente "poético" en cuanto que agrega "al refinamiento poético del discurso la percepción subjetiva de la realidad y la exploración del mundo interior de los personajes" ("Introducción" 24). Esta anécdota, sin embargo, tiene como todo *Bildungsroman* un alcance mayor que la mera introspección psicológica o la recreación lírica, y su interpretación simbólica aclara bien el carácter eticosocial de la narración de Chabás. La familia de don Antonio, padre de Teresa, se traslada para pasar el verano a la casa de Denia. Entre sus hijos, Teresa, joven paralítica, parece ser la que más disfruta de estas vacaciones. En torno a Teresa, siempre sentada debajo del pino plantado por el abuelo, se reúnen sus amigos y su hermano Antonio:

---

[9] Pérez Bazo matiza, sin embargo, sus comentarios en su "Introducción a la edición de Austral" y parece incluir a las tres novelas de Chabás cuando afirma que a pesar de esa tibieza aún contienen "determinados aspectos adscribibles a la Vanguardia":

> En definitiva, si bien estas obras de Chabás no responden con la misma intensidad a los principios reguladores de la renovación narrativa llevada a cabo en la época de la Vanguardia, no deben interpretarse con estatuto subalterno dentro de este período. Convendrá caracterizarlas esencialmente como narraciones memorialísticas e introspectivas enraizadas en el Modernismo, pero que contienen, además, determinados aspectos adscribibles a la Vanguardia. (12-13)

Bautista, el joven pescador enamorado de Teresa, Gerardo, joven estudiante de comercio en Londres, también al principio enamorado de Teresa, y Anita y Luisa hijas de unos vecinos. El verano se sucede entre visitas a los alrededores y simbólicas aventuras amorosas entre Antonio y Luisa y entre Gerardo o Bautista y Teresa. Teresa enferma y tras su recuperación cae, como la Santa castellana, en un periodo de misticismo que termina por alejarla de Gerardo que se siente incapaz de amar a una mujer que ha reprimido toda voluntad de vida. Tras la crisis amorosa, Teresa se vuelca más y más hacia el joven pescador, hacia la vida más aventurera y activa, hasta culminar con la muerte de ambos en el mar. Se introducen, además, dentro de este argumento central dos historias independientes: la historia del peregrino sentado y la de Huitón, el marinero. La historia del primero es la de un hombre sedentario que anhelando siempre viajar pasó su vida, salvo un corto espacio de tiempo, en Madrid, sin moverse del lugar donde había nacido. La historia del segundo es la vida del padre simbólico de Bautista, hombre de bien y marinero de vida ejemplar.

Personajes, objetos y acciones tienen en la obra de Chabás naturaleza simbólica, y a través de ellos se articula el carácter ideológico de la narración. Hay que evitar, por tanto, como ha hecho Pérez Bazo, leer la novela exclusivamente en clave realista, regionalista o poética (*Juan Chabás* 79-80). Teresa simboliza, de hecho, al nuevo hombre español (la nueva España incluso) que desde todos los frentes ideológicos pedían insistentemente los intelectuales y políticos españoles desde al menos el desastre del 98.

Teresa —cuyo nombre y trayectoria vital sugieren al mismo tiempo tanto la personalidad entre mística y aventurera de la santa española (y a cuya biografía dedicará Chabás más tarde un libro) como la Teresa de *La bien plantada* de Eugenio D'Ors— articula, al principio de la novela, el conocido dilema noventayochista del ser escindido entre reflexión y acción. Articula asimismo el principio schopenhaueriano de que el cuerpo del individuo es la objetivación de su voluntad. Teresa, la castellana de Segovia —como la Teresa de Eugenio D'Ors que es representación o símbolo del orden clásico, de la armonía, de la perfección y de lo racional—, se nos presenta al comenzar la narración como el arquetipo de la mujer física y volitivamente paralítica. Sentada bajo el pino plantado por el abuelo, de cara a la montaña y de espaldas al movimiento y la vida que simboliza el Mediterráneo, sintiendo tan sólo la emoción de la tierra, Teresa se caracteriza tanto por la dificultad para la complacencia y el placer de la vida (la sensualidad), como por la parálisis, la resignación y pasividad que fomenta el catolicismo y cerrazón del espíritu castellano (y de la nación española). Aunque el espíritu de la acción está latente en ella, la vida en la tierra castellana le ha estrechado el ánimo y vive en consecuencia encerrada dentro de sí.

Teresa, que contempla la vida cercenándola de su aspecto más vital, no deja que las cosas penetren en su alma (9). Mirar la realidad es, para esta Teresa orteguiana, captar su esencia mediante la conciencia reflexiva. Sólo ve el mundo reflejado en el yo, hecho conciencia o idea; mira el paisaje y lo subjetiviza; contempla la realidad, pero no la vive como experiencia. Hace, como diría Ortega, de cada uno de sus actos un escorzo de su persona (*Meditaciones* 349-50). No sólo domina, sin embargo, las cosas: se domina a sí misma; es decir, en el proceso de introspección a que somete la realidad y el yo es consciente de sí misma como ser racional y reflexivo.

Es esta autoconsciencia, sin embargo, la que finalmente le revela la escisión interna: la existencia de otra Teresa más viva que nace dentro de ella. En sus reflexiones, la protagonista de la novela de Chabás expresa dicha escisión con la imagen vegetal y viva del árbol:

> Primero miré al mar, luego miré el monte y el campo y después casi con los ojos cerrados, me he puesto a mirar hacia mí. Y vas teniendo otra hermana, Antonio. Créelo: siento que nace dentro de mí otra Teresa. De pronto parece que la vida se me torna más henchida. Siento que se me abre todo por dentro, que puede brotar como algo material, atravesándome la piel; es como si fuesen a nacerme ramas de vida. Igual que un árbol me sentía crecer esta mañana. . . . Es que no puedo explicar de otro modo esta vida nueva que siento que me crece. Y no me da alegría, tampoco tristeza. Es, sencillamente, que a veces no me parezco yo misma. Todo se huye; tengo que cerrar los ojos cuando pretendo recogerme. (72)

Este naciente brote vital –expresado como el sentirse árbol que crece–, que por primera vez le hace desear levantarse de su silla de inválida, no es todavía sin embargo sentimiento pleno de vida sino tan sólo formulación mental de la naciente vitalidad. "Formular un pensamiento", sin embargo, dice el narrador, "es ya abrir un camino a nuestra ansia" (54). Aún, el mar (lo vital) es sentido por Teresa como límite de la tierra y no al contrario (16).

La voluntad de vivir aflora, sin embargo, por un momento, con una mayor fuerza en la Teresa enamorada de un Gerardo ahogado en la vivencia de las cosas. Gerardo vive en la dimensión de la sensualidad, y el mundo para él es superficie, un haz de percepciones en el que nunca ahonda y que termina por dominarle (como le domina la sensualidad). Vive las cosas, no las analiza ni objetiviza. El dinamismo vital de Gerardo, sin embargo, como reconoce finalmente Teresa, no es impulso vital interno sino "nimio ajetreo, un ir y venir banal en el que se [pierde] la conciencia de vivir"; un sucederse de emociones que pasan livianamente, sin que la actividad del esfuerzo interno las fije ni las ancle (84). Gerardo es un yo descentrado espiritualmente, que diría Ortega, sucesión de momentos sin conexión, discontinuos e insolidarios entre sí ("Kant", 31). Ortega asocia al hombre de impulso vital incontrolado con el íbero (en oposición al hombre de espíritu racional germano). Chabás, sin embargo, asocia la vitalidad ciega con el tipo dinámico y ambicioso –como el mismo Gerardo, el hombre de negocios europeizado– de mercader aventurero y descontentadizo que da la tierra levantina. Éste, sin embargo, es para Chabás un tipo inferior (Chabás, *Vuelo* 23-25). Con su marcha a Inglaterra, Gerardo escapa de un entorno carente de iniciativa y dinamismo mercantil, de una tierra de paralíticos y hombres sin voluntad como Teresa. Los hombres de voluntad, los hombres que viven en la superficie de las cosas, descentrados e insolidarios de hecho, no cuajan en una tierra que anula la voluntad de vivir. Con la marcha de Gerardo, Teresa, que momentáneamente había pasado de un estado inicial de dominio de la realidad a ser dominada por todo lo sensible (62-63), recae ahora, con la crisis amorosa, en la parálisis volitiva.

La fuerza corrosiva de la pujanza vital termina por desencadenar, sin embargo, una honda crisis personal en Teresa. Se manifiesta esta crisis en una oscura y ambigua enfermedad, que es más dolencia del alma que del cuerpo. Durante la enfermedad, Teresa se debate simbólicamente entre la muerte y la vida, entre la contemplación paralítica y el impulso vital que luchan en ella. Es en este momento, en los delirantes sueños de su convalecencia febril, cuando Teresa adquiere plena conciencia de esta lucha interna:

> Todos sus sueños, sin embargo, tenían siempre una apariencia análoga.

Ella recordaba sobre todo algunos detalles que se repetían en varias de sus noches. En el recuerdo éstas se superponían y eran un solo sueño los sonambulismos y ensueños de todas.

No era Teresa como es. Tenía rubias las trenzas, sobre la espalda despeinadas; había crecido más, y estaba muy delgada; caminaba: no sabía bien cómo. Más que caminar, era como si resbalase muy calculadamente, siempre muy recta y casi inmóvil para no perder el equilibrio, por una senda blanca y larga, río de la luna ancha de aquella noche, cuajado sobre el mar, sólo real en el sueño. Llevaba un vestido blanco, de puntillas de viento y espumas, que se le irisaban con la luz de las vidrieras de la catedral –entonces era ya muy niña, como cuando su madre la llevaba en brazos a los oficios divinos–. La catedral flotaba sobre el mar, altos los mástiles de sus torres, y Teresa la veía navegar asomada a una ojiva muy alta, también, donde una virgen la sostenía abrazándola por el talle y estrechándola junto al regazo, donde se dormía el infantito divino, que era lo mismo que su hermano el menor. Cuando Teresa era como es, la catedral era un largo laberinto de palmas en la extremadura de una montaña. Por un mar hondo y claro, entre las aguas, Teresa andaba con los ojos abiertos y los brazos tendidos. No necesitaba moverse: Bautista le daba su mano y la conducía suavemente, casi meciéndola en la dulce vacilación de las ondas íntimas del agua clara y honda. . . . Otra vez Teresa, que es como es, está sentada en la catedral, en un ángulo del coro y lee en un libro que tiene abierto sobre la falda. Esto lo recuerda muy bien; debe de sentarse siempre allí porque todo cuanto ve desde su silla le es muy familiar. A un lado hay un hombre ya de edad que lee también como ella en un libro mucho más grande, con muchos mapas. Toda la catedral está llena de luceros, de muchas estrellas radiosas, que agudamente vuelan y huyen, sustituyéndose. De pronto todo se queda muy negro. Es seguro que en este momento Teresa está en su cunita de niña, ahora asomada al balcón de Segovia, muerta. Ella ve que la toman en brazos Gerardo y Bautista y la acuestan –lleva un vestido blanco y es muy alta– sobre la cubierta de una nave. El mar es todo de cielo. Vuelve a ser todo negro. (142-44)

En estado de vigilia, pero aún convaleciente, Teresa mezcla y confunde en uno solo los sueños de las pasadas noches. Este sueño aglutinante –donde es posible discernir al menos cuatro momentos– revela con claridad las opciones que se le abren a Teresa. En el primer sueño, una Teresa niña y que aún no está paralítica camina por las simbólicas aguas de un mar que expresa, dentro del marco de relaciones simbólicas de la novela, el impulso de vivir. En el segundo sueño, Teresa se desplaza sobre el mar a bordo de un complicado artefacto, al mismo tiempo barco y catedral (símbolo esta última de contención reflexiva). Desde este artilugio móvil, a través de una ojiva, Teresa contempla el movimiento del agua del mar, simbolizando así la experiencia de la vida tamizada a través de la conciencia y no experimentada en su intensidad vital (como en el primer sueño). En el tercer sueño, esta vez en la distancia y desde el mar, Teresa contempla la catedral-laberinto (estructura racional y ordenada en forma de caos). Purificada por Bautista, el pescador de almas, impulsada y guiada por él, camina por las aguas del mar de la vitalidad. Dando finalmente prioridad a la vida sobre el pensamiento, pero asumiendo este último como fuerza directriz, Teresa ya no experimenta la vida a través de la conciencia sino que la vive guiada por la reflexión ordenadora. En el último sueño, sin embargo, una Teresa reflexiva que lee se sienta inmóvil en un banco de la catedral, al lado de Don Justo, 'el peregrino sentado', el hombre paralítico y falto de voluntad de acción.

El sueño múltiple de Teresa descubre cuatro opciones diferentes al viejo conflicto de la escisión entre razón y vida. Estarían, por un lado, las opciones "puras": dejarse arrastrar por la fuerza vital (Teresa caminando sobre el mar) o negar, en caso de que esto fuera posible, la pujante voluntad vital (Teresa leyendo junto a don Justo). Por otro lado, estarían las opciones "híbridas", que armonizan pensamiento y vitalidad: someter lo vital a lo racional aunque haciendo de lo racional, de la conciencia de la vida, lo prioritario –Teresa contemplando el mar desde la catedral–; o guiar la pujanza vital mediante la razón y la vida consciente (Teresa que camina por el mar guiada de Bautista).

Teresa opta por resolver el conflicto existencial en que se encuentra ejerciendo vicariamente la vida a través de la conciencia. El amor por Gerardo no lo vive como verdadera pasión amorosa sino como análisis del sentimiento amoroso, interiorizando en la conciencia y analizando las nuevas sensaciones. Incapaz de mantener la natural inocencia y equilibrio anteriores al descubrimiento de lo vital, Teresa, heroína schopenhaueriana, lucha ahora con su alma para perpetuar dicho equilibrio artificialmente. La joven protagonista de *Sin velas, desvelada*, lo mismo que la reja geométrica que cubre la ventana de su cuarto y que deja pasar la luz del día, clasifica, racionaliza, divide y analiza la fuerza vital que nace en ella para conseguir así una perfecta "sinopsis espiritual" (145). Autoconsciente, somete a criba y contención la vida que bulle fuera de ella (exterior en cuanto vida objetivizada por la conciencia, a pesar de que Teresa la sienta nacer de su interior):

> Así que las cosas ya no podía distinguirlas y comprenderlas por su movimiento, por el modo de agitarse ante ella, constantemente parada. Ella misma se movía ya; no: seguía tan quieta, tan sentada como antes, pero íntimamente se agitaba y movía; a la contemplación estática de las cosas con las cuales fundíase totalmente hasta no pensar en nada y vivir sólo de la gracia de ver, oponía ahora la actividad de su alma y de su mente; ahora ya no era el paisaje el que se adentraba en ella ni ella mansamente en las cosas; paisaje y Teresa eran dos vidas, y sus caminos podían o no ser paralelos, converger hasta fundirse o distanciarse tanto que Teresa de pronto sentíase completamente sola, ni aquí ni allá, sino en ella misma, es decir, fuera de ella, fuera de la Teresa quietecita y sentada. Y entonces, sólo su espíritu sentía.
> Tal cuando pensaba en Gerardo y en Bautista.
> Muchas cosas de las que rodeaban a Teresa, muchos sentimientos y emociones que ella no sentía dentro de sí, pero que a su lado veía palpitar y crecer se internaban de tal modo por su alma que acababa por creerlos suyos, más no en aquella medida tan entrañable que le impidiese analizarlos cuidadosamente. Cuando esto hacía, estos sentimientos se le ofrecían con una doble faz. Una tenía hacia ella vuelta la mirada, era como reflejo de su mismo ser; la otra completamente ajena, le objetivaba esos sentimientos fundiéndoselos con las mismas gentes en cuyo espíritu veíalos albergados. Así le ocurría con su amistad con Gerardo y Bautista. Veía esta amistad, veía luego que en ella pensaba, y veía también a ambos, y la amistad de ambos hacia ella. (149-50)

A la Teresa que domina las cosas al contemplarlas racionalmente, o la Teresa enamorada que, como Gerardo, es dominada momentáneamente por las cosas que se le imponen, se sucede una Teresa que contempla la realidad en tres fases o momentos distintos. En un primer momento, Teresa ve la amistad de Gerardo y Bautista y asegura la existencia de la realidad externa mediante la percepción: la idea como percepción ordenada en el tiempo, situada en el espacio y sometida a ciertas conexiones causales. En un segundo momento, Teresa, que se sabe un sujeto transcendente y racional, autoconsciente y consciente de lo que sucede en el mundo exterior, se da cuenta de que piensa en la amistad de Bautista y Gerardo: la idea como concepto, como esencia. Y en un tercer momento, en que Teresa ve la amistad de Gerardo y Bautista y la vive sin sumergirse en ella mediante una experiencia vicaria en que la *idea*, objetivada, es vivida dentro de ella, sin dejarse arrastrar por lo percibido por los sentidos. Como en el sueño, en el que contemplaba el mar desde la catedral, Teresa participa de la vida exterior sin sentirla directamente, sin dejarse arrastrar por su fuerza, mediatizándola a través de la conciencia.

Teresa sigue en esta actitud ante la vida el modelo de su hermano Antonio que le aconseja: "No pierdas tu sosiego. No se te desborde el fervor: contente. Toma enseñanza de este mar nuestro. Sé, como él, mesurada" (73). Teresa contiene el impulso del ser vital, y logra momentáneamente un "sosiego apasionado", un equilibrio transitorio entre sensualidad e inteligencia. En este sentido, los personajes masculinos de la obra –Antonio, Bautista y Gerardo– no son caracteres psicológicos perfilados con realismo tanto como simplificación de la nueva opción vital e ideológica que se le ofrece a Teresa. Antonio y Bautista, como expresa su afición marinera al mar Mediterráneo, mar contenido, encarnan el equilibrio entre el impulso vital y la conciencia contemplativa. Al contrario que Gerardo u otros protagonistas de la narrativa de vanguardia, que reflejan la quiebra de los valores y creencias del sujeto moderno –aquellos que según del Pino expresan más adecuadamente el rechazo de la idea del sujeto lógico y racional propio de la auténtica narrativa vanguardista (*Montajes* 75; 93)–, Antonio y Bautista sienten el amor no como instinto sensual, frívolo e irresponsable, sino como íntegra compenetración de emoción y contemplación, como sensualidad hacia dentro y, por tanto, a diferencia de lo que sienten los otros héroes vanguardistas, como cauce de plenitud:

> para él [Antonio] sí que suponía el amor una vida más honda y más henchida. Pero para Gerardo era un juego. El mismo lo había dicho: "que todo, en la vida, era más o menos una aventura. Todo sucedía por azar y todo era tránsito, mudable caminar. El sentirse ligado por un deber, el convertir una pasión en un imperativo moral, era quitar a la vida su gracia fácil y suelta para trocarla en empinado camino áspero. Había que tener el donaire de mudar presto, de viajar rápidamente por la vida". (91)

A los ojos de Teresa, el amor de su hermano Antonio por Luisa, al contrario que la pasión irresponsable de Gerardo, lleva implícita una responsabilidad moral. La pasión en Antonio queda inscrita en las coordenadas de la razón que presupone todo imperativo moral. En el sentimiento amoroso se abre ahora una nueva dimensión ética de la que carece el instinto, la pura voluntad de vivir.

Bautista, modelo también de aprendizaje para la joven Teresa en el proceso de crearse un proyecto de vida, es, al igual que Antonio, el hombre de la disciplina interna, del desasosiego enfrenado, que "tiene el exacto recogimiento de quien conoce el límite y la norma" (*Vuelo* 24). En Bautista, el empuje vital está contrarrestado siempre por el impulso contrario de contención y sosiego. No es ni el hombre falto de voluntad, ni el hombre de actividad impulsiva e inferior. Es, simbólicamente, el hombre nuevo nacido en el mundo intermedio que se ha ido formando al contacto del llano y el mar. El tiempo, dice el narrador, ha ido limando las diferencias entre el campesino codicioso y activo y el marinero blando de voluntad. El campo se ha acercado al mar y no viceversa, porque el espíritu racional y mercantil, el espíritu crematístico del hombre del levante interior, el de Gerardo, nunca terminará de reemplazar la libertad del hombre de mar. Salir al mar, actividad que asegura el sustento de su familia, es para Bautista, sin la codicia mercantil de Gerardo, un acto al mismo tiempo de expresión de vitalidad y de afirmación de libertad: un ejercicio de responsabilidad ética en el marco social. Contrariamente a Gerardo, para el que la libertad es la acción pura y sin limitación –simbolizada en el acto de viajar a toda velocidad en su automóvil–, para Bautista, la libertad implica la reconciliación del deseo personal de felicidad con la contribución del individuo al bien común (el mantenimiento de su familia). La acción, el impulso vital, busca su objetivo o propósito en el bien de la comunidad.

El autor de *Sin velas, desvelada* articula en la vida moderada de Bautista el modelo de una nueva utopía anticapitalista, *aurea mediocritas* de bienestar, sosiego y reposo. La actitud adoptada ante el proceso industrializador, como ha mostrado Juan Cano Ballesta, no es siempre del mismo signo ideológico. A veces, se acepta con entusiasmo; a veces, sin embargo, como en el caso de Juan Chabás y los otros escritores estudiados en este ensayo, queda supeditado a un humanismo integrador (160). Bautista se mantiene sabiamente en el límite entre el mundo del desasosiego comercial y el impulso aventurero y el mundo blando y falto de codicia, pero sosegadamente vital, del marinero; no traspasa la peligrosa frontera y permanece, al contrario que Gerardo, dentro de los márgenes de un capitalismo moralmente responsable que no aliena al individuo y que le deja amplio margen para el ejercicio de su libertad. Al contrario que Gerardo, que termina por abandonar definitivamente no sólo a Teresa sino también su patria, ni Antonio ni Bautista quedan aislados de su matriz cultural, no caen en el aislamiento de un exilio voluntario e irresponsable que niega la posibilidad de integración del individuo en la comunidad. No se plantea en ellos conflicto alguno entre razón y voluntad de vivir, deber y realización personal, sociedad e individuo, intereses europeístas y casticismo.

Antonio y Bautista, junto con el tío Huitón y el abuelo de Teresa representan, dentro de la novela, ejemplos modélicos y programáticos para la joven paralítica de lo que debería ser, al contrario que Gerardo, el verdadero hombre de acción. Sólo ellos, hombres que levantan sus casas a medio camino entre el mar y la montaña, son, como dice Teresa de Antonio, los verdaderos héroes íntegros, enteros (89) que expresan un nuevo modelo de humanidad más completa. El nuevo hombre no es, como Gerardo, instinto ni acción pura (vitalismo que predominó según estos intelectuales en la preguerra y postguerra europea); ni es, como la Teresa del comienzo de la novela, debilidad volitiva y sometimiento a una regla interior. El individuo debe ser ambas cosas a un mismo tiempo: acción y contención, impulso vital y regla interna. La propuesta de la novela es la de un vitalismo al que la razón guíe: la satisfacción del instinto (erótico) y la ambición personal (capitalista) ceden lugar al amor puro, aunque sensual, y al deseo de bienestar personal mediano: el vitalismo controlado por el acto racional de responsabilidad moral, no la conciencia reflexiva que coarte la vida.

Éste es el modelo que asume Teresa, que de ser pino anclado en la montaña se torna barca de velas desplegada; barca que se lanza a la acción dirigida y controlada por el pensamiento pero no anulada por éste. Pasa de vivir la realidad vicariamente, a través de la conciencia, a experimentar la verdadera libertad que proporciona la vitalidad contenida y reflexiva. El intelecto no amordaza ahora la vida; pero el impulso vital tampoco viene de fuera sino que nace de dentro de la misma Teresa reflexiva. La opción ahora, al lado de Bautista, es para Teresa la vida impulsada por la consciencia, no la pura vitalidad. Teresa, como en el sueño arriba descrito, guiada por Bautista, abandona su silla debajo del pino y se convierte en la "pe-

regrina del mar". Hemos pasado de una Teresa "sin velas", dominada por la conciencia que debilita la acción y el instinto, a una Teresa
"desvelada", rendida a la voluntad de vivir. El énfasis está ahora, sin
embargo, en una vitalidad que asume y da por supuesta la existencia de fondo de una conciencia racional que dirige el impulso y lo
juzga críticamente.

La elección de este *vitalismo controlado por la razón* tiene al menos dos consecuencias en la interpretación final de la novela. Por
un lado, como en *Locura y muerte de Nadie*, se cuestiona un concepto de razón, que llevado a extremos límites, ha conducido al
mundo alienante de la nueva sociedad de economía capitalista y
producción industrializada. No se trata de rechazar totalmente las
ventajas de la razón y el mundo tecnológico que lleva aparejado,
sino de denunciar el peligro existente en el desarrollo exagerado de
una sociedad capitalista en la que el individuo queda marginado. La
utopía que nos ofrece la novela es más bien, como en el caso de
Bautista, Huitón o el mismo abuelo de Teresa (todos en contacto
casi ancestral con la tierra y el mar en que trabajan), una sociedad
pre-capitalista, al borde del capitalismo más bien, donde enriquecimiento comercial y bienestar económico están equilibrados. Chabás
–y otros intelectuales de la vanguardia como muestra Eduardo Subirats– "asume la modernidad como realidad conflictiva y con espíritu crítico" al darse cuenta del enorme peligro que supone el avance tecnológico y capitalista (49). Peligro que se expresa en *Sin velas,
desvelada* por la vacía modernidad y capitalismo de Gerardo. Chabás no renuncia, sin embargo, al proyecto industrial, progresista y
civilizado del mundo moderno.

Por otro lado, optar por un vitalismo controlado por la razón es
apostar por el polo de una acción alimentada, como diría Azaña,
por el motor de una decisión moral (cit. en Tusell 131). En *Sin velas, desvelada*, como en las otras novelas aquí analizadas, el concepto de libertad no se entiende en el sentido de individualismo romántico y acción irresponsable (que sería el caso de Gerardo). El
concepto romántico e individualista de libertad del que bebe el liberalismo clásico queda en estas novelas superado por un concepto
de libertad responsable y consagrado en la ley. Se mantiene la idea
de individuo, no de célula social, pero de individuo que se realiza en
sociedad y responsablemente. La libertad, que no es un concepto
abstracto ni implica dejar libres los impulsos naturales del espíritu o
las emociones, se realiza en la sociedad de la que los individuos son
miembros activos y responsables. Tanto Antonio como Bautista, por

decisión voluntaria y libre, optan por controlar sus impulsos en función del bien social.

Juan Chabás, Benjamín Jarnés, Rosa Chacel o Claudio de la Torre, proponen una solución a la tensión entre individuo y sociedad que se mueve dentro del marco ideológico del nuevo liberalismo que empieza a abrirse camino en España durante el primer tercio del siglo XX y que terminará de afianzarse con la Segunda República. La propuesta, sin embargo, fracasa en la novela de Chabás. Al contrario de lo que es típico de la novela de *Bildungsroman* del siglo XX, no hay en la novela de Juan Chabás reconciliación final entre vida ideal y vida en sociedad, entre individuo y sociedad, reflexión y acción. En el capítulo final, en el que el doctor habla con el nuevo médico llegado al pueblo levantino, sabemos que Teresa y Bautista naufragaron en la aventura y que el viejo pino plantado por el abuelo finalmente se secó. La muerte de Bautista y Teresa simboliza la falta de viabilidad de la propuesta de nuevas fórmulas de expresión de la libertad, el fracaso de la utopía del nuevo hombre de acción contenido y responsable en una tierra, como dice el doctor, que sólo parece dar o paralíticos, hombres faltos de voluntad de vivir, "peregrinos sentados" como don Justo (223), u hombres de acción insolidarios con un proyecto social común, como Gerardo. La utopía regeneracionista propuesta en *Sin velas, desvelada* fracasa.

Un grupo importante de novelas vanguardistas, en general, no cree en la posibilidad de tal héroe (sí, de tal heroína, como en *Estación. Ida y vuelta* de Rosa Chacel). En general, la resolución o se deja en suspenso, como *Locura y muerte de Nadie* de Benjamín Jarnés, o se decanta claramente hacia la imposibilidad de la regeneración moral del hombre español; éste es el caso no sólo de la obra de Chabás sino también de la de Claudio de la Torre que se analiza a continuación. *Sin velas, desvelada* se plantea como un proyecto de tintes utópicos que es consciente de su misma inviabilidad en una España paralítica que terminará por asfixiar cualquier brote de voluntad (Teresa, Bautista): "esta tierra es así, le cierra a uno la voluntad" dice el médico al final del libro (223). El fracaso de Teresa es o será de hecho, como se ve en *Alicia al pie de los laureles*, el fracaso de la propuesta ideológica de reconciliación entre tradición y modernidad del nuevo liberalismo alentado por la pequeña burguesía de principios de siglo que desembocará en la Guerra Civil.

CAPÍTULO 5

LA HISTORIA EN VOLUMEN: VISIÓN ESTEREOSCÓPICA DEL PASADO EN EL ARTE Y LA FICCIÓN DE LA VANGUARDIA ESPAÑOLA. ANÁLISIS DE *UN MUNDO* DE ÁNGELES SANTOS Y *ALICIA AL PIE DE LOS LAURELES* DE CLAUDIO DE LA TORRE

E s el propósito de este capítulo mostrar las conexiones existentes entre la obra pictórica y literaria de dos artistas de la vanguardia española: María Ángeles Santos –en concreto, su cuadro *Un mundo* (1929)– y Claudio de la Torre, autor de *Alicia al pie de los laureles* (1940), una de las últimas manifestaciones lírico-ficcionales de la vanguardia histórica española. [1] Claudio de la Torre, fue-

---

[1] Claudio de la Torre, seudónimo de Néstor de la Torre (Las Palmas de Gran Canaria 1895-Madrid 1973). Novelista, dramaturgo y poeta, es considerado por Juan Manuel Bonet en su *Diccionario de las vanguardias de España*, una de las figuras más importantes de su generación. Su obra literaria da comienzo con un libro de poemas adscrito al postmodernismo, *El canto diverso* (1918), prologado por Díez Canedo, y un volumen de relatos, *La huella perdida* (Madrid: Caro Raggio, 1920). Su novela *En la vida del Señor Alegre* (Madrid: Caro Raggio, 1924) recibió el Premio Nacional de Literatura. También escribió para el teatro; su obra *Tic-Tac* (Madrid: Mundo Latino, 1930) es, según Juan Manuel Bonet, una de las obras más representativas del teatro de vanguardia español. Otras obras de teatro suyas son *El viajero* (estrenada en 1926 en el club teatral de El Mirlo Blanco), *Un héroe contemporáneo* (Madrid: Sociedad de Autores Españoles, 1936) y *Paso a nivel* (1930). En 1926 fue miembro del efímero grupo SIC. En 1928 publicó un artículo sobre su amigo Buñuel en *La Gaceta Literaria*, revista a cuya encuesta vanguardista de 1930 contestó. Entre 1931 y 1934 residió en París, donde trabajó en los doblajes al castellano de las películas de la Paramount y dirigió alguna película, como *Pour vivre heureux* (1932). Después de la Guerra, se dedicó principalmente al teatro, y fue director del María Guerrero. También realizó alguna película; escribió una guía de su región natal y el libreto de la ópera en un acto de Óscar Esplá *El pirata cautivo* (1974), y hacia el final de su vida fue corresponsal de *ABC* en Londres. Su novela más importante es *Alicia al pie de los laureles* (Madrid: Biblioteca Nueva, 1940). Todos estos datos han sido tomados del libro de Bonet, *Diccionario de las vanguardias de España*.

Respecto a María Ángeles Santos, el mismo Juan Manuel Bonet también ofrece en su *Diccionario* un buen resumen de su producción y de su importancia en el conra de lo que se suele considerar el periodo característico de producción de la nueva novela –los años veinte y primeros años de los treinta–, escribe una novela que puede todavía considerarse vanguardista si atendemos a sus características formales y de contenido. La prosa de Claudio de la Torre no llega en su experimentación, como señala en un reciente artículo Biruté Ciplijauskaité, a la acrobática de otros narradores vanguardistas como Giménez Caballero, Antonio Espina, Gómez de la Serna o Benjamín Jarnés, "pero sí introduce un léxico que suena a nuevo y que hace resaltar por manejos sintácticos y de estructura general, agregando tono y enfoque poco usuales" (310). La dificultad de adscripción genérica al molde de novela realista, el lirismo fuertemente cimentado en el lenguaje poético y la imagen, el ambiente cosmopolita en ciertos episodios y referencias, la falta de desarrollo psicológico de los personajes o, finalmente, la frivolidad y el antisentimentalismo de algunos de estos personajes y situaciones, son todas ellas características reconocidas de las historias lírico-vanguardistas de la España literaria de entreguerras.

Tanto el motivo como el tema central de las obras de Claudio de la Torre y María Ángeles Santos es el concepto de historia. Este concepto se articula en ambos autores de acuerdo a las directrices de reconciliación de categorías ideológicas e historiográficas establecidas por el progresismo político. El progresismo, o nuevo libe-

---

junto de las vanguardias. Nace en Port Bou, Gerona, en 1912. Su primera individual, de un post-cubismo contagiado de realismo mágico –y en la que destacaron los paisajes urbanos–, tuvo lugar en 1929 en el Ateneo vallisoletano, y motivó un nuevo artículo de Francisco de Cossío, que consideraba que "esta pintura en cierto modo, tiene un poco color de sueño". "Surrealista de un solo cuadro" la llama Lucía García de Carpi, refiriéndose al más importante de los que pintó, *Un mundo* (1929, Museo Nacional Centro de Arte Reina Sofía, Madrid), presentado aquel año, junto a otros ejemplos de su producción de carácter onírico, en el Salón de Otoño de Madrid. En el mismo salón, al año siguiente, hará una exposición en solitario. Encontramos colaboraciones gráficas de Ángeles Santos en varias de las revistas de aquellos años. Colabora, por ejemplo, en el número surrealista de Butlletí; asimismo colabora en *La Gaceta literaria* donde Giménez Caballero la comparó con Maruja Mallo y Ramón publicó un artículo sobre ella titulado "La genial pintora Ángeles Santos, incomunicada en un sanatorio" en 1930. Ángeles Santos participó en las exposiciones de la Sociedad de Artistas Ibéricos de San Sebastián (1931), Berlín (1933) y París (1936), y en el certamen del Carnegie Institute de Pittsburgh en 1931 y 1933. Pronto evolucionó hacia una figuración de corte más tradicional, como pudo comprobarse en sus individuales barcelonesas de Syra (1935). En la última edición de *Españoles de tres mundos* se incluye un borrador de texto juanramoniano sobre ella (Bonet, *Diccionario* 564).

ralismo, se extiende como ideología política en el primer tercio del siglo XX y abarca en España el bloque renovador del liberalismo democrático y del republicanismo. [2] La nueva ideología supone la selección y combinación de ideas procedentes de diferentes tradiciones: las viejas y elitistas versiones del liberalismo y las nuevas e igualitarias visiones del socialismo. Dicha ideología tiene como resultado tanto una visión innovadora de la teoría sociopolítica y de la historia como una nueva definición de viejos conceptos como libertad, igualdad, justicia e historia. Situada entre el liberalismo radical y el socialismo revolucionario impugna la oposición entre el individuo y la sociedad, la individualidad y la solidaridad, la política y la ética, la tradición y la innovación.

En lo que respecta a la historia, el nuevo liberalismo se propone la armonización del idealismo y determinismo historiográfico. Aunque la historia, afirmen, revele una dirección general, no ofrece sin embargo una dinámica interna inherente. No existe, como opinaban positivistas e idealistas, un agente o proceso transhistórico a cuyos imperativos se reaccione automáticamente. Al no existir un principio único que la determine o la explique, se niega tanto el

---

[2] Desde finales del siglo XIX, como ha estudiado Kopplenberg (*Uncertain Victory*), se produce una revolución dentro del campo del liberalismo político. Una serie de filósofos pondrán las bases de lo que Kopplenberg ha denominado la teoría política de la vía media (Socialdemocracia y Progresismo político). Algunos de los puntos claves de su programa político son: la propuesta de evolución, y no de cambios revolucionarios; el esfuerzo por reconciliar los ideales humanistas y los imperativos industriales modernos (saben de la imposibilidad de resistir la urbanización e industrialización); la reforma moral como base necesaria de la reforma política. La educación lleva a la virtud y esto a la democracia; la educación se convierte en clave para el cambio social porque afecta a la reforma moral e, indirectamente, al cambio político. Intentan crear un ciudadano bien educado democráticamente. A través de la educación el individuo aprenderá a escoger libremente el ser responsable. Subir el nivel moral del individuo, por tanto, es esencial en cualquier reforma social. Los cambios políticos sustantivos son imposibles sin cambios culturales y valores profundos. Hay que acabar con los valores individualistas.

El nuevo progresismo –Bourgeois, Dewey, Weber, Lippman– busca el equilibrio entre libertad individual y sentido de comunidad. La libertad, que no debe ser sacrificada, supone siempre responsabilidad. Necesidad de solidaridad: la solidaridad no es una cuestión de socializar los bienes, sino de socialización de los espíritus y las voluntades: la armonía social es la utopía para todos ellos. Los conflictos entre los diferentes polos sociales deben superarse. El fin de la acción política y social es el cultivo de la responsabilidad personal y no ya como en el liberalismo el sentimiento subjetivo de felicidad. El individuo debe tener en cuenta las implicaciones sociales de sus actos. Hablan de la necesidad de líderes carismáticos que dirijan la democracia.

concepto de lo "inevitable" como el concepto del progreso automático de la historia. La historia puede ser progreso, pero es proyecto
también y el hombre es responsable de que así lo sea. Los seres humanos hacen la historia, puesto que las elecciones fueron hechas
por individuos condicionados, pero no determinados, por la sociedad. Son conscientes además de que la sensibilidad histórica, el
análisis de la historia pasada, puede despertar en el individuo el
sentido de responsabilidad. El estudio de la historia, aunque no
prescribe normas de aplicación universal a las cuestiones sociopolíticas, sí permite aprender a juzgar y escoger. La historia, que ofrece
según estos intelectuales una base empírica en la que fundar un juicio crítico (a pesar de que esto sea hoy un juicio bastante cuestionable), nos salva del relativismo. La validez de nuestras elecciones se
apoya en el proceso histórico concreto porque la historia refleja las
consecuencias de las elecciones e ilumina el presente. En este sentido, los intelectuales del progresismo creen reconocer en la historia,
cuando hacia ella vuelven sus ojos, un patrón general de desarrollo
que parece apuntar en una misma dirección: por un lado, hacia una
reconciliación final del pasado y el presente; y por otro lado, hacia
idéntica reconciliación de los intereses del individuo y los de la sociedad mediante la creación de un nuevo concepto de la individualidad y de un hombre que se realiza responsablemente en sociedad.
En general, las directrices ideológicas del nuevo liberalismo, tanto
en el pensamiento sociopolítico como en el historiográfico, revelan
una política de compromiso y reconciliación que será la que en último término lleve al fracaso de estas propuestas. Tras la victoria del
bando nacional en la Guerra Civil, *Alicia al pie de los laureles* expresa, al menos en parte, el fracaso de la propuesta progresista. Fracaso que unos años antes aunque se intuye no se percibe aún claramente ni en la obra pictórica de Ángeles Santos ni en la obra
literaria de otros autores de la vanguardia española como Benjamín
Jarnés.

Respecto a Ángeles Santos, su pertenencia en pleno derecho al
grupo vanguardista queda manifiesta no sólo en su participación en
las exposiciones de la Sociedad de Artistas Ibéricos, sino en el mismo interés puesto por muchos de los hombres de esta generación
vanguardista en su obra y, en concreto, en el cuadro de 1929 *Un
mundo* (Fig. 23). El interés no sólo se exteriorizó en los comentarios, por ejemplo, de Juan Ramón Jiménez en *Españoles de tres
mundos* (algunos de cuyos versos de la *Segunda Antolojía* fueron la

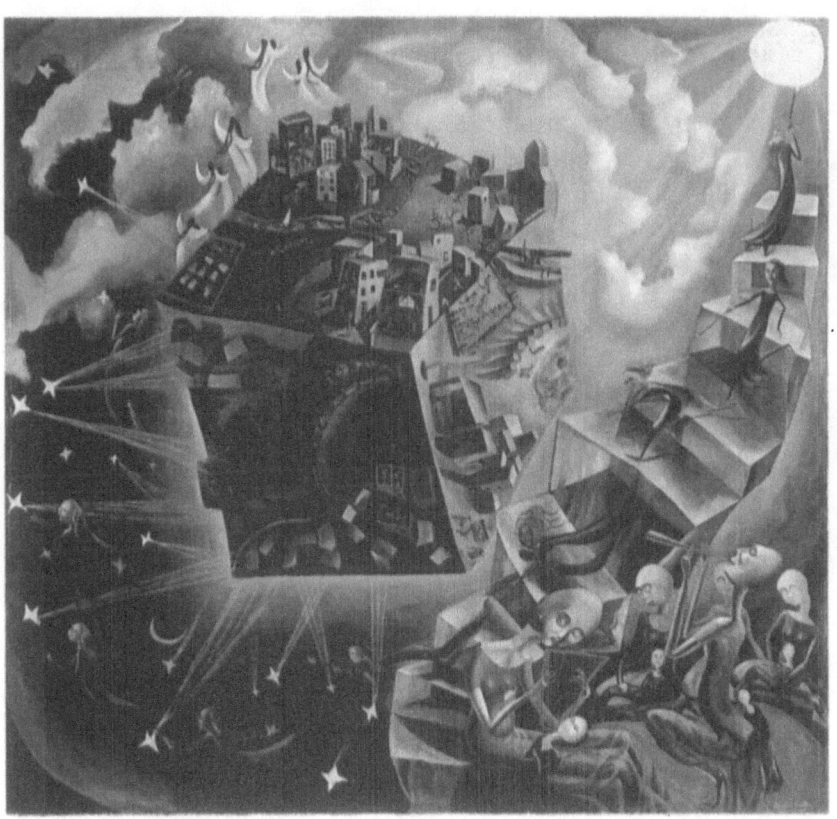

Fig. 23. Ángeles Santos, *Un mundo*, Museo Nacional Centro de Arte Reina Sofía

inspiración concreta de *Un mundo*: "ánjeles malvas apagaban las verdes estrellas. Una cinta tranquila/ de suaves violetas/ abrazaba amorosa a la pálida tierra") o en reseñas como la de Ramón sobre la obra de Ángeles Santos en revistas tan marcadamente vanguardistas como *La Gaceta Literaria*, sino también en la visita a Valladolid y San Sebastián que hicieron a la joven pintora algunos de los escritores más claramente vanguardistas –Ramón Gómez de la Serna, Ernesto Giménez Caballero, Federico García Lorca o Vicente Huidobro (Panyella 59; Bonet 564). En el momento de su aparición, afirma Panyella, el cuadro fue saludado por parte de ensayistas, poetas, escritores, críticos literarios y plásticos como una obra única e insólita (47). El carácter en parte onírico y simbólico del cuadro –que para Francisco Cossío tenía "un poco color de sueño"– no es ajeno a este interés. En este sentido, Lucía García de Carpi ha denominado a Ángeles Santos "surrealista de un solo cuadro" por lo que *Un mundo* tiene de "elucubración mental, de sorprendente fantasía infantil al margen de toda experiencia sensorial y formulación física" (127-28). Pero para Panyella, el cuadro como en el caso de Maruja Mallo –con la que Giménez Caballero la comparó en *La Gaceta Literaria*–, es algo más que onirismo surrealista. La influencia del cubismo es, por ejemplo, obvia a simple vista cuando observamos la configuración de un mundo que no es circular sino poliédrico. La presencia de la pintura futurista y su práctica de la "aeropintura" –imágenes de paisajes o vistas urbanas tomadas desde perspectivas más altas (aviones o rascacielos)– también es evidente en la visión espacial que Santos ofrece de la tierra y del universo. El expresionismo pictórico es igualmente fácil de detectar en la deformidad externa del mundo y los seres que lo habitan. El Bosco y El Greco, por último, tampoco pasan desapercibidos en la concepción de un estilo atomizado y un cielo de nubes remotas (Panyella 60). Todas estas influencias apuntan nuevamente a la conjunción en una gran parte del arte de la vanguardia de lo más moderno y de lo más clásico de la tradición pictórica hispana.

La pintura de Ángeles Santos representa un mundo cúbico. Fueron los cubistas, afirma Panyella, quienes le hicieron comprender a Santos que el mundo podía dejar de ser redondo y convertirse en un poliedro, un cubo con planos claramente diferenciados. El mundo de Santos es resultado de la combinación de diferentes planos que al yuxtaponerse crean la sensación de volumen y profundidad espacial. Cada uno de estos planos no sólo configura un nivel espacial. Al mismo tiempo, como implica el movimiento rotatorio de este mundo cúbico, representan una unidad temporal y, como en muchas pinturas y códices medievales, la sucesión de escenas estáticas al sucederse expresan movimiento cronológico. El sucederse de los planos estáticos en *Un mundo* sugiere también el paso del tiempo: es decir, volumen temporal, historia. En este sentido, es interesante que al referirse al cuadro se exprese Ángeles Santos en los siguientes términos: "Quería pintar el mundo (. . .) y pinté en ella [la tela] todo lo que entonces imaginaba que era el mundo, tal como me lo habían *contado*" (Panyella 39; subrayado mío). Ángeles Santos transfiere a su mundo cúbico, no lo que le han *descrito*, sino lo que le han *contado* –narrado– sobre el mundo, marcando así el carácter en parte narrativo, y así temporal, como diría Paul Ricoeur, de su percepción espacial y pictórica. El tiempo se hace tiempo humano, deja de ser una realidad abstracta y adquiere significación antropológica, dice Ricoeur, en la medida en que se articula en un modo narrativo (116). Es este carácter narrativo de la pintura de Ángeles Santos, que "cuenta" la historia del mundo en los tres planos yuxtapuestos del cuadro, lo que le permite explorar, articular y clarificar la temporalidad de la experiencia humana y su visión de la historia del mundo.

El transcurso temporal en *Un mundo* lo sugieren múltiples motivos pictóricos. Uno de estos motivos pictóricos es la misma idea de movimiento circular de esta tierra cúbica implícita en los distintos matices lumínicos de los planos que evocan, de esta manera, el paso del tiempo. Otro segundo motivo que sugiere transcurso temporal es la figura de la Mujer-Prometeo que, como en una tela o códice medieval, se multiplica; la figura roba la llama del sol-fuego y desciende por la escalera marcando, como en la *Danza* de Matisse, el paso del tiempo en el progresivo envejecimiento, muerte y final transformación en alma de la forma de mujer. El transcurso del tiempo se subraya no sólo en la multiplicidad cambiante de la figura femenina sino también en la progresiva muerte de la llama y en el descenso hacia la noche. La idea de transcurso temporal se sugiere además, en referencia al motivo de esta Mujer-Prometeo, en un doble sentido: por un lado, en el de paso del día (el sol) a la noche (las estrellas); por otro lado, en el del discurrir del tiempo histórico. En referencia a esto, la elección de una Mujer-Prometeo no es arbitraria. El mito de Prometeo, ladrón del fuego de los dioses, está asociado desde la antigüedad clásica a la idea de transcurso del

tiempo histórico y en concreto a la idea de la degeneración gradual
de la especie humana a través de las diferentes edades, que expresa
claramente el deterioro progresivo de la figura femenina que desciende la escalera (Flint 31). La degeneración que el paso del tiempo conlleva es aquí, sin embargo, parcialmente cuestionada, por
cuatro referencias o motivos pictóricos. En primer lugar, cuestiona
la degeneración inevitable del tiempo el hecho de que el mito mismo de Prometeo, especialmente en el momento de las vanguardias,
simboliza con frecuencia el avance tecnológico. En segundo lugar,
la posibilidad de un más allá espiritual simbolizado en las almas as-
cendentes en que termina la cadena simbólica de la vida. En tercer
lugar, la presencia, en el ángulo derecho de la tela, de un espacio
neutro y atemporal, como un limbo eterno y fuera de la historia,
donde el grupo pesadillesco y expresionista de las madres-musas-lo-
cas con los hijos e instrumentos musicales en sus regazos se hacinan
marginadas a la derecha de la escalera de la vida. Ellas representan
la otredad, lo femenino, lo vital, el arte, la locura y la continuidad
del tiempo; pero una continuidad en suspenso y anclada al margen del tiempo histórico que sigue su marcha ajeno a ellas. Y en
cuarto lugar, la decadencia queda cuestionada en la misma idea de
circularidad de la historia.

El concepto circular de la historia que el motivo mismo de un
mundo sugiere queda, sin embargo, cuestionado en parte —o al
menos se abre una obvia ambigüedad— si observamos con deteni-
miento el contenido pictórico de cada uno de los planos del mundo-
cubo de Santos. El contenido apunta no tanto a la idea de repetición
de tiempos o épocas como a la de simultaneidad. Esta simultaneidad o conjunción de los planos temporales le permite además,
como en toda composición cubista, ofrecer una abstracción de las
leyes que rigen la historia. La historia es, como este mundo, una
combinación de diferentes planos temporales: pasado, presente y
futuro; tradición y modernidad. Tres planos de gradación lumínica
distinta se articulan en este mundo cúbico: un plano de mayor oscuridad, sobre el que ya ha caído la noche; un plano más iluminado,
aunque con matices de oscuridad en la esquina inferior (que roza
los escalones); y el plano superior de la composición, entre luz y
sombras. Es este plano horizontal, entre luces y sombras, al que mayor relevancia se da en comparación con la relativa oscuridad en
que quedan los otros dos planos. La importancia de esta sección de
la pintura queda manifiesta en la ubicación privilegiada dentro de la

tela y en el complejo detallismo de las figuras y objetos que lo pueblan. Asumimos, pues, que sobre él recae la fuerza del mensaje del cuadro.

El plano más oscuro, la única parte iluminada por la luz de las estrellas, nos muestra las casas bajas y simples de lo que parece un pequeño pueblo. En la diagonal del cuadro, se percibe la sombra agusanada de un tren que se desplaza humeante en dirección al plano más iluminado, pero que nunca termina de llegar a él porque los raíles del tren se pierden vacíos en la lejanía de este mismo plano iluminado. Se podría afirmar que este plano oscurecido representa el pasado decimonónico, la tradición, apoyándonos en el sentido emblemático que tiene el ferrocarril para expresar el despegue económico y el afianzamiento social de la burguesía a lo largo del XIX en toda Europa (Sánchez Jiménez).

El tren deja paso en el plano más iluminado al avión (en la esquina superior del plano iluminado). El pasado de la tradición, parece deducirse de ello, deja paso por tanto al presente de la modernidad (como indica la dirección de avance del tren). En este mismo plano iluminado, los bañistas, repartidos entre la playa y las casetas, los jugadores de fútbol y los niños en el parque, refuerzan ese significado y connotaciones de optimismo y vitalidad que caracterizó al mundo moderno occidental a principios de siglo.

En el tercer cuadrado, por último, donde es más evidente el detallismo selectivo del estilo de Ángeles Santos (se pintan los interiores de las casas sin tejado), los motivos de la composición se distribuyen geométricamente en las cuatro esquinas del plano: en la esquina superior e inferior, y separada por un río navegable que parece atravesarla, se extiende la moderna ciudad de altos edificios donde, como permite observar las casas abiertas y sin muros, se suceden escenas familiares y colectivas. La gente se amontona en casas repletas como enjambres de seres humanos, en los cines, pero también en las calles (ambos lados de los edificios en la esquina superior). La vitalidad y dinamismo de este sector del plano se muestra en la presencia, siempre moderna, de los dos automóviles de faros encendidos en ambas esquinas y en la presencia también del barco que se desplaza por el río y que es símbolo importante para expresar la idea de comercio y desarrollo industrial. En resumen, la vida urbana creada por Santos en este plano refleja el ascenso como centro neurálgico político, social y económico de la nueva ciudad industrial que empieza a cobrar mayor relevancia frente al mundo rural. Sánchez Jiménez, siguiendo el modelo de Reissman y Mumford, describe esta nueva vida urbana de principios de siglo XX en términos de racionalidad, tanto en el uso del suelo (amontonamiento y elevación de los edificios buscando un mayor aprovechamiento del espacio –como se ve, por ejemplo, en este cuadrado del mundo de Santos–) como en la ordenación interna y funcional de estos edificios y barrios (cubículos geométricamente estructurados) o en el aprovechamiento diario de los descubrimientos científicos y tecnológicos: la luz eléctrica de estos edificios brillantemente iluminados, el automóvil o el cinematógrafo en el cuadro de Santos. En contraste sin embargo con este mundo urbano y bullicioso, la artista pinta un mundo rural y de desolado espiritualismo en los ángulos derecho e izquierdo del mismo cuadrado. Esta desolación se evidencia tanto en la procesión enlutada que se dirige hacia el cementerio de la izquierda –donde las almas ascienden– como en la iglesia situada en el otro extremo de la diagonal. Alrededor de esta iglesia se congrega la comunidad de lo que parece un pequeño pueblo de calles casi abandonadas.

Conviene ahora, sin embargo, prestar atención a un elemento de la composición anteriormente señalado: las madres-musas. Sólo este grupo, el de la otredad que implica siempre la mujer, el arte, la locura, situado al margen del mundo, parece quedar fuera del mismo devenir histórico en un limbo o prisión atemporal. Santos logra poner así de manifiesto la presencia de grupos no asimilados por completo al proceso de avance general y tecnológico. Aunque exista un progreso general –el avance puede ser exclusivamente tecnológico, por ejemplo– no significa esto que el progreso social, espiritual o artístico sea paralelo.

La interpretación de la historia que se deduce del mundo cúbico de Ángeles Santos no sigue, como en principio pareciera sugerirse, un patrón de decadencia ni un patrón de ciclos recurrentes. El significado de la historia no es para Santos, a pesar de la figura de la Mujer-Prometeo, un proceso de constante y creciente decadencia. El significado de la historia tampoco es, como pudiera apuntar la visión de un mundo elaborado a base de planos que equivalen a épocas, el de la repetición recurrente e infinita de culturas y civilizaciones que creía detectar Oswald Spengler en el primer tercio del siglo XX. En esta interpretación de la historia como ciclos recurrentes –que denominamos, por ejemplo, Mundo Antiguo, Edad Medieval o Edad Moderna– cada época funciona como una unidad discreta con una identidad propia que aparece y desaparece sin dejar rastro alguno en las épocas subsiguientes. La historia carece así de un contenido acumulativo común. En el cuadro de Santos, sin embargo, el pasado no es una simple recurrencia de civilizaciones que nacen y mueren puesto que el plano de la tradición, como implica el ferrocarril, avanza sobre el de la modernidad y los dos están presentes en el tercer plano, el privilegiado, que los combina a ambos. Los elementos de las diferentes unidades temporales están conectados entre sí y hay un propósito común. Estas unidades aparentemente discretas descubren, independientemente de que posean una identidad separada y propia, muchas continuidades. La configuración cúbica de la historia de Santos muestra más que un patrón cíclico o en declive de la historia la presencia de un pasado común, de una continuidad y unidad que, pese al cambio, permanece esencialmente la misma. El cuadro de Santos revela, por tanto, un patrón de progreso y avance general de la historia.

El avance no es automático sin embargo por varias razones. En primer lugar, porque ciertos sectores sociales –como el femenino por ejemplo– permanecen al margen de este avance general en el limbo de lo que parece la no-historia. En segundo lugar, porque puede acontecer que sea necesario o forzoso asumir ese pasado en el presente histórico para que el avance sea posible; así el plano privilegiado supone respecto al plano de la modernidad una vuelta parcial al pasado de la tradición. Si se niegan y se pierden algunos elementos del sistema y las culturas del pasado, otros sin embargo continúan en la nueva fase; es el caso, por ejemplo, del mundo rural o de la religión. Se cuestiona, por tanto, el patrón del progreso; éste existe, pero no es automático y el pasado hace acto de presencia, aflora de forma activa, en cualquier momento. El avance de la historia, parece implicarse, es el resultado de un proceso dialéctico en el que tanto los rasgos del pasado y de la tradición como los de la modernidad quedan superados en una fase aglutinadora de ambos momentos anteriores: modernidad y tradición se yuxtaponen en el plano privilegiado de las luces y las sombras. La Historia es así estereoscópica porque, como esta percepción cubista del mundo que nos da Santos, se concibe como la combinación dentro de una misma unidad temporal de aspectos correspondientes a diferentes momentos o culturas. Como otros intelectuales de la vanguardia también moderadamente radicales, Santos aborda la problemática de la esencia de la Historia desde una propuesta que favorece el hibridismo entre tradición y modernidad. La esencia de la historia, como la esencia de cualquier figura cubista, es para Santos múltiple y total: su mundo tiene tres caras yuxtapuestas y las tres son necesarias para dar una interpretación de la Historia que sea completa; es decir, que tenga volumen.

De la misma manera que Ángeles Santos en *Un mundo* articula la interpretación estética –la significación– de la historia, Claudio de la Torre es consciente también de que la trama –en este caso narrativa y no pictórica– es el medio privilegiado para explorar y esclarecer la experiencia personal y colectiva del paso del tiempo. La narración, como afirma Paul Ricoeur, se eleva a condición identificadora de la existencia temporal. Y, a su vez, el tiempo como realidad abstracta o cosmológica adquiere significación antropológica en la medida en que pueda ser articulado en una narración. La narratividad, por tanto, "determina, articula y clarifica la experiencia temporal" (28).

En este sentido, *Alicia al pie de los laureles* articula la experiencia del tiempo mediante la narración intrahistórica y poética de la decadencia y renacimiento de la ciudad de Granda, trasunto de Las Palmas de Gran Canaria y, en mi opinión, emblema microcósmico de España (Reverón 83). El narrador, que cuenta la historia de esta ciudad de provincias desde principios del siglo XIX hasta el momento presente –1940– en que escribe el relato, toma como eje de la trama la vida de Alicia –forastera que vino a vivir desde joven a la ciudad– y las relaciones de ésta con su familia (la del narrador). Alicia, ante la pasividad de sus dos pretendientes –Alberto, el tío del narrador, y Juanito Vances, galán de Granda–, terminará por marcharse a Inglaterra con un exótico y extranjero cazador de elefantes. De esta aventura frustrada resultará el nacimiento de su hija Alicia, de la que terminarán por hacerse cargo en París los tíos abuelos del narrador. Su proyecto de reinsertar en Granda a la hija de Alicia fracasa sin embargo ante la negativa de Elvira, la tía abuela del narrador, de hacerse cargo de ella y la muerte final de la niña y los abuelos de París. Alicia, casada con un español educado en Estados Unidos, Carlos Artal, regresa finalmente a Granda. Ambos se reinsertan en la vida familiar del narrador e intentan contribuir con su capital a la mejora económica de la ciudad. La muerte de Carlos Artal en la guerra contra los Estados Unidos y la muerte también de una Alicia perturbada mentalmente a raíz de ello, dejará a Carlos

Severino, hijo de ambos, al cuidado de Alberto, antiguo pretendiente de Alicia y casado ahora con la extravagante tía Amalia. Carlos Severino, "el hombre español", tendrá en 1936 veinte años y morirá en la Guerra Civil cumpliendo, según el narrador, su misión de hombre español.

Frente a la reconstrucción de ambientes o frente a los datos de grandes acontecimientos propios de la crónica, la novela de Claudio de la Torre, novela de tesis, se construye como el relato de los hechos acontecidos a la familia del narrador. Éste, en su doble papel de poeta e historiador, nos ofrece tanto la remembranza poética de su vida de juventud como la historia urbana y social de la ciudad de Granda. Da cuenta, por un lado, de la percepción subjetiva y arbitraria de los hechos pasados; transcribe las impresiones y emociones que desde el presente provocan las figuras y los rostros que llenaron los momentos de su infancia. Organiza la trama de la historia, por otro lado, de tal manera que se da una comprensión clara y objetiva de esos mismos hechos. En referencia a ello, se podría afirmar que subyace en el relato de Claudio de la Torre, en forma intuitiva claro está, la tesis central de las teorías narrativistas actuales sobre la historia de las que H. White o Paul Ricoeur son probablemente sus más afamados representantes; a saber, la filiación entre el discurso narrativo y el histórico. Las fronteras entre ficción e historia, afirman los narrativistas, se diluyen porque ambos géneros pertenecen a la misma clase en lo que se refiere a la estructura narrativa (Ricoeur 273). Ambos discursos son en cierta medida ficciones verbales o artificios literarios. No son por tanto ahora los criterios de verdad u objetividad los que determinan la base de la distinción de los dos géneros puesto que ambos, afirman los narrativistas, pretenden cierto grado de conocimiento científico (Ricoeur 274-75).

La intencionalidad histórica del relato aquí analizado de Claudio de la Torre es, en mi opinión, obvia. *Alicia al pie de los laureles* es en cierto grado una entidad ficcional híbrida en cuanto que hay una cierta intencionalidad historicista que se hace recaer sobre la construcción de la trama y que trata de explicar y comprender el pasado. El relato no nos ofrece una simple relación o "crónica" –que diría Croce– de los hechos acontecidos en la ciudad de Granda (una enumeración de acontecimientos en serie). Es más bien una "historia" –también en términos de Croce–, una organización de los acontecimientos en una totalidad inteligible y significativa. Un relato donde la construcción de la trama se convierte en una operación mediadora que confiere unidad e inteligibilidad a acontecimientos singulares y diversos (Ricoeur 319). La trama transforma así los acontecimientos *en* historia (137). Al contar la historia de Granda tomando como eje la vida trágica de Alicia, el narrador establece leyes y relaciones de causalidad, ordena y da sentido a una heterogeneidad de hechos que quedan así aunados en una totalidad. Intenta, como diría Ortega, determinar su *razón histórica*: esclarecer la razón del ser colectivo de la entidad simbólica que es Granda y el por qué es como es (*Historia* 40). Es esta específica ordenación dentro del arquetipo trágico de los hechos de Granda lo que da a la historia narrada una conclusión moral e intelectual. Es decir, su narración conecta secuencias de hechos del pasado anterior a 1940 relacionándolos entre sí para narrar una historia con un propósito o finalidad práctica (*telos*): elaborar un nuevo proyecto de futuro. Esta retrospección pone en relación el pasado de Granda con su presente vivo y permite la anticipación de su futuro. El narrador, en un acto de remembranza proustiano, reconstruye la sucesión de las diferentes generaciones de la ciudad de Granda, la historia, los proyectos colectivos, insuficientes y superados, a los que ya desde la perspectiva de lo que suponemos el final de la guerra no es posible regresar, pero que son empero parte del presente por constituir, como diría Ortega, nuestro pasado (*La historia* 33). Es decir, en *Alicia al pie de los laureles* se reconstruye y narra desde la inmediata posguerra el drama de una España liberal que no pudo ser. Aprendida la lección y visto el fracaso, se propone sin embargo un nuevo proyecto de futuro.

La crónica de la ciudad de Granda se remonta hasta fines del siglo XIX (81-82). [3] La ciudad de Granda, presidida por los seis mo-

---

[3] Transcribo, para familiarizar al lector con el tono y estilo de la prosa de esta desconocida novela de Claudio de la Torre, parte de los comentarios del narrador sobre la historia de Granda:

> Entre los años 1909 y 1914 debe fijarse la fecha que señala el apogeo de la ciudad de Granda. Un siglo antes, cuando la ciudad no era más que un oscuro poblachón de "muy levíticas costumbres", como apuntaba alarmado un cronista contemporáneo, la vida limitada por las viejas murallas que rodeaban el caserío debió imprimir profundos rasgos en el carácter de sus habitantes.
>
> Además de las murallas, hasta hoy famosas a pesar de no conservarse de ellas ni vestigio, seis grandes monasterios cerraban entonces el paso al transeúnte con sus paredes interminables. Esta necesidad, que diríamos, de "volver a casa" apenas puesto el pie en el arroyo, dio como resultado inevitable la hostilidad a la calle, a lo de afuera. Si alguna vez se arriesgaron aquellos pacíficos ciudadanos a asomar sus cabezas por las murallas,

nasterios que junto con las viejas murallas asfixian a la ciudad, se caracteriza en este siglo XIX tanto por la limitación física como por la limitación simbólica de sus habitantes. Éstos, determinados por el espacio clausurado de la ciudad, permanecen herméticos al mundo de fuera, a todo lo que esté más allá del espacio privado del hogar. Consagrada ciudad de mentalidad burguesa, la población de Granda ha detenido el fluir del tiempo dentro de sus casas y vive al margen de la vida exterior. Se ha creado así en Granda una ciudad en relieve, con dos planos: la ciudad que se desarrolla en las calles de momento solitarias y la ciudad recoleta, vegetativa y falta de vitalidad que adormilada deja pasar de largo, exceptuando sus manifestaciones más superficiales, el mundo civilizado del progreso europeo.

Este mundo decimonónico y familiar de Granda es el de la vieja oligarquía comercial que representa Elvira, la tía abuela del narrador. En la novela, esta figura es la idólatra y mantenedora del fuego sagrado de la tradición y del pasado de Granda. Su estilo de vida es repertorio de las tendencias vitales de una generación que, para el narrador, se empezó a desvanecer en el primer cuarto del siglo XX pero cuya presencia era aún demasiado poderosa para omitirla u olvidarla por completo (19). Este mundo ya anacrónico se actualiza y preserva en la figura de la tía Elvira. Como la España conservadora que critican Marañón o Álvaro de Albornoz, imperturbable, uniforme y resistente a las ideas nuevas a través de las décadas, la tradición todavía viva y operante de Granda construye una superficie re-

---

en busca de más amplios horizontes, pronto se debieron convencer de que estaban mejor en sus hogares. La peste, el cólera, la fiebre amarilla y de otros colores, fueron algunas de las tantas delicias que recibió la ciudad, periódicamente, de otras tierras. Alternaron, claro está, con los azotes naturales: el látigo del viento africano que arrancaba las cosechas, la langosta, la sequía . . .

¡Qué bien se debió vivir, entonces, dentro de las casas! Siempre dentro. Tan dentro, que la vida pasaba, ignorada, rozando los anchos zaguanes sin que apenas se conmovieran sus habitantes.

Así debió nacer, poco más o menos, el culto al hogar que ha distinguido siempre a la ciudad de Granda. ¡En pocas ciudades se habrá cultivado con tal perseverancia! Cuando, iniciado el siglo XX, nos trajo éste sus pequeños inventos confortables, fueron ciudadanos de Granda los primeros y más devotos beneficiados. Allí se tuvo el primer cine, la primera botella de agua de colonia legítima . . .

La calle, por tanto, se incorporó con rapidez al hogar, al menos sus productos más notables. Y así creció la segunda ciudad, cómodamente recluida en sus viviendas, multiplicando increíblemente el número de

fractaria al progreso, un dique contra cualquier intento súbito de cambio brusco (*España* 94; *Meditaciones* 114-16). [4]

Gradualmente, sin embargo, la ciudad va saliendo de su aislamiento. En el periodo que precede a la Primera Guerra Mundial, Granda participará, aunque con cuentagotas pues el mundo oficial sigue cerrado al exterior, del espíritu de exaltación y de la actitud positiva que caracterizó a este momento histórico en toda Europa. Es ésta una época, en el viejo continente, de aperturismo y búsqueda de nuevos mercados, colonias y riquezas naturales que terminará por desmoronarse con la guerra. Desde el momento presente en el que relata su historia, el narrador identifica este momento histórico con el hermano cosmopolita y afrancesado de Elvira y lo caracteriza así como una época insensata e irresponsable:

> El abuelo se instaló en nuestra casa y, pasadas las primeras veinticuatro horas de duelo, comenzó a hablar de tal manera que aún hoy me parece estarle oyendo. No había diálogo posible. Hablaba sin cesar con todos, hasta consigo mismo, desarrollando tal cantidad de temas diversos que no se lograba fijar uno. No tenía conclusiones, ni propósitos definidos: sólo un afán de imprimir a la vida una loca velocidad que, forzosamente, la hacía escaparse por puertas y ventanas. En casa no quedaba más que el eco de sus palabras.
>
> Para la tía Elvira, amorosa coleccionista de realidades, la vida era más lenta: a un tiempo, jugosa. Aquella palabrería no podía impresionarla. Todos teníamos que envejecer pensando, poco a poco. Lo otro, alterar el movimiento natural por capricho, no

---

sus casas y mostrando al forastero, desolado, la también increíble soledad de sus calles. (81-82)

[4] Dentro de la familia de la abuela, la gran familia que parece ser microcosmos del mundo social español, sería posible establecer una conexión entre el mundo de la tía Elvira –no explícita del todo dentro de la novela, pero fácil de deducir, conociendo el contexto sociohistórico del momento– con el grupo oligárquico conservador, con la gran burguesía agraria y comercial de la España del primer tercio del XX. Destinados a guardar el orden existente y su poder tanto económico como ideológico se alían, según Tuñón de Lara, con el grupo eclesial, para defender el mantenimiento del orden social y el principio de autoridad. Su poder será difícil de erosionar por los grupos de la burguesía industrial, europeizadora, que detentadores de igual poder económico, no tienen acceso, sin embargo, al poder político. Este grupo de poder busca, como la tía Elvira, un sereno progreso, templado, sin audacias, sin que atente contra las buenas costumbres del pasado, ni contra las instituciones establecidas. La tía Elvira, como la gran burguesía que representa, es la mantenedora de la reserva del orden social, es el dique contra cualquier intento de cambio brusco y repentino, para el que el país no está preparado.

eran sino ganas de querer empujar el mundo a fuerza de gritos y
locuras. (76-77)

El abuelo, casado con una francesa y emigrado a Europa de por
vida, encarna el espíritu cosmopolita y la actitud de apertura a lo
exterior que veíamos en Gerardo, personaje de *Sin velas, desvelada*
de Juan Chabás. Con su vuelta momentánea a la tranquila y rígida
ciudad de Granda, el abuelo introduce el caos y la revolución al
proponer "implantar" e "injertar" en Granda a la hija de Alicia (74-
75). Ésta, nacida de la corta historia de Alicia con un aventurero cazador de elefantes, es en la novela, como el hermano de Elvira, expresión de lo extranjerizado y vital, de lo nacido al margen de la
tradición clausurada e inmóvil de Granda. El plan del hermano
afrancesado no sólo es rechazado rotundamente por tía Elvira, sino
que además, la simbólica muerte de la criatura lo hace definitivamente imposible. Su proyecto, que implica en el nivel simbólico la
renovación y europeización de la anquilosada ciudad, prescinde de
todo diálogo con el mundo fuertemente arraigado de la tradición en
la ciudad de Granda. Su discurso, dice el narrador, es un monólogo
caótico que es extravagante, caprichoso; como en el caso de Gerardo, protagonista de *Sin velas, desvelada*, carece de control y de objetivo. El suyo será, por su misma radicalidad y falta de permeabili-
dad al diálogo, un proyecto sin eco ni significado en el mundo
oficial, provinciano y aún sujeto al pasado de Granda. En esta ciudad decimonónica por naturaleza, la pujante y renovadora vida que
invade el espíritu de Europa sólo impulsa, en ciertos sectores marginales de la ciudad, una mínima renovación capitalista a manos de
una naciente burguesía industrial.[5] El mundo de Granda, dice el
narrador, no se quiere dejar abrumar e imperturbable y tranquilo,

---

[5] Transcribo la descripción que hace el narrador del proceso de evolución de
Granda:

> La ciudad, entretanto, comenzaba a animarse. Ya se anunciaba el ca-
> taclismo que había de desmoronar a Europa en cuatro años, convirtién-
> dola en esas gloriosas ruinas que son hoy el orgullo de tantos estadistas,
> y no fue la ciudad de Granda la última en aprovecharse de los desorde-
> nados beneficios que produjo el mundo del libre cambio. A su puerto,
> vertiginosamente engrandecido, afluyó la corriente del tráfico marítimo,
> incesante de uno a otro extremo de la tierra. Puerto de tránsito, de obli-
> gado carboneo para las largas travesías, recibió en poco tiempo las más
> extrañas influencias. El comercio de los indios, el bazar chino, la colonia
> árabe, los sirios, el club inglés, no fueron sino otros tantos síntomas del
> contagio universal.

al margen del progreso, lo deja pasar de largo. El ritmo lento de
Granda no está aún preparado para estas aventuras extranjeras. El
cambio, de haberlo, no debería ser como propone el hermano de
Elvira ni revolucionario ni radical. Habría de ser, por el contrario,
lenta evolución que abriera las puertas con paso mesurado a las nacientes opciones y que dejara madurar, envejecer y agotarse con naturalidad el viejo mundo tradicional.

En contraste con el mundo oficial, y como en el cuadro de
Ángeles Santos, existe en la ciudad de Granda ya desde sus comienzos un sector social y espacial antitético del orden, un mundo que
se ubica al margen del progreso y se caracteriza por una desenfrena-
da vitalidad y anti-racionalismo. Es la calle conocida como la de los
locos y los mendigos. Aunque en principio estaban entremezclados
con la ciudad —nos dice el narrador—, los mendigos y locos terminaron por recluirse poco a poco sin embargo en los márgenes de ésta.
Ahí, fuera del mundo de la normalidad social, desarrollan su vida
marginal. El mundo oficial de la burguesía liberal y comerciante de
Granda excluye de sus parámetros, al marginalizar este sector social, todo lo que Bataille denomina "lo heterogéneo", lo que no es
operativo dentro del mundo racional del trabajo, el cálculo y los valores. En la calle de los locos, estos seres podían afrontar libremente, dice el narrador, sus rencores y sus afectos, "desarrollar, en fin,
sus personalidades mutiladas" (87). Los seres que habitan el barrio
de los locos de Granda son hombres y mujeres descentrados e inhá-
biles para cualquier función y objetivo racional. En su calle, estos
seres humanos de personalidades incompletas y mutiladas pueden
expresar en entera libertad, sin regulación social alguna, los impul-

---

Se construyeron grandes hoteles junto al puerto. . . . Así se improvi-
saban los más modernos ambientes sociales en pugna con la aridez in-
hospitalaria del paisaje. De este contrato con el mundo, provocado por
la riqueza inatendida, surgió un tipo de vida audaz, aventurera, que ro-
deó a la ciudad con sus grandes depósitos. Todo era fiebre de negocios,
lucro desorbitado, poder de captación de las poderosas firmas extranjeras. Multiplicáronse las actividades, las cifras se amontonaron, y aquella
ciudad dormida tantos años se mantenía bien despierta ahora, atento el
oído a su diario batallar. La ciudad en sí, la vieja Granda alejada de este
bullicio por el extenso arenal que la separaba de su puerto, apenas se in-
mutó con tal algarabía. Siguió suministrando sus productos naturales, su
codiciada agricultura, y supo mantener en la otra orilla, al borde de sus
dominios ancestrales, al mundo revoltoso que llamaba a sus puertas.
Consciente de su destino lo encerró en un barrio nuevo, pronto populo-
so, y conservó así sus viejas calles tranquilas, tendidas al sol a lo largo del
mar. (109-10)

sos vitales, las pasiones exacerbadas y la violencia proscrita en el mundo racional. En el espacio marginal de los locos, dice el narrador, la única vida espiritual posible consiste en "la mixtificación de [los] sentidos". Mutilación y vitalidad son de nuevo, como en las referencias vistas en las obras de otros intelectuales y artistas de la vanguardia, conceptos que quedan asociados.

Feminidad, Otredad y marginalidad también se identifican en esta novela. Como en el cuadro de Ángeles Santos, donde las madres-musas parecen representar la sensibilidad estética y artística, el mundo de los locos en Granda es asimismo el mundo no sólo de lo femenino sino de la fantasía y del arte que son, en términos de Bataille, formas de gasto no productivas características del mundo no racional. Este aspecto de lo marginal lo representa en la novela de Claudio de la Torre doña Amalia, procedente del barrio de los Locos y conocida como la viuda de Sabatini. Doña Amalia, de exuberante capacidad narrativa y fantasía desbordada, es la expresión simbólica no sólo de lo extravagante y caprichoso sino también, en palabras del narrador, de lo que constituye "la verdadera poesía". La tía Elvira, tan devota de la realidad, dice el narrador, es incapaz de comprenderla y se aparta de ella (97). La incomprensión de la tía Elvira es la incapacidad del mundo de lo verosímil y lo racional de penetrar y entender lo que el mundo de doña Amalia representa ya que estos son los rasgos que constituyen su personalidad: la fantasía desbordada, la locura bajo máscara de razón, la poesía pura, la libertad, la alegría, la movilidad, la confusión, la energía y la sensualidad. Siendo la locura sin embargo, según Hegel, una enfermedad que, de cuerpo o mente, entorpece la *unidad* del sujeto (Connolly 89-90), es lícito asumir que la cura será posible mediante la integración de la parte carente en el individuo enfermo. El tío Alberto, hermano de la tía Elvira y trasunto casi con seguridad del intelectual novecentista, hombre de reflexión y defensor de la belleza clásica, amparará al casarse con la viuda de Sabatini, el mundo fantástico de doña Amalia. La monstruosa unión, carente de sentido para el resto de la familia, supone la mutua transformación final de tío Alberto y de doña Amalia: progresiva virilización de Alberto y cura final, asimilación parcial a lo racional, de la de Sabatini. Con la simbólica unión de ambos personajes, Alberto y la viuda de Sabatini, el problema de la Otredad, de la presencia de grupos marginales, ofrece una vía de solución y compromiso al posibilitar la asimilación de cierto tipo de locura y marginalidad al mundo oficial de

Granda. Al contrario que en el cuadro de Ángeles Santos, mediante esta asimilación parcial se amplían los márgenes de libertad del mundo oficial.

Pero como en el cuadro de esta pintora vanguardista, el devenir histórico ha creado en la ciudad de Granda una diferenciación espacial que expresa visualmente la coexistencia de distintos planos temporales y diferentes opciones ideológicas. Estos planos temporales y sistemas de creencias no sólo se suceden en el tiempo sino que pueden como en el mundo microcósmico de Granda/España convivir simultáneamente como expresiones o caras de la misma realidad que es la comunidad de Granda: el mundo de los locos, atemporal y al margen del progreso (como el limbo de las "madres-musas"), el viejo mundo oficial arraigado aún fuertemente en el pasado decimonónico (el plano más oscuro de la tradición en la pintura de Santos) y un nuevo mundo, una nueva época que nace en el primer tercio del siglo, de las manos de la nueva burguesía industrial y que pasa a instalarse en las afueras portuarias de la ciudad de Granda (el plano de la luz y la modernidad en *Un mundo*). Los tres planos espaciales aunados configuran la maqueta espacial de Granda y también, en volumen, su historia cúbica y estereoscópica. La historia adquiere de esta manera relieve visual y se define como la yuxtaposición en un mismo momento de diferentes tiempos históricos, unos nacientes y otros en declive. Y si, como dice Ortega, analizamos ese momento histórico descrito (*lo que se es* en ese momento), si se mira al trasluz para descomponerlo en sus elementos como pueda hacer el químico o el físico, se puede observar que ese instante se compone de *lo que se ha sido* "personal y colectivamente". Así, "el pasado es pasado no porque pasó a otros, sino porque forma parte de nuestro presente, de lo que somos en la forma de haber sido; en suma: porque es *nuestro* pasado" (*La historia* 39).

El mundo conciliatorio de modernidad y tradición, que se muestra en el plano de luz y sombras del cuadro de Ángeles Santos, está también representado en la novela de Claudio de la Torre por dos figuras que el narrador considera modélicas: Alicia y Carlos Artal. Alicia es en la novela emblema de la integración de polos opuestos:

> Alicia no pudo ser clasificada. En esta zona intermedia que en las ciudades cosmopolitas reúne el cruce de las diferentes razas, tan pronto se la oía hablar de una tía suya de Inglaterra, la tía Alicia,

a la que llamaba sonriendo, como una princesa extranjera, Alicia
I, como presentaba después a sus hermanos, unos gemelos taci-
turnos, vulgares productos de indeterminada procedencia. Colo-
cadas así entre razas de distintos ideales, sabía participar de todas las penas y alegrías, casi simultáneamente, con sólo agitar en
su corazón la mezcla de sangres que lo alimentaba. (14)

Alicia es, por un lado, la extranjera de nacimiento de la que nunca
se especifica su procedencia. Ha residido en España desde joven
aclimatándose hasta tal punto a la ciudad de Granda que por con-
senso general ésta la ha bautizado belleza y orgullo oficial de la misma. Alicia porque reúne dentro de sí sangres de distinta procedencia se convierte en una especie de representación de Granda
(España), mezcla también de distintas razas (árabe, goda y judía).
Alicia no es síntesis, sino integración, en una unidad superior y perfecta, de elementos divergentes pero complementarios (26).[6]
  Si Alicia es lo extranjero españolizado, Carlos Artal es el español que se ha educado en el extranjero y tiene negocios en los Estados Unidos. Ambos, se nos dice, son "personajes incompletos"
(120), destinados a unirse en una entidad superior que conecte lo
español y lo extranjero en proporciones iguales y equilibradas. Carlos
Artal, representante de la energía, dinamismo y libertad de la joven
nación americana, es el hombre de acción modélico (124-25).[7] Limi-

---

  [6] Nuevamente, la falta de una de las partes de los polos integrantes es expresada en la novela de Claudio de la Torre con la imagen de mutilamiento. Véase como
ejemplo la bella imagen con la que el narrador describe la muerte de una de las hermanas Juárez: "En la casa quedó el llanto de la hermana, sola por primera vez,
como el lamento de un ave mutilada. Por la calle se fue el ataúd negro: el ala rota,
desprendida" (62).
  [7] Transcribo la cita:
    Las miradas de la tertulia cayeron sobre él. Le habían descubierto. Nor-
    teamericano, claro está. Mentalidad naciente, sin nociones eternas toda-
    vía . . .
    —La Humanidad, sabe usted . . . —empezó a explicarle alguien.
    Los otros prescindieron de la explicación, como cosa harto sabida, y
    se dedicaron a hablar de música, de libros, de pintura. . . .
    Artal se despidió el primero. Había invitado a cenar a Alicia, y ésta
    aceptó encantada.
    Salieron de la Residencia. Hacía una noche de verano. Un cielo estre-
    llado cubría las afueras de París. Estaban lejos del centro. Echaron a an-
    dar.
    —He querido entender —empezó diciendo Carlos— que trataban de la
    felicidad de los demás.
    —Yo no he entendido tanto —replicó Alicia.

ta su iniciativa capitalista y se reintegra finalmente a la matriz cultural propia. No busca la riqueza en sí ni es el suyo un dinamismo ni individualismo a ultranza. No sólo hace esfuerzos por reconciliar los imperativos industriales del mundo moderno con los viejos ideales humanistas, sino que además sus impulsos empresariales no están guiados por la codicia sino dirigidos a la acumulación moderada de una riqueza que le permita regresar a España, instalarse en Granda y mejorar la vida de la ciudad, introduciéndola finalmente en la corriente del progreso occidental. Carlos Artal representa, en manera sublimada, el programa económico de renovación industrial de la nueva burguesía moderna y liberal del primer tercio del siglo XX que busca modernizar y europeizar España. [8] Carlos Artal se di-

---

-He pasado, de todos modos una tarde muy agradable –agregó Artal-. No he comprendido muchas cosas de las que he oído, sin embargo. Me falta cultura, preparación. Es una pena que la cultura, que veneran tanto Mlle. Evran y sus amigos, no esté más generalizada. Yo hubiese hablado más.
-¿Para qué? –le preguntó riendo Alicia.
-No sé. Para no sentirme ahora vencido.
Artal se detuvo. Llegaban a las primeras luces de la calle.
-¿Sabe usted correr? –le preguntó a Alicia al cabo de un momento.
-¿Correr?
-Sí. ¿Puede usted correr unos minutos sin fatigarse?
-Creo que sí –contestó Alicia.
-Pues deme usted la mano.
Alicia se la dio, sorprendida.
-Imagínese ahora –continuó Artal, empezando a correr con Alicia– que vienen a hablarnos de la Humanidad. ¡Corra usted! Así, deprisa, sin soltarme la mano . . . Tenemos que salvar la última pareja de la tierra . . .
Alicia se reía, arrastrada por Carlos.
-¿Y adónde va esa pareja? –le preguntaba a su amigo, sofocada.
-A ninguna parte –respondía Artal sin detenerse-. ¡Corre porque puede correr, porque nadie se ocupa de ella, porque es libre, Alicia, libre! . . . (124-25)

[8] Panorama socioeconómico de la España del primer tercio de siglo de acuerdo a Tuñón de Lara: se pueden detectar tres posturas básicas: una, los grupos defensores de una vuelta a la tradición; dos, los defensores de la España europeizante; tres, las clases dominadas.
La España que pide la vuelta a las tradiciones busca rectificar los errores del XIX y aceptar, sin embargo, formas externas de contemporaneidad. Es la burguesía agraria y la burguesía comercial que detenta el poder no sólo económico sino también político (conservadores y liberales). Se les hará responsables del caciquismo y del desastre colonial. Conectado ideológicamente con este grupo está el aparato eclesial, que cumple una importante función ideológica en la educación primaria y media (a favor del orden y el principio de autoridad).
La España europeizante habla de la necesidad de europeizar España. Su principal promotora será la nueva burguesía liberal ('la otra burguesía'). Sector burgués

ferencia en este sentido del abuelo cosmopolita y afrancesado que se evade del mundo de Granda o que busca propuestas de renovación imposibles y monológicas. Se diferencia también de los padres del narrador que aunque admiran el mundo del progreso europeo y pasan largas temporadas ausentes en el extranjero, exotizan sin embargo el mundo estancado de Granda. Carlos y Alicia, por el con-

---

marginado políticamente (pero no económicamente). Quieren re-equilibrar la hegemonía dentro del bloque dominante; buscan imponer una democracia burguesa y antioligárquica y reformar el Estado ampliando el bloque de poder (pero sin cambiar la dominación básica). La revolución debía ser dirigida por una burguesía ilustrada y liberal, columna vertebral de una renovación aliada a los trabajadores. Piden modernización y europeización (burguesía liberal). Se trata de europeizar el sistema y conseguir la hegemonía sobre todas las clases medias y trabajadoras (alianza con los socialdemócratas). Esta posición terminará por carecer de verdaderos organismos populares.

Si en un principio, los intelectuales como Ortega se aliaron a esta posición, constituyendo la liga de educación política, organización periférica del partido reformista de Melquíades Álvarez, posteriormente, sin embargo, a partir de 1926, los intelectuales se unirán progresivamente al Partido Republicano (al producirse la reintegración dentro del sistema del Partido Reformista). Se formará la llamada Alianza Republicana, frente unido de grupos políticos e intelectuales: el partido socialista obrero, la burguesía liberal de tipo medio, pequeña burguesía a partir de 1929, las clases medias y, a partir de 1928, los intelectuales de la pequeña burguesía y otras capas medias, más jóvenes militantes, estudiantes y catalanistas. No supone, sin embargo, según Tuñón de Lara, una alternativa de poder ideológica. No se plantean la necesidad de afirmar una hegemonía que sustituya a la del viejo régimen. Los intelectuales, por ejemplo, seguirán operando con categorías sociopolíticas abstractas tomadas de la teoría y la práctica de la burguesía liberal.

A partir de 1929, el sector de los republicanos más izquierdistas se separará del frente, para formar el partido radical-socialista.

Un tercer grupo, lo constituirían las clases dominadas (se incluye aquí las clases medias y subordinadas). Hasta 1914, no ofrecen una alternativa en bloque. El partido reformista intentará hacerse con esta clase pero no lo consigue. A partir de 1917, se produce un vertiginoso ascenso de los obreros urbanos y del campo (causado por los problemas laborales provocados por la guerra mundial, que consolidó el capitalismo en España, pero que causa problemas para las clases medias y bajas). Se produce el crecimiento del partido obrero, aunque pasa por una crisis de raigambre ideológica (entre otras causas por la revolución rusa, y la II y III Internacional). Se definirán dos corrientes básicas: una, que pacta con el Estado burgués (opción que triunfa). Se incluye aquí a hombres como Besteiro, Largo Caballero, Fernando de los Ríos. Falta en este grupo la conciencia de una función hegemónica que desempeñar; no ofrecen una alternativa de poder. Se creen que deben limitarse a ser una fuerza de ayuda a la burguesía liberal, considerando que en España se iba a asistir a una revolución burguesa. Los socialistas sirven a la burguesía republicana y no se plantean las necesidades de una hegemonía ideológica de la clase obrera. La suya es una táctica de no enfrentamiento, admitiendo la participación en organismos consultivos. A partir de 1930 crecerá su importancia. Un segundo grupo, lo constituiría el partido comunista y las juventudes socialistas, que creían en una revolución democrática y popular, no burguesa.

trario, regresan a vivir a Granda y se integrarán en la vieja familia de la tía Elvira. Se simboliza de esta manera la unión del progreso, lo cosmopolita, lo individual y el espíritu de libertad con la tradición de lo hispano y el sentimiento de pertenencia a una comunidad y a un grupo.

Parece anidar en la simbólica historia de Alicia y Carlos Artal, un motivo recurrente de toda la modernidad española: la concepción de Granda/España como cuerpo enfermo, social y económicamente ralentizado, al que para bien de su historia ulterior se hace necesario inyectar nueva vida, es decir, nuevas y atemperadas formulaciones occidentales sobre el individuo, la sociedad o la economía. Para restaurar en la colectividad lo que hay en ella de vital, se hace necesario inocular al mundo estancado por impotencia evolutiva de Granda/España los bacilos tanto del dinamismo económico y social como del sentido de libertad. La legitimación de tal invasión purificadora y regeneradora del cuerpo enfermo, señala Luis Araquistáin, es imposible desde una concepción de la Historia, como la sostenida por el popular Spengler en la década de los 20, como constante y creciente decadencia. Sólo es posible, por el contrario, desde una concepción de la Historia como progreso. Únicamente el progreso hacia un fin último –sea éste, como quiere Araquistáin, el reino de la ley moral o cualquier otro– legitima la intervención en el cuerpo enfermo, es decir, en la nación o grupo social. Las formas clásicas de la renovación de la Historia –la invasión extranjera o la revolución– aseguran el progreso en las naciones que como Granda/España muestran impotencia evolutiva o decaen por natural descomposición (Araquistáin 267-68). Como en el cuadro de Ángeles Santos, en *Alicia al pie de los laureles* la opción es una vez más la invasión atemperada de la modernidad en el cuerpo estancado del microcosmos español que es Granda.

Alicia, que antes de su fracasada aventura cosmopolita con el aventurero vivía en la plaza de Granda enfrente del hotel "Universo", regresa ahora con Carlos Artal a la ciudad para rehacer su proyecto de vida y simbólicamente contemplar de nuevo desde un ángulo distinto de la plaza el viejo laurel:

> Alicia volvió, por tanto, a vivir como en su casa, sólo que frente a ella. La vida, por decirlo así, le dio una vuelta en redondo y la colocó ante sus recuerdos. De una acera a otra. ¡Cuánto trecho!
> Abría sus ventanas sobre los mismos laureles, pero ahora descubría las hojas ocultas hasta entonces. Miraba la calle con los

mismos ojos, sólo que su mirada no le daba la imagen del hotel. Volvía a encontrarse, pero cara a cara. Era como mirarse a sí misma, de Alicia a Alicia, en una mutua interrogación constante. (155)

La única manera de liberarse de los fantasmas del pretérito es el conocimiento de *sí* mediante el examen de su vida. Como el protagonista de *Estación. Ida y vuelta*, Alicia recuerda ahora la historia fracasada de su fuga con el cazador de elefantes y la hija muerta. Alicia recuerda y confronta el pasado para evitar que la venza. Alicia, que en términos de Ortega, "quiso ser", inventó un programa de vida, ensayó un ser imaginario moderno y cosmopolita que fracasó. Ve ahora desde este momento presente de la experiencia las insuficiencias de tal proyecto vital y sus límites. En vista de este fracaso regresa por tanto para ensayar un nuevo programa de vida en el que el pasado que es necesario tener en cuenta y clarificar sigue, sin embargo, actuando. El hombre, en términos de Ortega, "va siendo" y "de-siendo"; es decir, va viviendo y acumulando ser: se va haciendo un ser en la serie dialéctica de sus experiencias pasadas (Ortega, *La historia* 40-41). Alicia, como el hombre de Ortega, contempla y se da cuenta de la otra cara de ella misma, de su historia. Asume el mundo de la Granda oficial y tradicional que rechazó en su aventura con el cazador de elefantes y asume su sangre múltiple y diversa que también es parte de ella misma. Al recordar, al narrar su pasado, Alicia contempla la realidad de Granda y de sí misma y aprende su misión: ver la otra cara de las hojas del laurel, del ser de España. En *Alicia al pie de los laureles*, recordar se convierte en un proceso de concienciación de lo vivido, de integración no sólo de la vivencia y la reflexión dentro del marco analítico del recuerdo sino también del pasado y de la tradición dentro del presente renovador. Recordar y narrar el pasado permite la creación de un nuevo programa vital, de un nuevo ser.

El hijo de Alicia y Carlos Artal, Carlos Severino, representará en la novela la superación del pasado asumiéndolo en el presente. Carlos Severino existe para emblematizar la unión de dos posturas ideológicas y dos momentos de la vida de Granda. Carlos Severino, que integra por igual lo español y lo europeo y que al morir sus padres será educado por el tío Alberto y la tía Amalia –educado por tanto en la tradición de Granda–, representa una vez más el ideal del hombre nuevo que borrará y superará todos los pecados y pro-

yectos anteriores que se han frustrado. Carlos Severino es "el súb-
dito español", el hombre que aúna y perfecciona las diferentes
vertientes de la herencia recibida (202-03): la tradición que representan tía Elvira y don Severino, el progresismo de Alicia y Carlos
Artal, el clasicismo y espíritu racional del tío Alberto y, finalmente,
el barroquismo y vitalidad de la tía Amalia.

Carlos Severino, se nos insinúa al final de la novela, morirá
cuando cuente veinte años en la Guerra Civil. Desde la perspectiva
de 1940, la muerte de Carlos Severino expresa en la novela de Claudio de la Torre el reconocimiento del fracaso del proyecto de integración y renovación propuesto por un conglomerado heterogéneo
de sectores políticos, sociales e intelectuales de tendencia liberal
durante la Segunda República. El proyecto, sin embargo, no muere
completamente; el relevo pasa de las manos de Carlos Severino a las
del narrador. Éste inventa su propio programa vital en base a la experiencia acumulada, al pasado de las sucesivas generaciones de su
familia. Sus modelos en este proceso de crearse un programa de
vida, como la misma voz narradora subraya, no son la vitalidad agi-
tada y la modernidad cosmopolita y europea que representaron los
abuelos de Francia ni la vitalidad ficticia del mundo sin contención
del barrio de los locos y los marginados. Los modelos vitales del narrador serán, por un lado, las figuras que él considera míticas de
Carlos Arnal y Alicia; por otro lado, el mundo tolerante, sosegado y
con solera de la tía Elvira. De ésta última, dice el narrador, él y su
hermana "aprendieron casi todo" (171). De Carlos Artal y Alicia,
afirma que supusieron una honda cicatriz en su corazón. Aunque la
frase en sí es ambigua, el significado es claro sin embargo: el proyecto integrador de tradición y modernidad que representan tanto
Carlos como Alicia queda tras la perspectiva que otorgó la Guerra
Civil, y a pesar de su utópica validez, como un proyecto fracasado e
imposible para el narrador. Éste representa a todo un grupo de
hombres que por su edad son coetáneos del mismo autor y que dejan de lado la búsqueda exclusiva de la modernidad e intentan integrar una vez más progreso y tradición, lo europeo-americano y lo
español. Herederos dignos de la escuela tolerante de tía Elvira, sin
embargo, optan por evoluciones lentas y maduras más que por actitudes revolucionarias. A estos hombres, se afirma en la novela, les
corresponderá la responsabilidad de liquidar el pasado asumiéndolo con naturalidad en el presente nuevo de una historia que a pesar
de retrocesos o parálisis infecundas avanza y no se repite (176).

De igual manera que Alicia recuerda su vida hasta la aventura
con el cazador y asume la otredad implícita en su pasado para elaborar un nuevo proyecto vital, el narrador de *Alicia al pie de los lau-*
reles confronta y asume la historia de Granda/España para en un
proceso dialéctico buscar estímulos en el pasado y crear tras la
Guerra Civil un nuevo proyecto de vida nacional. Desde el plano
del presente, en el que él ve fracasado su proyecto vital, mira hacia
atrás en el acto de la escritura, en la narración del pasado de la colectividad de Granda/España, para intentar darle un sentido (la razón histórica de Ortega) y buscar una respuesta adecuada al porve-
nir. En el acto de la escritura, el narrador identifica y acepta los
proyectos fracasados. De esta manera, este pasado deja de obsesio-
narle, aprende de él su misión y sus errores y lo incorpora en un
nuevo proyecto utópico y futuro. Sólo, como dirían Onís y Ortega,
confrontando el pasado, aprendiendo de él, será posible hacer
avanzar la historia en la dirección adecuada y determinar su futuro
(Onís 30). Recordar es dar unidad al pasado, ser consciente de él
otorgando un sentido de continuidad a los hechos ocurridos, pero
también discerniendo en ellos, como pretende la filosofía de la historia –una dirección (Graham 5). La historia, la verdadera historia
de Granda/España, su unidad e identidad, se forma en el recuerdo
del narrador –en la trama de la historia narrada, que diría Ricoeur–
y no en la vivencia de los hechos. La historia, el recuerdo del pasado, no es sino una visión estereoscópica, desdoblada, una perspectiva con dos planos: el plano de los acontecimientos reales y el plano
actual de la mente del historiador (Espina, *El nuevo* 179-94).

Los hechos vividos son ahora, por tanto, transcritos no de
acuerdo a una reproducción fiel sino que están determinados por la
estructura, intenciones y valores del espíritu del historiador/narra-
dor. La historia, como afirma Espina, es una forma intencional y selectiva de modelar el pasado y premodelar el presente (*El nuevo*
179-94). Al estar el historiador implicado en el conocimiento histórico, no puede pretender la tarea imposible de re-actualizar el pasado. El pasado, concebido como el conjunto de lo que realmente ha
sucedido, está fuera del alcance del historiador porque la comprensión es siempre una reconstrucción. "No hay, como afirmaría Aron,
una *realidad histórica* totalmente hecha antes de la ciencia a la que
simplemente convendría reproducir con fidelidad" (Ricoeur 176-
78). Al hacer la crónica de Granda, el narrador reconstruye la historia de la ciudad; es decir, la construye parcialmente de acuerdo a las

coordenadas moderadamente liberales de las que parte. Queda excluido de esta tradición, por ejemplo, todo lo que no es pertinente: la España feudal y de moral calderoniana. La única tradición y pasado recuperable es la España tolerante de la tía Elvira o don Severino. De la misma manera, se margina en esta reconstrucción del pasado y por lo tanto también en la construcción del proyecto colectivo futuro toda referencia a las clases obreras. En este sentido, es esclarecedor recordar, como hace Luis González Cifuentes en *Teoría y mercado de la novela en España*, el distanciamiento progresivo de la nueva burguesía liberal española y sus representantes intelectuales (como, por ejemplo, Ortega) con respecto a las exigencias y reivindicaciones de las clases obreras (21).

Al recordar desde su perspectiva mediatizada, el narrador capta lo que él cree único del vivir colectivo de Granda. Observa que la historia de Granda revela una dirección general de cambio, un patrón general de desarrollo hacia una eventual reconciliación de los intereses del individuo (Alicia, Artal) y los intereses colectivos (Granda), de la modernidad y de la tradición. La historia, nos muestra el narrador, enseña que no se debe renunciar a ninguna de las experiencias humanas del pasado. "La historia [dice Ortega] es un sistema –el sistema de las experiencias humanas, que forman una cadena inexorable y única" (*La historia* 42-43). Cada nueva generación, en palabras de Azaña u Ortega, ha de tener en cuenta y debe apoyarse en la generación anterior; el pasado es la fuerza viva y actuante que sostiene el presente. Tanto *Alicia al pie de los laureles* como *Un mundo* de Ángeles Santos expresan este sentido de continuidad histórico característico de la Modernidad que se apoya en la idea un tiempo lineal e irreversible (Calinescu 246-47). La historia progresa de acuerdo a ciertas leyes que determinan su avance. Es inútil, por tanto, actuar sobre ella: "la simple mecánica del tiempo, afirma la tía Elvira, transforma y embellece" (28-29). Los acontecimientos históricos no pueden ser forzados (como querrían los abuelos de París).

Ahora bien, la historia de Alicia y de otros personajes de *Alicia al pie de los laureles*, como por ejemplo don Severino, también está hecha de decisiones individuales. Estas decisiones también determinan el curso de la historia y la vida de los personajes. La dirección general apunta hacia el avance, pero no se puede, como pretenden los abuelos cosmopolitas y europeizados, prescindir de la tradición y del pasado e imponerlo por la fuerza cuando aún no está el ambiente maduro para ello. Sólo es posible, como hacen don Severino (con respecto a Alicia), Artal, o la bisabuela (respecto a los locos), dirigir, encauzar, actuar sobre los acontecimientos. Todos ellos, al contrario que la inmovilista tía Elvira o que el abuelo de París, intentan actuar sobre la historia de Granda, tratan de modificarla e insertarla en la línea general de progreso sin romper por ello el ritmo natural del paso del tiempo ni alejarse en exceso de la tradición. No descartan el pasado sino que lo asumen. El tiempo avanza; pero del individuo dependerá que ese avance sea progreso o decadencia. La historia es superación de lo anterior, pero no necesariamente mejora de lo anterior; es decir, el progreso no es automático: la aventura de Alicia fracasa; Carlos Severino muere en la Guerra Civil. En este sentido, en *Alicia al pie de los laureles*, Claudio de la Torre propone una interpretación "híbrida" de la historia: idealista y materialista al mismo tiempo. La historia es el resultado, de ciertas leyes internas, de cierto ritmo natural, que no se puede alterar y al que tiene que adaptarse la acción de los hombres. Pero la historia también es participación consciente del individuo que es en parte portador del cambio histórico, agente activo de este cambio. La historia permanece siempre como proyecto por hacer. Y el individuo, la generación del narrador, es, según el autor, responsable de ello.

La sensibilidad histórica que la práctica de la memoria colectiva crea despertará en el individuo (en el narrador lo mismo que en el lector) un nuevo sentido de responsabilidad: aprender de los errores y saberse como el narrador heredero del proyecto de la España liberal frustrado con la guerra y aún por completar. Recordar, narrar la historia de Granda, le permite a Claudio de la Torre aclarar el pasado y el presente de España. Ésta es la misión de la escritura de la historia. El deseo de conocer el pasado no es un deseo gratuito. "La historia quiere mostrar que los acontecimientos no son debidos al azar" (Ricoeur 222). La escritura de *Alicia al pie de los laureles* a la altura de 1940 no es tampoco, como ha dicho Reverón apoyándose en comentarios del mismo Claudio de la Torre, un simple recuerdo de los años de infancia del autor (87). O más bien, es esto y además un medio de escapar mediante una construcción irreal, como diría R. Aron, a la *ilusión retrospectiva de fatalidad* (186-87). Claudio de la Torre lleva a cabo en su relato la reconstrucción o redefinición, con relación al presente ficticio, del pasado del ser colectivo España (ya que universaliza la singularidad de los acontecimientos descritos en la trama), su razón histórica, y así extrae de ello una lección que tener en cuenta en la reconstrucción de España y en la creación de un nuevo proyecto vital colectivo de nación.

En resumen, la propuesta histórica que se nos ofrece en *Alicia al pie de los laureles* de Claudio de la Torre o el cuadro de Ángeles Santos es de hecho una propuesta ideológica e incluso –entendido este término de forma muy general– política. La suya no es una práctica neutral vacía de cualquier proyecto ideológico o sociopolítico como se ha querido siempre ver en la novela vanguardista. El proyecto liberal progresista y republicano de armonizar tradición y modernidad, lo nacional y lo europeo se observa claramente en la obra de Claudio de la Torre tanto como en el cuadro *Un mundo* de Ángeles Santos. El eslabón que une el proyecto de esta anacrónica novela vanguardista con el proyecto integrador de otras obras de los años veinte no se reduce a las coincidencias formales fácilmente detectables. El punto de contacto más fuerte es el concepto de hibridismo. Hibridismo detectable en la concepción liberal de historiografía que se deduce de la novela. La historia en general y la historia de España en particular es entendida como proyecto de construcción nacional en el que importan por igual las condiciones dadas, sean de la clase que sean, como la acción voluntaria del individuo para modificar el trayecto de la misma. La historia, además, apunta a un patrón de reconciliación claro entre individuo y sociedad, tradición y modernidad.

CONCLUSIÓN

S E desprende del análisis llevado a cabo en este libro, la existencia de un idéntico paradigma si no en todas, sí al menos en un
grupo muy importante de obras artísticas y literarias de la vanguardia española. Este paradigma podría definirse como el intento de
integración de teorías poéticas, éticas e ideológicas que tradicionalmente han sido percibidas en conflicto. Se observa en parte del discurso cultural español de los años veinte, e incluso en obras posteriores de autores también asociados a la vanguardia de estos años
como es el caso de Claudio de la Torre, la producción de una teoría
poética, ética e ideológica que sistemáticamente busca la creación
de productos "híbridos".

En el nivel estético, el resultado final al que se llega en las obras
analizadas en la primera parte no es, como han señalado Gustavo
Pérez Firmat o José Manuel del Pino, una oposición sistemática a
las convenciones de la vieja novela (Pérez, *Idle* 30). Lo que tenemos
es, al contrario, el intento de integración, de asimilación y contención de una variedad de propuestas y modos representativos manteniendo su autonomía en la creación de una estructura híbrida. El
hibridismo de un grupo importante de vanguardistas busca, como
otros muchos novelistas españoles y europeos en torno a los años
veinte (Fernández Cifuentes 173), la creación de la novela u obra
artística como "género total": la novela que aprehenda todos los
perfiles de la realidad mediante la creación de una estructura compuesta de un nivel objetivo y un nivel subjetivo. Las imágenes literarias con que algunos de estos autores describen la nueva novela –laberinto, catálogo, red– subrayan la naturaleza, más que organicista
y sintética, mecánica e híbrida de estas composiciones. Para Gómez

de la Serna, el laberinto es la metáfora que mejor expresa la novela que se construye como una estructura racional e irónica pero que ampara en su interior el monstruo de lo vital y de lo humano. Para Obregón, el catálogo es asimismo la imagen que mejor expresa su visión de la nueva novela vanguardista; novela que incluye dentro de sus márgenes una variedad de modos representativos tradicionales y nuevos, realistas y objetivos. Por último, la novela red o novela poligráfica es la imagen que mejor sirve a Benjamín Jarnés para actualizar su concepto de una novela que trata de interpretar la realidad en su faceta sensorial y racional.

Es quizás esta última novela, *Locura y muerte de Nadie*, la que mejor ejemplifica la búsqueda de integración. Esta obra, que utiliza como punto de partida la necesidad de aprender la realidad en su aspecto sensorial y racional, conceptualiza y actualiza en la ficción narrativa la suma de diferentes perspectivas. Jarnés busca conocer el objeto en su universalidad y consumirlo en su sensorialidad, extraer una abstracción a partir de lo concreto, encontrar la esencia o ley interna pero, paralelamente, entender el objeto como entidad particular. La representación artística debe ser la combinación de estos dos elementos. La obra de arte debe estar en el medio de lo sensual inmediato y el pensamiento ideal. El arte expresa la relación primordial que subyace en la naturaleza, el equilibrio y reconciliación de materia y mente. La obra de arte es simultáneamente sensualidad inmediata y pensamiento ideal. En este sentido, la imagen permite así la integración de lo emotivo y de lo intelectual, la continua transición de lo uno a lo otro. El arte es siempre para Benjamín Jarnés una selección de todas las posibilidades estéticas. Es un arte que siempre implica un doble plano, pensamiento e imagen real, para acceder a la creación de un arte de perspectiva profunda, con volumen (*Ejercicios* 85-87). La novela red, o novela poligráfica, es como el arte abstracto de Mondrian la expresión gráfica de la novela que capta la totalidad de la realidad; es decir, que busca la conjunción de la novela monográfica, autobiográfica y narcisista, que con frecuencia utiliza la técnica subjetiva, y la novela de personaje colectivo, que utiliza con frecuencia la técnica realista y objetiva.

Si Benjamín Jarnés propone la novela red, *El novelista* de Ramón Gómez de la Serna, con la propuesta de la novela laberinto, se sitúa a medio camino entre la novela novelesca, la novela intelectual pura y la novela de la nebulosa. La "novela laberinto" impone una estructura racional y lógica, como la ironía, sobre un material de realidad vital, humano y realista, sin dar prioridad ni abandonar nunca completamente una u otro. La novela de la nebulosa no es sino la novela futura y utópica que habría de expresar la multiplicidad contradictoria de la vida; "Todos", novela de la totalidad, es la obra pánica que carece sin embargo, como la vida misma, de una razón que imponga unidad y fin sobre el material de lo vital. El ideal de nebulosa termina por ser así para el narrador incompatible con la misma idea de novela. El resultado es siempre una monstruosidad y un conjunto de tensiones y dualidades. La unidad la impone siempre el sujeto que ordena el caos de la realidad y capta la vida a través de la conciencia. La imagen del laberinto se convierte por tanto en la imagen de la novela: la confusión y el caos de lo vital queda atrapado en la estructura racional. La novela, como dijo Bergamín, es un laberinto con monstruo dentro.

En la novela laberinto que es *El novelista*, la narración toma la expresión de relato que contiene dentro de sí otros innumerables relatos. La estructura irónica que representa la voz del narrador contiene y da cabida a la novela novelesca, es decir, la novela de la vida. Da un orden y jerarquía a lo humano, lo caótico y lo vital. Se consigue así la integración de los opuestos. Gómez de la Serna no tiene como objeto la ruptura total con ciertos modos narrativos sino, como es propio del neobarroco vanguardista, la ampliación de los límites narrativos realistas tradicionales, extendiéndolos hasta dar cabida a lo marginal y subjetivo.

En *Efectos navales* de Antonio de Obregón, se parte de una concepción fenomenológica del conocimiento de la realidad: sólo conocemos la esencia de la realidad a través de la visión subjetiva del fenómeno. La realidad será, por tanto, la suma de las diferentes perspectivas o puntos de vista sobre las cosas. La narración, que busca conocer y explicar la realidad, habrá de ser entonces la integración dentro del marco único de la novela de interpretaciones artísticas a veces incluso opuestas. Sólo de esta manera se conseguirá, para el autor de *Efectos navales,* una visión completa de la realidad. La parodia o la simple yuxtaposición de muestras literarias procedentes de diferentes géneros hace posible en *Efectos navales* la integración de distintos sistemas de codificación. En esta búsqueda de las múltiples maneras de representar la realidad, Antonio de Obregón se sirve, por ejemplo, de técnicas experimentales e innovadoras para transmitirnos temas que, como el adulterio, son sin embargo característicos de la novela realista; o bien, un contenido vital y subversivo se inserta dentro de una estructura racional y clásica como la de la novela de aventuras. De esta manera, como en el caso de Gómez de la Serna, el autor de *Efectos navales* da cabida a lo marginal y subjetivo y revitaliza estructuras y motivos exhaustos. El resultado no es sin embargo un organismo sintético sino un híbrido; es decir, un ente textual heterogéneo donde siempre es posible detectar las partes integrantes.

El principio integrador que caracteriza la teoría estética de parte de la producción vanguardista española sirve igualmente para construir un nuevo concepto de humanidad. La propuesta de la fórmula modélica y "heroica" del nuevo hombre moderno es también la del nuevo hombre español. El nuevo héroe que se postula en estas novelas es un ser híbrido, un monstruo heterogéneo y múltiple, donde lo racional y lo vital, lo individual y lo social, son partes componentes y necesarias de su naturaleza. En este sentido, la fórmula narrativa del *Bildungsroman*, por ser tradicionalmente la estructura narrativa más apropiada para conceptualizar la doble naturaleza del ser humano como un ser social e individual al mismo tiempo, se convierte en el género más adecuado y frecuente de la vanguardia. Como nos permite observar el desarrollo vital de los protagonistas de estas novelas, la obtención de un vida humana completa requiere la expresión de la personalidad a través de un modelo de vida en la que el individuo se realiza en parte integrado en la comunidad. La felicidad individual será imposible al margen del contexto de responsabilidad social.

Al contrario que la de los otros escritores de la vanguardia, la propuesta integradora de Rosa Chacel en *Estación. Ida y vuelta* pone de relieve el papel esencial de la razón como marco integrador del componente vital tanto en lo referente a la identidad como a la escritura femenina. La vida, como descubre el protagonista de la novela, es algo más que puro esquema intelectual y creación de proyectos de vida personal; es vivir dichos proyectos como individuo en el marco de la comunidad y de la responsabilidad social. El *Bildungsroman* es el género que como a otros escritores vanguardistas le permite a Rosa Chacel desarrollar la trayectoria vital de un héroe para el que la libertad termina por ser también la expresión de un acto responsable en sociedad.

En acuerdo con la naturaleza racional y vital del ser, Rosa Chacel propone una estética oblicua de comprensión de la realidad y del hombre. Es decir, una mirada que sea en parte autoconsciente y muestre al ser en su aspecto más racional, pero que permita también captar al individuo en su faceta de ser viviente. Para Rosa Chacel, esta mirada al mismo tiempo "concéntrica" y "excéntrica" se articula en la memoria escrita ya que el recuerdo posibilita la reconstrucción del ser vital, del material caótico y vivo, estableciendo sin embargo jerarquía y orden intelectual sobre él. Rosa Chacel recupera a través de la escritura los yoes posibles e imposibles y se concibe como un sujeto idealmente completo.

De la misma manera, la movilidad de la perspectiva que fuerza al observador a un cambio constante en el punto de vista, le permite construir a Maruja Mallo en su cuadro *La mujer de la cabra* la imagen modélica de una mujer que es espiritual y vital a un mismo tiempo. Rosa Chacel y Maruja Mallo identifican como propio de lo femenino no sólo lo sentimental y vital sino también lo racional y lo espiritual. En este sentido, ambas artistas participan en la construcción del modelo de la "nueva mujer" característico del nuevo liberalismo español y europeo. Rompen así con el estereotipo femenino presente en el arte y la literatura modernista que crean los hombres.

En oposición a la imagen femenina propuesta por las propias artistas, en la obra de artistas y escritores como Manuel Reinoso, Diego Rivera o Benjamín Jarnés la imagen femenina es siempre la de un ser emocional o un ser incompleto. La mujer es con frecuencia metáfora de la mutilación y de la ausencia de totalidad. En la obra estos novelistas, la figura de la mujer pierde cualquier trazo de subjetividad y se define siempre en función del ser masculino. En contraste con la figura femenina, el héroe vanguardista es el héroe de *Locura y muerte de Nadie*, el héroe que se sabe hombre racional tanto como vital. En este sentido, la función de la novela, como señala el mismo Jarnés, es ser una utopía vital, expresión de una vida que no puede vivirse totalmente (*Rúbricas* 148). Se abandona la visión del hombre como ser exclusivamente vital o racional. Arturo, protagonista de la obra de Jarnés, es el hombre inserto en el mundo social burgués y racional; pero es también el ser empírico que se enraíza en la historia. Al hombre hay que entenderlo como un ser integral y total compuesto de estratos. El nuevo héroe es el hombre de mil cabezas que logra fundir todos los ímpetus externos en uno solo sin que se petrifique en la multiplicidad de la circunstancia: ser individual y social a un mismo tiempo.

Las implicaciones ideológicas de la polarización y conjunción de los términos razón/vida se subrayan en *Sin velas, desvelada*. Como en las obras previas, la simbólica protagonista de la novela de Juan Chabás al adoptar como modelo de imitación moral la figura de Bautista se decanta tanto por la opción de un individuo moralmente responsable, para el que individualidad y sociedad no entran en conflicto, como por la opción de un capitalismo igualmente moderado donde no exista conflicto entre bienestar económico y mantenimiento de la dignidad humana. El nuevo héroe, como el hombre que proponían los defensores de los postulados del nuevo liberalismo, que será la base ideológica de la República, no es impulso puro ni contemplación paralítica, sino acción alimentada por el motor de una decisión reflexiva y moral.

Sin velas, desvelada expresa sin embargo, como *Alicia al pie de los laureles* de Claudio de la Torre, el fracaso final de dicha vía media entre individuo y sociedad, entre liberalismo y socialismo. Es decir, expresan el fracaso de la propuesta sociopolítica del nuevo liberalismo progresista que subyace en la base de un grupo importante de novelas de la vanguardia. La novela de Claudio de la Torre sin embargo, aunque es consciente de este fracaso, abre una esperanza final al proponerse como reconstrucción y memoria de los proyectos del pasado. El progreso, propone el narrador, que recoge el proyecto del nuevo liberalismo anterior a la Guerra Civil, sólo será posible asumiendo la tradición y la modernidad a un mismo tiempo. En este sentido, y teniendo también en cuenta la concepción híbrida del conocimiento histórico que se propone en la novela y que interpreta el progreso conjugando las perspectivas idealista y materialista, la obra de Claudio de la Torre, aunque se publique tras la Guerra Civil, responde a idénticos presupuestos formales e ideológicos que los de un grupo importante de artistas y narradores de la vanguardia en los años veinte.

En resumen, se hace necesario revisar los presupuestos formales, éticos, sociales y políticos de parte de la producción de la vanguardia literaria española. La poética formal y la nueva visión del hombre y la sociedad de este sector de la vanguardia muestra un fuerte grado de hibridismo. Dicho hibridismo pone en relación a este sector de intelectuales vanguardistas con un grupo importante de artistas que comparte con ellos idénticos presupuestos estéticos, morales e ideológicos. El nuevo progresismo del que se alimentan todos ellos busca reconciliar los postulados políticos del liberalismo clásico y el socialismo en una nueva fórmula de hibridismo ideológico. La ficción narrativa de estos artistas no es una ficción apolítica y no hace falta llegar al nuevo romanticismo, ya que algunos de estos textos fueron producidos total o parcialmente en fechas tan tempranas como 1924 o 1925, para hablar de politización y compromiso social de la literatura y el arte de vanguardia.

BIBLIOGRAFÍA CITADA

Albert, Mechthild. "La prosa narrativa de vanguardia y su viraje político." Wentzlaff-Eggebert, *Nuevos caminos* 115-26.

Alden, Patricia. *Social Mobility in the English Bildungsrom. Gissing, Hardy, Bennett, and Lawrence*. Ann Arbor, Michigan: UMI Research Press, 1986.

Araquistáin, Luis. *El arca de Noé. Ensayos*. Valencia: Editorial Sempere, 1926.

Aron, Raymond. *Introduction à la philosophie de l'histoire: Essai sur les limites de l'objectivité historique*. S.l.: Librairie Gallimard, 1938.

Aub, Max. *Novelas escogidas*. Madrid: Aguilar, 1970.

Ayala, Francisco. *Los ensayos. Teoría y crítica literaria*. Madrid: Aguilar, 1971.

———. *Cazador en el alba*. Madrid: Ediciones Ulises, 1930.

Azaña, Manuel. *Plumas y palabras*. Madrid: Compañía Ibero Americana de Publicaciones, 1930.

Bacarisse, Mauricio. *Los terribles amores de Agliberto y Celedonia*. Madrid: Espasa-Calpe, 1931.

Barga, Corpus [Andrés García de la Barga y Gómez de la Serna]. *Crónicas literarias*. Madrid: Ediciones Júcar, 1985.

Beddow, Michael. *The Fiction of Humanity. Studies in the Bildungsroman from Wieland to Thomas Mann*. Cambridge: Cambridge UP., 1982.

Bergamín, José. *Disparadero español*. México, D.F.: Editorial Séneca, 1940.

Bernstein, J.S. *Benjamín Jarnés*. New York: Twayne Publishers, 1972.

Bertán, Fernando. "Antonio de Obregón. *Efectos navales*. Ediciones Ulises. Compañía Iberoamericana de Publicaciones, S.A. Príncipe de Vergara, 42 y 44. Madrid." *El Sol* [Madrid] 4 Sept. 1931: 2.

Betterton, Rosemary. *Looking on. Images of Femininity in the Visual Arts and Media*. London: Pandora, 1987.

Blasco Ibáñez, Vicente. *Discursos literarios*. Valencia: Prometeo, 1966.

Bonet, Juan Manuel. *Diccionario de las vanguardias en España (1907-1936)*. Madrid: Alianza Editorial, 1995.

Bonilla y San Martín, Adolfo. "El juego de ajedrez y la novela de aventuras." *Revista de Occidente* Abr. 1924.

Brihuega, Jaime. "The Language of Avant-Garde Art in Spain: A Collage on the Margin." Harris 84-96.

———. *La vanguardia y la República*. Madrid: Ediciones Cátedra, 1982.

———. *Las vanguardias artísticas en España. 1909-1936*. Madrid: Ediciones Istmo, 1981.

———. *Manifiestos, proclamas, panfletos y textos doctrinales. Las vanguardias artísticas en España: 1910-1931*. Madrid: Ediciones Cátedra, 1979.

Bruner, Jeffrey. "La importancia de Ramón Gómez de la Serna en la novela española moderna: el caso de *El novelista*." *Selected Proceedings of the Pennsylvania Foreign Language Conference* by Gregorio C. Martín, ed. Pittsburgh, Pa.: Dept. of Modern Languages, Duquesne University Press, 1988-1990: 60-67.

Buckley, Ramón y John Crispin, eds. *Los vanguardistas españoles (1925-1935)*. Madrid: Alianza Editorial, 1973.

Burgos, Carmen de. *Fígaro. (Revelaciones, "Ella" descubierta, epistolario inédito)*. Madrid: Impresora de Alrededor del Mundo, 1919.

Burgos, Fernando, ed. *Prosa hispánica de vanguardia*. Madrid: Editorial Orígenes, 1986.

Calabrese, Omar. *Neo-Baroque. A Sign of the Times*. New Jersey: Princeton UP, 1992.

Calinescu, Matei. *Five Faces of Modernity. Modernism, Avant Garde, Decadence, Kitsch, Postmodernism*. Durham: Duke UP, 1987.

Calvo Serraller, Francisco y Ángel González García. "Vanguardia y surrealismo en España (1920-1936)." *Cuadernos Hispanoamericanos* 351 (1979): 5-18.

Camón Aznar, José. *Ramón Gómez de la Serna en sus obras*. Madrid: Espasa-Calpe, 1972.

Cano Ballesta, Juan. *Literatura y tecnología (Las letras españolas ante la revolución industrial: 1900-1933)*. Madrid: Orígenes, 1981.

Cansinos-Assens, Rafael. *La nueva literatura. La evolución de la novela (1917-1927)*. Tomo 4. Madrid: Editorial Páez, 1927.

———. *La nueva literatura (1898-1900-1916)*. Madrid: V. H. de Calleja, Editores, s.f.

Carmona, Eugenio. "From Picasso to Dalí: *Arte Nuevo* and the Spanish Master of European Avant-Garde Painting." Harris 97-109.

Casares, Julio. *Diccionario ideológico de la lengua española*. Barcelona: Editorial Gustavo Gili, 1985.

Cascardi, Anthony J. *The Subject of Modernity*. Cambridge: Cambridge UP, 1992.

Cawelti, John G. *Adventure, Mystery, and Romance. Formula Stories as Art and Popular Culture*. Chicago: Chicago UP, 1976.

Chabás, Juan. *Vuelo y estilo. Estudios de literatura contemporánea. Tomo I: Gabriel Miró, Juan Ramón Jiménez, Antonio Machado, Manuel Machado*. Madrid: Sociedad General Española de Librería, 1934.

———. *Sin velas, desvelada*. Barcelona: Gustavo Gili, 1927.

Chacel, Rosa. "Ramón." *Revista de Occidente* 80 (1988): 23-30.

———. "Rosa Chacel. Autopercepción intelectual de un proceso histórico." *Anthropos* 85 (1988): 26-28.

———. "Respuesta a Ortega. La novela no escrita." Joly 321-328.

———. *Estación. Ida y vuelta*. Madrid: CVS Ediciones, 1974.

———. "Esquema de los problemas prácticos y actuales del amor." *Revista de Occidente* (Feb. 1931): 129-80.

Charnon-Deutsch, Lou y Jo Labanyi, eds. *Cultural and Gender in Nineteenth-Century Spain*. Oxford: Clarendon Press, 1995.

Charpentier Sait, Herlinda. *Las novelles de Ramón Gómez de la Serna*. London: Tamesis Books Limited, 1990.

Chipp, Herschel B. *Theories of Modern Art. A Source Book by Artists and Critics*. Berkeley: U. of California P., 1968.

Ciplijauskaité, Biruté. "El Claudio de la Torre de los años 20." *Hispanic Review* 67.3 (1999): 305-18.

Connolly, William E. *Political Theory and Modernity*. Ithaca: Cornell UP, 1993.

Conte, Rafael, ed. "Introducción." *Viviana y Merlín*. Por Benjamín Jarnés. Madrid: Cátedra, 1994.

Davies, Catherine. *Spanish Women's Writing 1849-1996*. London y Atlantic Highlands, NJ: The Athlone Press, 1998.

Dennis, Nigel, ed. *Studies on Ramón Gómez de la Serna*. Ottawa: Dovehouse Editions, 1988.

Díaz Fernández, José. *El nuevo romanticismo. Polémica de arte, política y literatura*. Madrid: Zeus, 1930.

Díaz-Plaja, Guillermo. *Vanguardismo y protesta en la España de hace medio siglo*. Barcelona: Ediciones Asenet, 1975.

Díez Canedo, Enrique. "Armando Palacio Valdés: *La hija de Natalia*." *Revista de Occidente* (Mar. 1924).

Domenchina, Juan José. *Crónicas de* Gerardo Rivera. Madrid: Aguilar, 1935.

Durán, María Ángeles, ed. *Mujeres y hombres. La formación del pensamiento igualitario*. Madrid: Castalia, 1993.

Entrambasaguas, Joaquín de. *Las mejores novelas contemporáneas*. Barcelona: Planeta, 1981.

Espina, Antonio. "Exposición de Maroto." *La Gaceta Literaria* (Jul. 1927).

———. *Pájaro pinto*. Madrid: Revista de Occidente, 1927.

———. *El nuevo diantre*. Madrid: Espasa-Calpe, 1934.

Fernández Cifuentes, Luis. *Teoría y mercado de la novela en España: del 98 a la República*. Madrid: Editorial Gredos, 1982.

Fernández García, María Nieves. "Superación de la crisis finisecular en la literatura y en el arte: Ramón Gómez de la Serna." *Letras de Deusto* 20.46 (1990): 181-90.

Flint, Robert. *The Philosophy of History in France and Germany*. Genève: Slatkine Reprints, 1971.

Francastel, P. *La figura y el lugar*. Caracas: Monte Ávila, 1965.

Fuentes, Víctor. "Modernidad, nuevas tendencias y polémicas literarias en la España de los nuevos años 20." Pino, *La narrativa* 10-19.

———. "Jarnés: metaficción y discurso estético-erótico." *Jornadas Jarnesianas* 67-76.

———. *Benjamín Jarnés: Biografía y metaficción*. Zaragoza: Institución Fernando el Católico, 1989.

———. *La marcha al pueblo en las letras españolas 1917-1936*. Madrid: Ediciones La Torre, 1980.

———. "La novela narrativa española de vanguardia (1923-1931): un ensayo de interpretación." *Romanic Review* 58.3 (1972): 211-18.

Fuentes Mollá, Rafael. "Ortega y Gasset en la novela española de vanguardia." *Revista de Occidente* 96 (1989): 503-11.

Garber, Marjorie. *Vested Interests: Cross-Dressing and Cultural Anxiety*. New York: Harper Perennial, 1993.

García de Carpi, Lucía. *La pintura surrealista española (1924-1936)*. Madrid: Ediciones Istmo, 1986.

García Lara, Fernando. *El lugar de la novela erótica española*. Granada: Diputación Provincial de Granada, 1986.

Gardiner, Patrick. "Schopenhauer, Arthur." *The Encyclopedia of Philosophy*. 8 vols. New York: MacMillan Publishing Co., 1967.

Gil, Ildefonso-Manuel. "Introducción." *Locura y muerte de Nadie* de Benjamín Jarnés. Madrid: Viamonte, 1996.

Giménez Caballero, Ernesto. *Carteles*. Madrid: Editorial Espasa-Calpe, 1927.

———. *Los toros, las castañuelas y la Virgen*. Madrid: Editorial Caro Raggio, 1927.

———. *Julepe de menta*. Madrid: Impresora de la Ciudad Lineal, 1929.

Gómez de la Serna, Gaspar. *Ramón (obra y vida)*. Madrid: Taurus, 1963.

Gómez de la Serna, Ramón. *La Sagrada Cripta de Pombo. (Tomo II°, aunque independiente del 1°, pudiendo leerse el II° sin contar con el 1°)*. Madrid: Trieste, 1986.

Gómez de la Serna, Ramón. *El novelista*. Madrid: Espasa-Calpe, 1973.

——. *Pombo. Biografía del célebre café y de otros cafés famosos*. Barcelona: Editorial Juventud, 1960.

——. *Ismos*. Buenos Aires: Editorial Poseidón, 1943.

——. "Estudio preliminar." *Maruja Mallo. 1928-1942*. Buenos Aires: Editorial Losada, S. A., 1942.

González-Gerth, Miguel. *A Labyrinth of Imagery: Ramón Gómez de la Serna's "Novelas de la Nebulosa"*. London: Tamesis Books Limited, 1986.

Gracia García, Jordi. *La pasión fría. Lirismo e ironía en la novela de Benjamín Jarnés*. Zaragoza: Institución Fernando el Católico, 1988.

Graham, Gordon. *The Shape of the Past*. Oxford, New York: Oxford University Press, 1997.

Granjel, Luis S. *Retrato de Ramón. Vida y obra de Ramón Gómez de la Serna*. Madrid: Ediciones Guadarrama, 1963.

Guillén Salaya, F. *Los que nacimos con el siglo (Biografía de una juventud)*. Madrid: Editorial Colenda, [c. 1952?].

Gullón, Ricardo. "Antonio Obregón. *Efectos navales*. Ediciones Ulises." *La Gaceta Literaria* 1 Jul. 1931: 14.

Habermas, Jürgen. *The Philosophical Discourse of Modernity. Twelve Lectures*. Trad. Frederick Lawrence. Cambridge: The MIT P, 1987.

Hardin, James. *Reflection and Action: Essays on the Bildungsroman*. South Carolina: South Carolina UP, 1991.

Harris, Derek. *The Spanish Avant-Garde*. Manchester y New York: Manchester UP, 1995.

Hernando, Miguel Ángel. *Prosa vanguardista en la generación del 27: Gecé y la Gaceta Literaria*. Madrid: Editorial Prensa Española, 1975.

Hutcheon, Linda. *A Theory of Parody. The Teachings of Twentieth-Century Art Forms*. New York: Methuen, 1985.

——. *Narcissistic Narrative. The Metafictional Paradox*. London: Routledge, 1980.

Iglesias, Miguel A. *Antonio de Obregón, epílogo de la novela de vanguardia*. [Tesis doctoral] University of Michigan, 1998.

Ilie, Paul. "Benjamín Jarnés: Aspects of the Dehumanized Novel." *PMLA* 76 (1961): 247-53.

Jarnés, Benjamín. "Alas y cadenas." *La nación* 2 Dic. 1934: 3-6.

——. *Rúbricas. Nuevos ejercicios*. Madrid: Biblioteca Atlántico, 1931.

——. "Estrellas de cielo y de mar." *Crisol* [Madrid] 6 Jul. 1931: 2.

——. *Teoría del zumbel*. Madrid: Espasa-Calpe, 1930.

——. *Locura y muerte de Nadie*. Madrid: Ediciones Oriente, 1929.

——. *Ejercicios*. Madrid: Cuadernos Literarios, 1927.

——. "Ramón Gómez de la Serna. *La Quinta de Palmira*." *Revista de Occidente* (Oct. 1925): 112-17.

Johnson, Roberta. "*Estación. Ida y vuelta* de Rosa Chacel: un nuevo tiempo para la novela." Burgos 201-08.

Joly, Monique, Ignacio Soldevila y Jean Tena. *Panorama du Roman Espagnol Contemporain (1939-1975)*. Montpellier: Université Paul Valéry, 1979.

Jornadas jarnesianas. Ponencias y comunicaciones. Zaragoza: Institución Fernando el Católico, 1989.

Kaplan, Cora. "Pandora's Box. Subjectivity, Class and Sexuality in Socialist Feminist Criticism." Warhol 857-76.

Kirkpatrick, Susan. "Introducción." *Antología de escritoras del siglo XIX*. Madrid: Castalia, 1992.

Kloppenberg, James. *Uncertain Victory. Social Democracy and Progressivism in European and American Thought: 1870-1920*. New York: Oxford UP, 1986.

Lafón, Rafael. "Los *Efectos navales* de Obregón." *La Gaceta Literaria* 15 Dic. 1931: 2.

Latour, Bruno. *We Have Never Been Modern*. Trad. por Catherine Porter. Cambridge: Harvard UP, 1993.

Litvak, Lily. *Erotismo fin de siglo*. Barcelona: Antoni Bosch, 1979.

Lukács, George. *The Theory of the Novel. A Historico-Philosophical Essay on the Forms of Great Epic Literature*. Cambridge: The MIT P, 1971.

Machado, Antonio. "Reflexiones sobre la lírica." *Revista de Occidente* (Jun. 1925).

Mainer, José Carlos. *La Edad de Plata (1902-1939). Ensayo de interpretación de un proceso cultural*. Madrid: Cátedra, 1983.

Mangini, Shirley. "Women and Spanish Modernism: the Case of Rosa Chacel." *Anales de la Literatura Española* 12 (1987): 17-28.

Marañón, Gregorio. *Meditaciones*. Santiago de Chile: Cultura, 1937.

———. "Sexo y trabajo." *Revista de Occidente* Dic. 1924: 306-42.

———. "Nuevos hechos, nuevas ideas. Notas para la biología de don Juan." *Revista de Occidente* (Ene. 1924).

Martínez Cachero, José. *Historia de la novela española entre 1936 y 1975*. Madrid: Castalia, 1981.

Martínez Latre, María Pilar. *La novela intelectual de Benjamín Jarnés*. Zaragoza: Institución Fernando el Católico, 1979.

Mazzetti Gardiol, Rita. *Ramón Gómez de la Serna*. New York: Twayne Publishers, Inc., 1974.

Mecke, Jochen. "Literatura española y literatura europea – Aspectos historiográficos y estéticos de una relación problemática." Wentzlaff-Eggebert 1-17.

Melzer, Arthur M., Jerry Weinberger y M. Richard Zinman, eds. *History and the Idea of Progress*. Ithaca y London: Cornell University Press, 1995.

Moi, Toril. *Sexual/Textual Politics: Feminist Literary Theory*. New York: Routledge, 1985.

Myers, Eunice. "*Estación. Ida y vuelta*: Rosa Chacel's Apprenticeship Novel." *Hispanic Journal* 4.2 (1983): 77-84.

Navarro, Luisa. "Boon en el Lyceum: Conferencia telefónica." *La Gaceta Literaria* 8 Abr. 1927: 5.

Nelken, Margarita. *La condición social de la mujer en España: su estado actual; su posible desarrollo*. Barcelona: Editorial Minerva, s.f.

Nora, Eugenio de. *La novela española contemporánea*. Madrid: Gredos, 1988.

Neuman, E. *Introducción a la estética actual*. Buenos Aires: Espasa-Calpe, 1946.

Obregón, Antonio de. *Hermes en la vía pública*. Madrid: Espasa-Calpe, 1934.

———. *Efectos navales*. Madrid: Ediciones Ulises, 1931.

Ocampo, Victoria. "Carta a Virginia Woolf." *Revista de Occidente* 137 (1934): 170-77.

Onís, Federico de. *Ensayos sobre el sentido de la cultura española*. Madrid: Publicaciones de la Residencia de Estudiantes, 1932.

Ortega y Gasset, José. *Meditaciones del Quijote*. Vol. 1 de *Obras completas*. Madrid: Alianza Editorial, Revista de Occidente, 1983: 311-99.

———. *Historia como sistema*. Vol. 6 de *Obras completas*. Madrid: Revista de Occidente, 1964. 11-50.

———. *La deshumanización del arte. Ideas sobre la novela*. *Obras de Ortega y Gasset*. Madrid: Espasa-Calpe, 1932.

———. "Sobre el punto de vista en las artes." *Revista de Occidente* (Feb. 1924).

———. "Kant 1724-1924. Reflexiones del centenario." *Revista de Occidente* (Abr. 1924): 1-82.

———. "¡Libertad, Divino Tesoro!" *España* 16 Jul. 1915.

Panyella, Vinyet. *Ángeles Santos*. Barcelona: I. G. Viladot, 1992.

Pérez Bazo, Javier. "Introducción." *Juan Chabás. Puerto de Sombra. Agor sin fin. Fábula de ayer y de hoy.* Madrid: Colección Austral, 1998.

———, ed. *La vanguardia en España. Arte y literatura.* París: Cric & Ophrys, 1998.

———. "La narrativa de Juan Chabás en la vanguardia artística." Pino, *La narrativa* 86-99.

———. *Juan Chabás y su tiempo. De la poética de la vanguardia a la estética del compromiso.* Barcelona: Anthropos y Ayuntamiento de Denia, 1992.

Pérez Firmat, Gustavo. *Idle Fictions. The Hispanic Vanguard Novel, 1926-1934.* Durham, N.C.: Duke UP, 1982.

———. "*Locura y muerte de Nadie:* Two Novels by Jarnés." *Romanic Review* 72 (1981): 66-78.

Pérez Galdós, Benito. *Política Española.* Madrid: Renacimiento, 1923.

Pérez Gracia, César. *La venus jánica. Breve estudio sobre los personajes femeninos de Jarnés.* Zaragoza: Institución Fernando el Católico, 1988.

Pino, José M. del, ed. *La narrativa del 27 y de la vanguardia. Bazar. Revista de Literatura* 4 (1997).

———. "Félix Vargas y superrealismo: El precario vanguardismo de Azorín." *Letras Peninsulares* (1996): 171-85.

———. "Morosidad e imaginismo: la *Geografía* artificial de Max Aub." *Actas del Congreso Internacional "Max Aub y el laberinto español."* Ed. Cecilio Alonso. Valencia: Margenal, 1996. 407-15.

———. *Montajes y fragmentos: una aproximación a la narrativa española de la vanguardia.* Amsterdam-Atlanta: Rodopi, GA., 1995.

Raffa, Piero. *Vanguardismo y realismo.* Barcelona: Ediciones de cultura popular, 1968.

Reverón Alfonso, Juan Manuel. *Estudio de la obra literaria de Claudio de la Torre. Narrativa, ensayo y teatro.* Tenerife: Excelentísimo Cabildo Insular de Tenerife, 1991.

Rey Briones, Antonio del. "Ramón y la novela." *Ínsula: Revista de Letras y Ciencias Humanas* 43. 502 (1988): 17-18.

———. "Greguería y novela en Ramón Gómez de la Serna." *Epos: Revista de Filología* 2 (1986): 281-97.

Richmond, Carolyn. "La debatida novelística de Gómez de la Serna: 'Las afueras más respirables del vivir'." *Revista de Occidente* 80 (1988): 63-70.

Ricoeur, Paul. *Tiempo y narración. Configuración del tiempo en el relato histórico.* Madrid: Ediciones Cristiandad, 1987.

Ródenas de Moya, Domingo. "*El novelista* de Ramón Gómez de la Serna en la impugnación del modelo narrativo realista." *Revista Hispánica Moderna* 52 (1999): 77-95.

———. *Los espejos del novelista. Modernismo y autorreferencia en la novela vanguardista española.* Barcelona: Ediciones Península, 1998.

———. "Introducción." *Proceder a Sabiendas. Antología de la Narrativa de Vanguardia Española, 1923-1936.* Barcelona: Alba Editorial, 1997.

Rugg, Marilyn D. "The Figure of the Author in Gómez de la Serna's *El novelista.*" *Anales de la Literatura Española Contemporánea* 14. 1-3 (1989): 143-59.

Russell, Bertrand. *Principles of Social Reconstruction.* London: George Allen & Unwin Ltd., 1956.

Russell, John. *The Meanings of Modern Art.* New York: The Museum of Modern Art, 1991.

Sabugo Abril, Amancio. "Ramón o la nueva literatura." *Cuadernos Hispanoamericanos: Revista Mensual de Cultura Hispánica* 461 (1988): 7-27.

Salazar Chapela, E. "Magda Portal: Una esperanza y el mar." *La Gaceta Literaria* 15 Jul. 1927: 4.

Salinas, Pedro. *Víspera del gozo*. Madrid: Revista de Occidente, 1926.

Sánchez Jiménez, José. *La España contemporánea. De 1875 a 1931*. Madrid: Ediciones Istmo, 1991.

Sánchez Rivero, Ángel. "Dos bibliotecas de autores clásicos." *Revista de Occidente* (Dic. 1924).

Sanguinetti, Edoardo. *Vanguardia, ideología y lenguaje. Ensayos*. Caracas: Monte Ávila Editores, 1965.

Scarlet, Elizabeth A. *Under Construction. The Body in Spanish Novels*. Charlottesville: Virginia UP, 1995.

Shaffner, Randolph P. *The Apprenticeship Novel. A Study of the Bildungsroman as a Regulative Type in Western Literature with a Focus on Three Classic Representatives by Goethe, Maugham, and Mann*. New York: Peter Lang, 1984.

Shaw, Donald. *La generación del 98*. Madrid: Cátedra, 1985.

Simmel, Jorge. *Cultura femenina y otros ensayos*. Madrid: Revista de Occidente, 1934.

Simpson, David, ed. *German Aesthetic and Literary Criticism: Kant, Fichte, Schelling, Schopenhauer, Hegel*. Cambridge: Cambridge UP, 1984.

Sobejano, Gonzalo. *Novela española de nuestro tiempo. En busca del pueblo perdido*. Madrid: Prensa Española, 1970.

Soldevila-Durante, Ignacio. "El gato encerrado. (Contribución al estudio de la génesis de los procedimientos creadores en la prosa ramoniana)." *Revista de Occidente* 80 (1988): 31-62.

Soria Olmedo, Andrés. *Vanguardismo y crítica literaria en España: 1910-1930*. Madrid: Istmo, 1988.

Spires, Robert C. *Beyond the Metafictional Mode. Directions in The Modern Spanish Novel*. Lexington, Kentucky: The University Press of Kentucky, 1984.

Stangos, Nikos, ed. *Concepts of Modern Art*. New York: Thames and Hudson, 1989.

Subirats, Eduardo. *El final de las vanguardias*. Barcelona: Anthropos, 1989.

Suleiman, Susan Rubin. *Subversive Intent. Gender, Politics, and the Avant-Garde*. Cambridge: Harvard UP, 1990.

Tasende, Mercedes. "Innovación y tradición en la novelística de Andrés Castilla." *Letras Peninsulares* 7.3 (1995): 569-85.

Taylor, Charles. *The Ethics of Authenticity*. Cambridge: Harvard UP, 1992.

Teriade, E. "Los nuevos pintores." *La Gaceta Literaria* 1 Mayo 1927.

Todd, Ellen Wiley. *The "New Woman" Revised. Painting and Gender Politics on Fourteenth Street*. Berkeley: U of California P, 1993.

Torre, Claudio de la. *Alicia al pie de los laureles*. Madrid: Biblioteca Nueva, 1940.

Torre, Guillermo de. "Perspectivas y balance de Ramón." *Cuadernos del Congreso por la Libertad de la Cultura* 71 (1963): 67-71.

———. "Afirmación y negación de la novela española contemporánea." *Ficciones* (Jul. y Ag. 1956): 122-41.

———. "Una novela nueva. *Hermes en la vía pública*." *Luz* [Madrid] 24 Abr. 1934: 4.

———. "Margarita Nelken: En torno a nosotras." *Gaceta Literaria* 1 Jul. 1927: 4.

———. "Perfil de Antonio Espina." *Gaceta Literaria* 15 Feb. 1927.

Tuñón de Lara, Manuel. *Poder y sociedad en España, 1900-1931*. Madrid: Espasa-Calpe, 1992.

Tusell, Javier y Genoveva G. Queipo de Llano. *Los intelectuales y la República*. Madrid: Nerea, 1990.

Umbral, Francisco. *Ramón y las vanguardias*. Madrid: Espasa-Calpe, 1978.

Ureña, Gabriel. *Las vanguardias artísticas en la postguerra española. 1940-1959*. Madrid: Istmo, 1982.

Valis, Noël M. "*El novelista*, por Ramón Gómez de la Serna, o la novela en busca de sí misma." *Actas del IX Congreso de la Asociación Internacional de Hispanistas*. Vol. 2. Ed. Sebastian Neumeister. Frankfurt: Vervuert, 1989. 419-28.

Vela, Fernando. "El arte al cubo." *Revista de Occidente* (Abr. 1927): 79-86.

———. "La tertulia del Pombo." *Revista de Occidente* (Oct. 1924).

———. "Paul Morand: *Lewis et Irene*." *Revista de Occidente* (Feb. 1924).

Villanueva, Darío, ed. *La novela lírica*. 2 vols. Madrid: Taurus, 1983.

Warhol, Robyn R., ed. *Feminisms. An Anthology of Literary Theory and Criticism*. New Jersey: Rutgers UP, 1991.

Wentzlaff-Eggebert, Harald. *Las vanguardias literarias en España. Bibliografía y antología crítica*. Frankfurt am Main: Vervuert. Iberoamericana, 1999.

———, ed. *Naciendo el hombre nuevo... Fundir literatura, artes y vida como práctica de las vanguardias en el Mundo Ibérico*. Frankfurt am Main: Vervuert. Iberoamericana, 1999.

———, comp. *Nuevos caminos en la investigación de los años 20 en España*. Tübingen: Niemeyer, 1998.

Zlotescu, Ioana. "Ciudades para una época." *Revista de Occidente* 80 (1988): 82-93.

Zuleta, Emilia de. "Tres miradas sobre Jarnés." *Jornadas Jarnesianas. Ponencias y comunicaciones* 173-84.

———. *Arte y vida en la obra de Benjamín Jarnés*. Madrid: Editorial Gredos, 1977.

NORTH CAROLINA STUDIES IN THE ROMANCE LANGUAGES AND LITERATURES

I.S.B.N. Prefix 0-8078-

Recent Titles

EL CÍRCULO Y LA FLECHA: PRINCIPIO Y FIN, TRIUNFO Y FRACASO DEL *PERSILES*, por Julio Baena. 1996. (No. 252). *-9256-4.*

EL TIEMPO Y LOS MÁRGENES. EUROPA COMO UTOPÍA Y COMO AMENAZA EN LA LITERATURA ES-PAÑOLA, por Jesús Torrecilla. 1996. (No. 253). *-9257-2.*

THE AESTHETICS OF ARTIFICE: VILLIERS'S *L'EVE FUTURE*, by Marie Lathers. 1996. (No. 254). *-9254-8.*

DISLOCATIONS OF DESIRE: GENDER, IDENTITY, AND STRATEGY IN *LA REGENTA*, by Alison Sin-clair. 1998. (No. 255). *-9259-9.*

THE POETICS OF INCONSTANCY, ETIENNE DURAND AND THE END OF RENAISSANCE VERSE, by Hoyt Rogers. 1998. (No. 256). *-9260-2.*

RONSARD'S CONTENTIOUS SISTERS: THE PARAGONE BETWEEN POETRY AND PAINTING IN THE WORKS OF PIERRE DE RONSARD, by Roberto E. Campo. 1998. (No. 257). *-9261-0.*

THE RAVISHMENT OF PERSEPHONE: EPISTOLARY LYRIC IN THE *SIÈCLE DES LUMIÈRES*, by Julia K. De Pree. 1998. (No. 258). *-9262-9.*

CONVERTING FICTION: COUNTER REFORMATIONAL CLOSURE IN THE SECULAR LITERATURE OF GOLDEN AGE SPAIN, by David H. Darst. 1998. (No. 259). *-9263-7.*

GALDÓS'S *SEGUNDA MANERA*: RHETORICAL STRATEGIES AND AFFECTIVE RESPONSE, by Linda M. Willem. 1998. (No. 260). *-9264-5.*

A MEDIEVAL PILGRIM'S COMPANION. REASSESSING *EL LIBRO DE LOS HUÉSPEDES* (ESCORIAL MS. h.I.13), by Thomas D. Spaccarelli. 1998. (No. 261). *-9265-3.*

'PUEBLOS ENFERMOS': THE DISCOURSE OF ILLNESS IN THE TURN-OF-THE-CENTURY SPANISH AND LATIN AMERICAN ESSAY, by Michael Aronna. 1999. (No. 262). *-9266-1.*

RESONANT THEMES. LITERATURE, HISTORY, AND THE ARTS IN NINETEENTH- AND TWENTIETH-CENTURY EUROPE. ESSAYS IN HONOR OF VICTOR BROMBERT, by Stirling Haig. 1999. (No. 263). *-9267-X.*

RAZA, GÉNERO E HIBRIDEZ EN *EL LAZARILLO DE CIEGOS CAMINANTES*, por Mariselle Meléndez. 1999. (No. 264). *-9268-8.*

DEL ESCENARIO A LA PANTALLA: LA ADAPTACIÓN CINEMATOGRÁFICA DEL TEATRO ESPAÑOL, por María Asunción Gómez. 2000. (No. 265). *-9269-6.*

THE LEPER IN BLUE: COERCIVE PERFORMANCE AND THE CONTEMPORARY LATIN AMERICAN THEATER, by Amalia Gladhart. 2000. (No. 266). *-9270-X.*

THE CHARM OF CATASTROPHE: A STUDY OF RABELAIS'S *QUART LIVRE*, by Alice Fiola Berry. 2000. (No. 267). *-9271-8.*

PUERTO RICAN CULTURAL IDENTITY AND THE WORK OF LUIS RAFAEL SÁNCHEZ, by John Di-mitri Perivolaris. 2000. (No. 268). *-9272-6.*

MANNERISM AND BAROQUE IN SEVENTEENTH-CENTURY FRENCH POETRY: THE EXAMPLE OF TRISTAN L'HERMITE, by James Crenshaw Shepard. 2001. (No. 269). *-9273-4.*

RECLAIMING THE BODY: MARÍA DE ZAYA'S EARLY MODERN FEMINISM, by Lisa Vollendorf. 2001. (No. 270). *-9274-2.*

FORGED GENEALOGIES: SAINT-JOHN PERSE'S CONVERSATIONS WITH CULTURE, by Carol Rigolot. 2001. (No. 271). *-9275-0.*

VISIONES DE ESTEREOSCOPIO (PARADIGMA DE HIBRIDACIÓN EN EL ARTE Y LA NARRATIVA DE LA VANGUARDIA ESPAÑOLA), por María Soledad Fernández Utrera. 2001. (No. 272). *-9276-9.*

When ordering please cite the *ISBN Prefix* plus the last four digits for each title.

Send orders to: University of North Carolina Press
                   P.O. Box 2288
                   CB# 6215
                   Chapel Hill, NC 27515-2288
                   U.S.A.

www.ingramcontent.com/pod-product-compliance
Lightning Source LLC
Chambersburg PA
CBHW030919180526
45163CB00002B/394